U0918704

寄养儿童成长处境研究

王森◎著

An Empirical Study on
Growth Circumstances of Foster Children

上海三联书店

序

在我国城市化过程中,随着农村劳动大军向城市的流动而形成的农村留守儿童现象已受到社会的广泛关注。从现有的大部分研究文献和媒体报道来看,留守儿童一般是指父母中有一方(或双方)到外地打工,自己仍然在户籍所在地,从而导致与父母一方或双方不能够生活在一起的儿童。从这样的定义来看,留守儿童还是一个外延较为宽泛的概念,不利于相关研究的细化和深入(例如,儿童远离父母一方还是远离父母双方对儿童的成长影响是有很大差别的),因而对留守儿童的研究由总体研究转向更深入的亚群体研究是十分必要的。本书所研究的寄养儿童正是留守儿童的一个亚群体,是指那些父母进城务工后将其转移到原籍非直系亲属家庭或其他寄养机构生活的儿童。与留守儿童的其他亚群体相比,他们的亲情最为缺失,他们的"留守"特征最为显著,他们成长处境中的不利一面似乎也最为突出,因而他们是留守儿童中需要关注、很值得研究的一个亚群体。

农村寄养儿童的大量出现并呈增长趋势,本身是中国城市化进程中一个综合性的社会问题,改善寄养儿童成长处境当然也是一个需要社会各方共同应对的问题。然而,由于寄养儿童大多正处于学龄期,学校既是他们生活环境的重要部分,也是引领儿童健康成长的关键主体，因此政府如何通过教育行政渠道来体现恰当的社会关切，通过学校、教师、班集体发挥积极的干预作用，将影响到广大寄养儿童的当下生活及未来人生。基于这样的认识，作者从教育行政管理的角度出发，对义务教育阶段内寄养儿童成长处境开展实证调查，试图以此描述寄养儿童成长处境现状以及教育管理现状，进而提出县教育局和学校两级行政在改善寄养儿童成长处境上可能、可以采取的对策举措，既为中西部劳务输出较多地区的县教育行政部门、学校两级教育管理者提供相应的决策参考，也可为相关主题的研究者提供一份区域性的实证研究资料。

与相应主题下的同类著述相比，我个人觉得本书的特点主要表现在三个方面：

第一，样本典型，数据饱满。本书所用资料和数据取之于中部的一个劳务输出大县，在义务教育阶段留守儿童占比70%以上，其中的寄养儿童已达到相当大的规模，是一个非常有典型意义的样本。作者在调研中，对该县的4—9年级学生做了全覆盖的调查，收获有效问卷为85896份，并对所获原始数据做了较为规范的统计处理，这就为整个研究打下了较好的数据基础。

第二，方法多样，处理客观。本项研究采用了定量和定性混合研究方法，在问卷调查的基础上，作者还开展了从教育行政官员、校长、班主任、寄养儿童临时监护人等多重对象访谈，同时辅以政府文件、管理文本等实践文本研究，借此对所获数据加以分析和互证，因而能对所获信息作出较为客观的研究推论。

第三，多重身份，综合视角。本书作者曾长期从事中学一线教学工作，对当地寄养儿童有直接的了解和接触，具有普通教师、班主任对寄养儿童问题的真切感受；在酝酿本项研究时，作者已担任教育行政领导并兼任一所学校的领导工作，对寄养儿童的现象有了更为开阔的视野和全局性的认识；在具体实施本研究时，作者已在华东师范大学攻读博士学位，对研究的设计、数据的处理、结果的分析都建基于教育学和教育管理学的专业素养，当然也就具备了研究者的专业视角，这就在很大程度上保证了这项研究的技术含量和学术水准。

最后，我要对作者王森博士表示祝贺。祝贺她的辛勤付出所换来的研究成果，也祝贺本书的出版面世为寄养儿童的研究又增添了一个具有参考价值的研究样例。

冯大鸣

2018年10月于华东师范大学

自 序

随着我国经济的快速发展和城市化程度的不断提高，农村劳动大军向城市的转移成为必然。然而，在大量农民进城务工的同时，却有相当比例的农民工子女由于种种原因不得不长期留守农村，由此形成了备受社会关注的留守儿童群体。从现有的大部分研究文献和媒体报道来看，留守儿童一般是指父母中有一方（或双方）到外地打工，自己仍然在户籍所在地，从而导致与父母一方或双方不能够生活在一起的儿童。从现有定义来看，留守儿童还是一个外延较为宽泛的概念，不利于相关研究的细化和深入（例如，儿童远离父母一方还是远离父母双方对儿童的成长影响是有很大差别的），因而近年的留守儿童研究已有转向研究留守儿童亚群体的趋向。本书所研究的寄养儿童正是留守儿童的一个亚群体，是指那些父母进城务工后将其转移到原籍非直系亲属家庭或其他寄养场所生活的儿童，他们的亲情最为缺失，他们的“留守”特征最为显著，他们成长处境中的不利一面似乎最为突出，因而他们也是留守儿童中需要关注、值得研究的一个亚群体。

农村寄养儿童的大量出现并呈增长趋势，本身是中国城市化进程中一个综合性的社会问题，改善寄养儿童成长处境当然也是一个需要社会各方共同应对的问题。然而,由于寄养儿童大多正处于学龄期,学校既是他们生活环境的重要部分,也是引领儿童健康成长的关键主体,因此政府如何通过教育行政渠道来体现恰当的社会关切,通过学校、教师、班集体发挥积极的干预作用,将影响到广大寄养儿童的当下生活及未来人生。基于这样的认识,作者从县域教育管理的角度出发,并以非留守儿童为对照人群,对义务教育阶段内寄养儿童成长处境开展实证调查,试图以此描述寄养儿童成长处境现状以及教育管理现状,进而提出县教育局和学校两级行政在改善寄养儿童成长处境上可能、可以采取的对策举措,为中西部劳务输出较多地区的县教育行政部门、学校两级教育管理者提供相应的决策参考,也为相关主题的研究者提供一份区域性的实证研究资料。

本研究以留守儿童占到学生总数70.76%的G县义务教育学校为调研样本,对G县寄养儿童成长处境开展研究。首先用学生预测调查问卷做了小范围调查,使用Cronbach a系数检验问卷的内在一致性,并在对预测问卷题目筛选之后形成正式问卷。然后通过对G县义务教育阶段4－9年级学生的全样本调查,共获取85896份有效问卷,同时结合全县中考学业成绩数据,运用SPSS19.0统计软件工具,Matlab, Excel,采用描述统计、方差分析、相关分析、统计检验等方法分析出G县寄养儿童及其参照人群——非留守儿童的相关数据,从家庭生活、监护状态、教育情况、社会交往等角度呈现了寄养儿童成长处境。也通过对90位寄养儿童利益关切者的访谈,进一步了解寄养儿童成长处境,梳理G县寄养儿童教育管理方面已有行政措施及仍待解决的问题。

通过分析问卷调查结果,总结寄养儿童成长处境如下:第一,G县4-9年级儿童中寄养儿童占比14.32%,且随着年级增加该比例也在增长。在所有的寄养儿童中,84.27%寄养在学校(其中15.51%在公立学校,68.69%在私立学校),其余的主要寄养在寄养家庭或者社会寄养机构里。民办寄宿制学校已经成为寄养儿童接受教育的主要场所。第二,寄养儿童的不利处境方面。家庭生活不利处境表现为寄养儿童父母受教育水平低、亲子分离带来情感问题以及需要做更多的家务。教育不利处境表现为寄养儿童入学稍晚、接受教育的稳定性偏差以及在学习上缺少辅导。监护不利处境表现为寄养儿童监护人受教育水平偏低以及监护人无力辅导学习。第三,寄养儿童并非不利处境方面。家庭生活并非不利处境表现在寄养儿童并不必然生活窘迫以及并不必然缺少父母关心方面。教育并非不利处境表现在寄养儿童并不必然被任课教师忽视和歧视以及并不必然厌恶学习方面。监护并非不利处境表现在寄养儿童并不必然被监护人忽视以及并不必然无人管教方面。社会交往并非不利处境表现在寄养儿童并非与同学相处不好以及并不必然偏激内向方面。第四,通过分析寄养儿童成长处境与其中考成绩的关系,发现寄养儿童并非学业不如他人,但是潜能得不到全部发挥。寄养儿童学业成绩高的主要因素依次是个人学习态度良好、学校以及教师的严格要求、父亲的受教育水平、监护人对他们良好行为习惯的培养、足够的生活和教育花费、在学校住宿等方面。第五,一些寄宿制学校在寄养儿童教育和管理上有一些值得借鉴的措施和经验。

通过对访谈调查结果的分析,主要发现如下:第一,G县部分寄养儿童并不缺少生活费用、学业表现良好、交流沟通顺畅,这部分儿童多寄养在学校里。但也面临以下不利处境:亲情缺失对寄养儿童心理健康的不利影响，监护不利造成行为失范，支持不足导致高辍学率，安全保护缺失导致事故频发。第二，G县教育行政部门、其他行政部门、学校以及寄养场所已实施了一些应对措施。第三，寄养儿童教育管理不同层面存在的问题。一是教育行政部门层面：教育资源布局调整不合理，寄养儿童教育管理考核机制不完善，与寄养儿童沟通的便捷通道不畅通。二是其他行政部门层面：重物质帮助轻精神支持，重政策制定轻落实监督，重理论指导轻具体措施。三是学校层面：重视程度不高，管理经验不足，沟通交流不够。四是寄养场所层面：监护态度随意、监护能力不足、监护监督松弛。

针对G县寄养儿童面临的不利处境和需要解决的问题，基于教育管理的视角，以教育局和学校两级行政单位为措施实施主体，提出以下对策和建议来改善寄养儿童的成长环境：第一，建立寄养儿童管理考核机制，强化督导问责。第二，加快学校布局调整，合理调配教育资源。第三，鼓励发展寄宿制学校，切实加强内部管理。第四，建设校际寄养儿童教育管理交流平台，示范引领。第五，多方联动，关爱寄养儿童。

最后，本研究分析了访谈调查发现和问卷调查结果存在着部分差异的原因以及启示，总结了调查结果对改善留守儿童其他亚群体处境的启示；对本研究的一些局限和不足进行了反思，并指出未来可以在监护人人格特征对寄养儿童的影响、寄养经历对寄养儿童的动态影响以及改善寄养女童成长处境等方面可以尝试的研究方向。

目　录

图目录

表目录

第一章　绪论

近二十年来，随着经济的快速增长，城镇化进程日益加快，生活压力增大，生活节奏加快，大规模农民工群体形成。但是由于条件限制，他们无法在务工城市养育子女，还有部分人固守传宗接代的观念而违反计划生育政策，导致生育而不能养育的孩子越来越多。此外，寄宿制学校的不断发展及其他寄养场所的应运而生，使得目前许多县区城乡寄养儿童已经成为一个人数众多的特殊群体。寄养儿童被寄养在亲戚朋友家中、学校或者寄养机构里，是留守儿童的一个特殊群体，但他们的成长处境比留守儿童更特殊。虽然寄养可能被认为是家庭外安置的首选方式，但寄养场所中儿童的发展有很多不确定因素。世界上每年都有许多儿童被寄养，对于这些寄养儿童来说，清晰地了解寄养经历对他们发展的影响是很重要的。①

本书在已有相关研究的基础上，带着对寄养儿童成长处境的一系列困惑，通过问卷调查分析以及访谈寄养儿童利益关切者，希望回答以下问题：寄养儿童在成长过程中的现实处境如

① Anouk Goemans, Mitch van Geel, Paul Vedder, Over three decades of longitudinal research on the development of foster children: A meta-analysis, Child Abuse & Neglect, 2015(42):121－134.

何？寄养儿童面临着什么样的问题？为什么会存在这样或者那样的问题？采取什么样的教育管理措施才能改善寄养儿童处境，有助于寄养儿童的成长和发展？

绪论部分从以下五个方面展开论述：第一，为什么要进行寄养儿童成长处境及教育管理对策研究，本研究在理论上和实践中有何意义？旨在说明本研究的研究背景和研究意义。第二，对“寄养儿童”、“成长处境”以及“寄养儿童成长处境”进行概念界定。第三，剖析研究目标与研究内容。第四，介绍研究方法以及研究的创新之处。第五，阐述研究的技术路线和写作框架。

第一节　研究背景与研究意义

目前，留守儿童问题已经引起社会和学术界的广泛关注，但是寄养儿童这个亚群体尚未引起足够重视，对这个群体的研究也远远不够。因此本研究以寄养儿童为研究对象，与非留守儿童进行对比分析，无论是从理论层面，还是从实证层面来看，都有一定的价值和意义。

一、研究背景

关注寄养儿童成长处境，探讨教育管理对策是基于理论和现实的需要。在理论层面，国内外对于寄养儿童的研究还不够系统，需要引起学术界和社会的关注；在现实层面，教育行政干预是改善寄养儿童成长处境的有效途径，但是有效的教育行政干预需要建筑在科学研究基础之上，因此本书选择G县义务教育阶段学校作为一个样本，基于县域视角阐述寄养儿童的现实成长处境，并提出有效的教育管理对策。

（一）寄养儿童成长处境亟待关注与改善

留守儿童问题是中国城镇化进程带来的一个社会问题，已经引起社会的重视和关注。寄养儿童是留守儿童中的特例和典型，是一个比一般留守儿童更值得关注的儿童群体，换言之，寄养儿童是留守儿童中成长处境不利一面最突出、很值得关注的亚群体。社会和学术界更多地是关注留守儿童这个大的群体，不可否认这些研究或多或少会涉及到寄养儿童，但是专门以寄养儿童为对象的研究尚未引起社会和学术界的广泛关注。下面对比中国知网上关于留守儿童和寄养儿童研究的数量，对此做一说明。[①] 检索结果表明，截止到 2015 年 11 月 16 日，检索“留守儿童”相关的文献共有 15702 条结果，其中来源于期刊的共有 6370 条结果（1237 条检索结果来源于核心期刊与核心扩展期刊），1105 条检索结果来源于博硕士论文，3299 条检索结果来源于报纸，2010 年以后（含 2010 年）的研究文献共有 11464 条检索结果；检索“寄养儿童”相关的文献共有 350 条结果，其中来源于期刊的共有 207 条结果（38 条检索结果来源于核心期刊与核心扩展期刊），30 条检索结果来源于博硕士论文，72 条检索结果来源于报纸，2010 年以后（含 2010 年）的研究文献共有 180 条检索结果。以寄养儿童为主题的研究数量大大少于以留守儿童为主题的研究数量。

然而近年来，寄养儿童这个群体在中西部劳务输出大省的农村地区逐渐形成并扩大，其成长处境比一般留守儿童更为不利。随着社会的发展，世界各国关于寄养儿童的政策发生了很大的变化，但不管怎么说，寄养儿童所在的国家必须重视他们的

---

① 注：检索使用的是中国知网的文献库，使用的检索条件是主题包含“留守儿童”以及主题包含“寄养儿童”。

需要和权利。[①] 在留守儿童的相关研究已经很深入、覆盖面很大的前提下，有必要引起全社会对寄养儿童成长处境的共同关注，为寄养儿童的成长发展出谋划策，让他们更加健康、茁壮成长！

（二）教育行政干预是改善寄养儿童成长处境的重要途径

2012 年以来，G 县公安局对未成年人违法犯罪情况进行了分析，经统计发现，G 县未成年犯罪人员多为留守儿童。经调查了解到，这部分儿童由于疏于管教，加上社会诱惑增多，部分留守儿童沾染上打架斗殴、沉迷网络、观看网上不雅视频等恶习，因受到经济条件限制，为满足自己的不合理需求，最后走上违法犯罪道路。留守儿童违法犯罪的原因是多方面的，但是学校对留守儿童思想、道德、法制观念的教育缺失是一个重要因素。一些学校管理跟不上，为片面追求升学率而重智育轻德育，学生逃课、失学、辍学现象严重，从而使留守儿童滑坡堕落的危险系数增大。

对于寄养儿童来说，除睡眠之外的大部分时间是在学校教育环境下度过的，即使回到家里还要做作业，也是学校教育相关活动的延续。而且相当一部分寄养儿童就是寄养在学校中。寄养儿童自身认知能力低，抵御能力差，法制意识淡薄，甚至实施犯罪行为还浑然不知。义务教育阶段的儿童生理和心理还不成熟，自我控制能力也不强，思考问题的方式简单，对各种新的事

① Manuela Garcia Quiroga, Catherine Hamilton-Giachritsis, "In the name of the children": Public policies for children in out-of-home care in Chile. Historical review, present situation and future challenges, Children and Youth Services Review, September 2014, 44: 422 - 430.

物有很重的好奇心。尤其是寄养儿童,没有家庭和父母的约束,如果再没有学校和老师及时纠正他们在思想上的偏差,很容易被接触到的不良社会风气影响,一时冲动做出违反法律法规的事情。教育行政是政府的职能,是国家行政的重要组成部分,是国家通过政府的教育行政部门对教育事业进行的组织、领导和管理。[①] 寄养儿童已经失去了家庭教育,他们的身心发展很大程度上依赖于在学校所接受教育的质量。所以,研究寄养儿童成长处境,关注、关心寄养儿童,并从教育行政的层面进行有效干预是改善寄养儿童成长处境的重要途径。

(三)有效的教育管理对策需要建筑在科学研究基础之上

很多文章显示,农村劳动力的转移改变了原有的家庭结构和教育方式,同时导致大量儿童成为寄养儿童,并对他们的日常生活和交往模式造成不良的影响。寄养儿童在非正常的处境中成长,生活、成长、学习环境受到诸多不良影响。传统上,家庭和学校是保护儿童成长和安全的两道网,社区邻里的互相帮助是保护儿童安全的另外一道网。然而现代社会中的家庭与家庭之间的隔离性越来越强,社区的邻里互助等传统功能已经逐渐弱化。同时,寄养儿童由于已经失去了家庭的保护,一旦学校对寄养儿童的工作有所放松,可能会导致寄养儿童在安全、品格和人格发展、学业成绩等方面出现问题,这些寄养儿童在未来会进入城市生活,他们的身心健康发展关系着未来农村和城市人口的素质,也关系着地区经济发展的水平和未来的竞争力。

---

① 萧宗六,贺乐凡.中国教育行政学[M].北京:人民教育出版社,1996:3.

科学研究，是运用严密的研究方法，遵循一定的研究规范，在前人已有科学认识基础上，有目的、有计划、有系统地认识客观世界本质属性和规律的活动。[①] 目前对留守儿童研究较多，但对寄养儿童研究比较少，现有的寄养儿童研究还存在种种不足，要么样本过小，只对一个班级的儿童观察，要么泛泛而谈，与实际情况脱轨。此外，目前有些教育管理措施还流于表面，缺乏科学基础，针对性不强。而农村劳动力将不断转移，寄养儿童也将长期存在，寄养儿童教育管理将是政府的一项重要工作和学术界研究的重要课题。教育问题和寄养问题的叠加，让寄养儿童问题的解决倍加困难。为此，本研究从阐述寄养儿童成长处境出发，试图从教育管理视角探索解决问题和困难的对策措施，为有效改善寄养儿童成长处境提供科学依据。

(四) G县是研究寄养儿童问题的一个适当样本

选择在G县开展本研究，一是G县位于安徽省西北部，经济发展水平中等偏低，具有很强的代表性和针对性，有典型意义。由于寄养儿童的家长外出打工，大部分时间都无法陪伴孩子，容易导致孩子在生活学习、性格习惯、身体心理等方面出现问题。寄养儿童问题是劳务输出较多的县区普遍需要面对的问题，G县外出务工人员较多，近年来寄养儿童数量不断增长，寄养儿童成长处境不利因素凸显，周边县区或者下辖学校也采取了一些措施，但还不是很成熟。

二是从研究的可能性来说，对全国县区开展调查研究是不可能的。本研究只能以寄养儿童较多的G县为样本，在G县收

---

① 杨晓萍. 教育科学研究方法[M]. 重庆：西南师范大学出版社，2006：2.

集素材、资料、数据，开展调查研究。样本所反映的情况只能接近总体真实状态，永远也不能完全代表总体。① 以G县县域的义务教育阶段学生为样本，最终是要以小见大，对改善中西部劳务输出大省的寄养儿童成长处境提供教育行政对策方面的启示和建议。

把每一个孩子培养成有用之才是教育的最大贡献，大力促进教育公平是十八大报告的要求，寄养儿童教育的公平既是起因也是目的，怎样让在特殊处境中成长的寄养儿童接受更好的教育是应该深入研究和探讨的课题。本研究将调查并客观描述G县义务教育阶段寄养儿童的现实成长处境，旨在综合G县已有的解决策略，基于县域教育管理的角度，为如何改善寄养儿童成长处境提出一些可行的对策与建议。

二、研究意义

家庭生活和居住环境是儿童社会化活动的早期场所，其中父母担当着最重要的引导者角色，和父母亲共同生活更加有利于孩子的社会化。但对于寄养儿童来说，社会和学校担负的责任更大，尤其是教育主管部门和学校担当着教育者和父母的双重角色。此外，农村寄养儿童的巨大规模和快速增长引起了各界的关注，这种在推动城乡发展一体化进程中产生的现象，如果不得到及时、有效的解决，寄养儿童的社会化成长和教育方面的问题会渐渐凸显。因此，深入研究寄养儿童成长处境并提出教育管理对策具有重要的理论意义和实践意义。

---

① 李文华.社会调查研究中样本的代表性问题探讨[J].统计与决策，2006(17)：157—159.

(一) 理论意义

寄养儿童的成长处境是多种矛盾与冲突的客观体现，涉及到经济发展、教育政策、家庭结构嬗变等一系列失调现象，属于社会性问题，是一个上位概念，涵盖范围要大于寄养儿童的教育问题，但对于处于成长期的寄养儿童来说，他们的社会问题主要表现为教育问题，也就是说，寄养儿童问题的核心在于教育问题。①

1. 为了解寄养儿童成长处境提供借鉴和参考

随着国内对寄养儿童政策、理论研究的深入和实践研究的丰富，对于国外的理论，我们已经从饥渴状态下的“吞食”到了温饱状态下的“选择”；对于国外的经验，我们已经从无条件的接受到有条件的吸收甚至批判性反思。② 本书在已有理论研究和实证研究的基础上，通过问卷调查和访谈分析寄养儿童的现实处境，为了解寄养儿童成长处境提供可靠的数据参考。

2. 丰富寄养儿童教育管理工作相关理论

作为留守儿童的一个特殊群体，寄养儿童成长处境与学校和社会的关系更加密切，他们的教育和成长也更多依赖于学校，因此教育管理策略干预是改善寄养儿童成长处境的有效手段。目前越来越多的人关注寄养儿童的生理疾病、心理疾病、情绪和行为以及社会适应性等问题，寄养儿童教育问题是非常现实并且迫切需要解决的社会问题，科学的教育可以促进儿童的发展，既为儿童发展服务，也是实现儿童发展的有效途径，如何使寄养儿童接受良好的教育需要持续深入的研究。本书在客观分析寄

---

① 王谊.农村留守儿童教育研究[D].西北农林科技大学，2011：2.

② 冯大鸣.三度回看：国外基础教育经验借鉴30年[J].中小学管理，2008(11)：21—23.

养儿童成长处境的基础上，提出改善寄养儿童成长处境的教育管理对策，将有助于拓展寄养儿童成长处境及教育对策的研究空间、深化研究内容、充实寄养儿童研究的相关理论，为后来的研究提供实证数据和理论参考。

（二）实践意义

寄养儿童的健康成长是实现义务教育均衡发展的客观要求，也是每一个教育者不能推卸的责任。因此，了解寄养儿童成长处境，对呈现出的问题进行分析，从教育管理层面探索有效措施，对寄养儿童的成长、发展具有重要的现实意义。

1. 分析寄养儿童成长处境为改善寄养儿童教育提供新的思考方向

寄养儿童问题有隐蔽性和掩饰性，早期的亲子分离、童年的生活体验、寄养生活的经历、不容乐观的处境，不可避免地会影响他们的个性发展，价值观、人生观的形成，也会影响他们的个人未来发展。寄养儿童成长处境的改善虽然是一个复杂的系统性问题，需要政府行政部门、学校、社会层面普遍给予应有的关注，需要规范家庭寄养、寄养机构管理，需要健全制度，但是良好的教育既能够改善他们的成长处境，让他们在社会成长过程中得到更稳定的安置，又能够帮助他们在很多方面得到提升，还能够提高他们适应社会的能力。该研究在描述、分析寄养儿童成长处境的基础上，提出对策或建议，为寄养儿童的教育管理实践提供了新的思考方向。此外，由于寄养儿童的成长环境比留守儿童的成长环境更困难、更特殊，因此，研究寄养儿童更有典型性，对更广泛意义上留守儿童的研究有辅证作用。

2. 研究特定地区寄养儿童状况为类似地区提供参照并完善实践路径

国内寄养儿童分布高度集中在输出大量劳动力的省份，段成荣等(2013)关于留守儿童的统计数据提供了直观参考。①

农村留守儿童高度集中在劳动力输出大省，据段成荣等的统计，43.64%的留守儿童集中在四川、河南、安徽、广东、湖南这五个省份，详细数据见表1-1。

表1-1 五个劳动力输出大省留守儿童数量

省份	数量(万)	占全国比例
四川	692	11.34%
河南	655	10.73%
安徽	443	7.26%
广东	438	7.18%
湖南	435	7.13%

G县义务教育阶段现有71所初级中学、361所小学、84所教学点，其中中小学寄宿制学校48所。根据县教育局基础教育股2015年学籍数字统计，G县义务教育阶段4—9年级在校生90255名。问卷调查中发放90255份学生问卷，回收85896份，有效问卷81666份。根据有效问卷统计，留守儿童57785名，占4—9年级在校生的70.76%，其中14.32%的学生被寄养在学校、社会寄养机构或者亲戚朋友家里，成为寄养儿童。

因此在G县完成本研究后，研究成果不仅能够为促进义务教育均衡发展提供借鉴，还可以为改善寄养儿童成长处境、改进寄养儿童教育管理措施提供参考。

① 段成荣，吕利丹，郭静，王宗萍. 我国农村留守儿童生存和发展基本状况——基于第六次人口普查数据的分析[J]. 人口学刊，2013(03)：37—49.

研究寄养儿童成长处境，并基于县域教育管理视角提出对策与建议，无论是在理论层面还是在具体实践中都有重要的意义，以此为动力来源从事这项研究，寻找改善寄养儿童成长处境的一些具体方法，希望能够为促进教育公平发挥一定的作用。

第二节　概念界定

本研究以寄养儿童成长处境为研究主题，在概念界定上主要涉及寄养儿童以及寄养儿童成长处境。寄养儿童属于留守儿童的一个亚群体，在界定寄养儿童概念之前，先解释在研究中如何界定范畴更广泛的处境不利儿童以及留守儿童。

处境不利，是指个体在经济状况、社会地位、权益保护、竞争能力等方面处于相对困难与不利境地的生存和发展状态。[①] 不利处境儿童指相对全国大部分儿童来说，生活、成长环境不利的儿童。[②] 不利处境儿童的情况纷繁复杂，其家庭生活和教育情况都不一样。但一般来说，这类研究大多把儿童分成三种类型。[③] 第一类儿童的家庭社会经济地位处于弱势地位。第二类儿童面临家庭关系不和睦带来的困境，家庭生活的不稳定或其他负面因素会导致儿童缺乏必要的关爱和照顾。第三类是受到家庭内部或外部人员的暴力伤害、精神伤害或两者兼

---

① 郑信军，岑国桢.家庭处境不利儿童的社会性发展研究述评[J].心理科学，2006(03)：747—51+703.

② 何水，陈昌文.不利处境儿童教育问题探析[J].当代教育论坛，2003(04)：11—15.

③ Najman J M, Aird R, Bor W, O'Callaghan M, Williams G M, Shuttlewood G Jv. The generational transmission of socioeconomic inequalities in child cognitive development and emotional health[J]. Social science & medicine, 2004, 58(6): 1147—1158.

有的儿童。

留守儿童是处境不利儿童中的一个群体，多属于上述三种不利处境儿童中的前两种。在国内，对留守儿童的关注和大量研究开始于 2004 年。2005 年 5 月的“中国农村留守儿童社会支援行动研讨会”，认为农村留守儿童问题是中国今天农村劳动力转移过程中带来的问题之一。① 通常认为留守儿童形成的原因大多是由于家庭经济原因，父母一方或者双方不得不到经济发达的地区工作谋生，但同时没有能力解决带着孩子生活所要面对的居住、教育、医疗、交通、安全等问题，因此只能把孩子留在老家，托付给其他人照看。

留守儿童概念界定多使用叶敬忠等(2005)研究中的定义：因父母双方或单方长期在外务工而被交由父母单方或长辈、他人来抚养、教育和管理的儿童，②年龄在 17 周岁以下(或 0—17 岁)的儿童。③ 图 1 - 1 是关于留守儿童的研究中常用亚群体分类的示意图。④ 通常可以被细分为五个亚群体：非留守儿童⑤(父母都和孩子在一起)；父亲外出留守儿童(父亲外出务工，与母亲一起生活，简称父外留守儿童)；母亲外出留守儿童(母亲外出务工，与父亲一起生活，简称母外留守儿童)；完全留守儿童(父母都外出务工，孩子与祖辈生活)；寄养儿童(父母都外出务工，孩子寄养在学校或其他寄养场所里)。

---

① 洪天慧. 在“中国农村留守儿童社会支援行动研讨会”上的总结讲话[J]. 2008.

② 叶敬忠，王伊欢，张克云，陆继霞. 对留守儿童问题的研究综述[J]. 农业经济问题，2005(10)：75—80＋82.

③ 段成荣，周福林. 我国留守儿童状况研究[J]. 人口研究，2005(01)：29—36.

④ 徐阳. 农村留守儿童教育问题研究[D]. 华东师范大学，2006.

⑤ 注：非留守儿童、普通儿童、一般儿童在本文中混用，都是指和父母在一起生活的儿童。

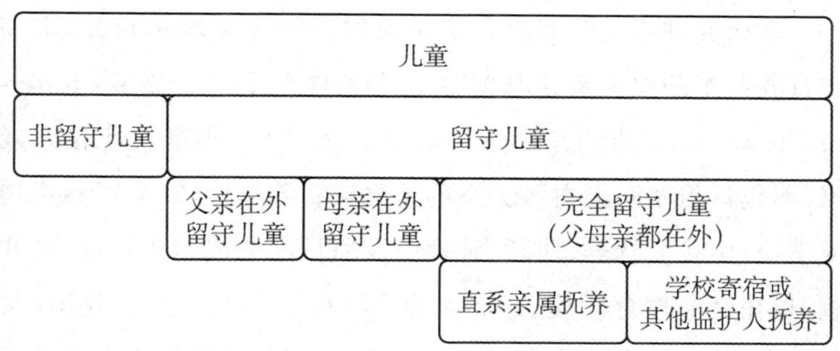

图 1－1　留守儿童研究中群体分类示意图

一、寄养儿童

"寄养儿童"是本书的核心研究主体，是更广义的"留守儿童"中的一个特殊群体。"寄养"在《中国现代汉语词典》中的解释是"托付给别人抚养或饲养"。寄养有亲属寄养和机构寄养，[①]有些研究中把托付给祖辈抚养的孩子也当作家庭寄养儿童。[②] 随着时代的发展，现在还出现了"城市寄养儿童"。随着城市 80 后独生子女为人父为人母，工作环境竞争的日益激烈，越来越多的年轻父母或因为工作压力大，或因为逃避养育责任等选择把孩子交给保姆或孩子的祖父母、外祖父母或者其他亲戚代为抚养，这种代为抚养的儿童称为"城市寄养儿童"。[③] 甚至有的孩子被寄养在同一个城市的祖父母、外祖父母家，他们被寄养并不是因为家庭经济条件，相反，他们家庭的经济条件可能较好。[④]

---

① 柳丝扬.寄养儿童现象的分析及其对策研究[J].教育导刊(下半月)，2013(06)：84—87.

② 孙庭永.寄养儿童的游戏治疗与实践研究[D].内蒙古师范大学，2013.

③ 王冰.城市寄养儿童家庭教育存在的问题与启示[J].湖州师范学院学报，2014(09).

④ 蔡敏，杨玉华."寄养儿童"城市新群体[N].新华每日电讯，2009：008.

本研究并不区分寄养儿童是农村户籍还是城镇户籍，本书中寄养儿童的概念界定从满足三个条件着手：(1)寄养(fosterage/foster care)指的是由于父母双方都外出，儿童只能在亲戚家(不包括祖辈)、无血缘关系的家庭或寄养场所(社会寄养机构或学校)中接受抚养、照顾、管理以及监护的未成年儿童；(2)“儿童”指在义务教育阶段(1—9 年级)的在校学生。按照我国《义务教育法》的规定，“儿童到了 6 周岁后，家长或别的法定监护人要让儿童到学校接受并完成九年制义务教育；由于特殊原因不能够按时入学的，年龄适当放宽到 7 周岁”。本书对义务教育阶段学生的年龄界定为 6—17 周岁的未成年人；(3)研究对象是生理健全、没有认知能力缺陷的儿童，并不包括“孤残儿童”。因为只有通过对具有相似的生理条件和认知能力的个体或群体进行对比，才能够更准确地分析一般寄养儿童在成长中面临的普遍问题，找到切实可行的方法来改善一般寄养儿童成长处境。

对照图 1 - 1 中儿童群体的分类，在本研究中，寄养儿童对应其中的两个亚群体情况：完全留守儿童下的“学校寄宿”和“其他监护人”群体。寄养儿童父母双方都外出长期不能陪伴在孩子身边，且监护人不是爷爷奶奶、祖父外祖父。这些学生大多住在学校的宿舍、其他非直系亲属的家中或者住在社会民办的寄养机构。作为不利处境儿童中完全没有直系亲属陪伴的孩子，他们可能是在生活和教育中面临最多问题和难题的群体。

二、寄养儿童成长处境

本书中，儿童成长处境是指能对儿童成长产生积极或消极影响的种种环境条件的总和，即儿童成长所处的环境条件，主要包括家庭、学校、社会三个方面的内容。这种解释沿用了社会学家费孝通的释义,“处境”是“环境”的下位概念,是基本忽略一般“环境”中的自然地理因素而着重强调环境中社会和技术因素的部分。[①] 寄养儿童与普通儿童最基本的差别就在于他们与其父母和祖辈等直系亲属分开生活,并且由非直系血亲或社会机构监护,或者寄养在学校里面,因此本研究主要关注的是会影响寄养儿童身心健康以及学业表现的家庭生活、教育情况、监护情况、社会交往等方面的处境,对比分析寄养儿童与非留守儿童在这几方面容易形成差距的因素。

与非留守儿童相比,寄养儿童成长处境的根本不同在于不与父母生活在一起,缺乏父母的直接照顾和呵护,并因亲情的缺乏、监护责任心的不完整(比如监护人重在管吃住、不生病,对其行为习惯和知识等方面的教育就比较淡漠等)而导致寄养儿童在行为习惯、学业成绩、社会交往、心理体验等诸多方面的问题。当然这些还都是假设,需要通过调查来验证。如果上述情况确实是寄养儿童普遍面对的处境,那么就称之为成长处境不利或者说寄养儿童处在不利成长处境之中。但是处境不利学生的弱势成因大多具有较高的置换性,只要采取有效的教育措施,如完善其人格特征,改良其智能结构,提高其学业成绩,改善其周围人际氛围,或提供有力的教育领域的社会支持和保障系统,就能在很大程度上减轻其弱势因素,使其形成学业和社会交往的竞争力和影响力,获得更多的发展机会。[②]

本研究中,一是要确认寄养儿童的现实处境是否随着时代

---

① 费孝通.乡土中国[M].上海:上海人民出版社,2006:115—116.

② 郑信军.聚焦处境不利学生社会性发展研究的对象关注[M].杭州:浙江大学出版社,2007:13.

的发展也在发生着变化？二是如何通过教育行政干预、通过学校和教师的行动来努力降低寄养儿童处境不利的程度，尽可能使他们获得与非留守儿童接近的成长处境？三是寄养儿童的处境及教育管理对策研究对改善其他群体，如完全留守儿童、单亲留守儿童处境有何启示？

第三节 研究目标与研究内容

“研究是以发现问题为开端的，又是以反复寻求解决问题的方法为过程的，更是以解决问题为主要目标的。”①本书以文献研究为基础，通过分析调查问卷结果和访谈发现，客观描述G县寄养儿童现实处境，总结已采取的教育管理措施，继而找出寄养儿童教育管理中存在的亟待改善的问题，最后提出改善寄养儿童成长处境的教育管理对策，完成研究目标。

一、研究目标

从目的来看，“研究”是一种有计划、有意图的活动，它以发现事物的规律性、解决新问题或改进某种实际情景为目的。②本研究通过文献研究、问卷调查与访谈调查，完成以下目标。

第一，通过对过往文献的梳理，阐述研究发现的寄养儿童成长处境。

第二，基于问卷调查和访谈发现的结果分析现阶段G县寄养儿童成长处境及教育管理现状。

第三，基于G县教育行政部门和学校的现实状况，以教育

---

① 胡东芳.教育研究方法：哲理故事与研究智慧[M].上海：华东师范大学出版社，2009：5.

② 郑金洲等.学校教育研究方法[M].北京：教育科学出版社，2003：17.

行政部门和学校两级行政为措施实施主体，从县域教育管理角度提出改善寄养儿童成长处境的对策建议，以便为解决好城镇化进程中的寄养儿童问题提供对策思路，也为相关的理论研究者提供一份相对完整的县域实证研究资料。

二、研究内容

过往的研究中多将寄养儿童定位为问题儿童，在抽样上偏向于偏远地区的农村寄养儿童，同时在分析寄养儿童问题时存在大量的戴“有色眼镜”去研究和分析问题现象。还有一些研究者将注意力集中在关注小部分寄养儿童的不良表现上，且把寄养儿童在这些表现上与非留守儿童的差异简单归结为儿童被寄养这一原因。目前的研究中，认为寄养现象对寄养儿童有极大负面影响的远远多于正面影响。其中有一些研究缺少实证数据，将过往的发现或者极端案例引申为普遍存在的寄养儿童问题。特点不等于问题，现状也不等于问题。如果将寄养儿童看作是问题儿童，就很难找到他们愿意“改变”的动力。基于研究目标，本书的研究内容如下：

（一）“寄养儿童”概念界定

以往的研究对象取样多是割裂的，大多研究把寄养看作儿童福利事业的一种，对寄养儿童的研究多为研究寄养在家庭和福利院中生理或智力不健全的孤残儿童。实际上这种情况只包括了寄养群体中的小部分，以 G 县的客观情况来说，在外务工的父母随着收入的提高，也希望自己孩子能够接受良好的教育，因此把孩子送到城区，将其寄养在亲戚家、学校或社会寄养机构里，让孩子在城市里接受教育。除了寄养这个因素，这些孩子和非留守儿童没有大的不同。另外与留守儿童相比,本书对寄养儿童的概念界定剔除了单亲外出留守儿童,研究对象更加具有同一性。通过选择对象在生理和认知上都正常的寄养儿童与非留守儿童进行对比,增强研究结果的对比性和可信性。

(二) 寄养儿童成长处境调查

结合 G 县实际情况,本书的调查对象覆盖整个 G 县义务教育阶段(4—9 年级学生),这比大部分研究的范围都要广。以现有研究提供的详细的问卷设计为基础①②,更加合理地进行调查问卷设计和实施,以最真实地反映寄养儿童成长处境。

(三) 寄养儿童成长处境的教育管理现状访谈调查

G 县处于一个经济欠发达,高等教育、志愿者和社工氛围缺失的地区,这也是国内寄养儿童多发的地区特征。通过访谈 G 县寄养儿童教育管理工作利益关切者,总结寄养儿童成长处境的教育管理现状并找出教育管理存在的主要问题。

(四) 改善寄养儿童成长处境的教育管理对策

在 G 县现有的社会制度、社会资源条件下,希望本书能够对国内这方面的研究做出有力的补充,并期望能够找出切实可行、可以推广的干预措施,为宏观政策的制定提供调研数据和理论基础。

---

① Choice P, Consortium B A S S, others. Education for foster children: Removing barriers to academic success[M]. Bay Area Social Services Consortium, Center for Social Services Research, School of Social Welfare, University of California, 2001.

② 徐阳. 农村留守儿童教育问题研究[D]. 华东师范大学, 2006.

第四节　研究方法与研究特色

本研究主要分析G县寄养儿童成长处境以及教育管理现状，并基于教育管理视角，提出改善寄养儿童成长处境的建议和对策。下面介绍本研究使用的研究方法和研究特色。

一、研究方法

本研究主要采用如下四种研究方法。

（一）文献法

文献法是对文献进行查阅、分析、整理并力图寻求事物本质属性的一种研究方法。它通过对各种文献资料进行理论解释和比较分析，能使研究者发现事物发展的内在联系。① 本研究主要用于如下几种情况：首先，总结分析当前国内外关于寄养儿童以及寄养儿童成长处境的相关理论、寄养儿童教育存在的问题及对策研究现状，为本研究确定的寄养儿童成长处境的调查维度提供基础；其次，搜集、梳理政府、教育主管部门、个案学校与本研究主题相关的各种文本，主要有政策方面的文件、改革方案的文件、专题报告、网络信息以及会议的日程等，以便了解相关动态。就像格莱斯（Glesne，1999）说的那样，“各种文本能为观察和访谈提供历史的和关联性维度”。博格（Berg，1995）指出，文本分析能够增强对要调查现象的理解，因为它是参与者生活的一个自然的部分。

---

① 袁振国．教育研究方法[M]．北京：高等教育出版社，2002：149．

(二) 问卷法

本研究在设计调查问卷的题目时，主要基于国内外已有的相关调查工具，结合前期访谈结果，编制调查预测问卷《G县寄养儿童(4—9年级)成长处境调查预测问卷》。研究中首先用学生预测调查问卷做了小范围的调查，使用Cronbach a系数检验问卷的内在一致性，并在对预测问卷题目筛选之后形成正式问卷。学生调查问卷主要用来了解以下四方面的信息：背景信息——包含父母和家庭情况；寄养儿童在学校接受教育的情况；寄养儿童监护人的情况；寄养儿童的社会交往情况。

(三) 访谈调查法

访谈调查法是一种重要的质性研究方法，是"研究者通过与被调查者面对面进行交谈，以口头问答的形式来了解某人、某事、某种行为态度和教育现象的一种调查研究方法。其最基本的方式或手段是运用口头语言来收集资料，具有调查过程灵活深入、获取资料完整真实等优点"①。比较起来，质性研究比量化研究更加适用于对不太了解的问题进行探索性研究、对小样本进行个案调查从而细致发掘问题的本质和通过归纳实现层层递进的理论构建等情况。与量化研究相比，质性研究更适合于对尚不熟悉的现象进行探索性研究、对小样本进行个案调查以深入了解事物的复杂性以及采用归纳法进行自下而上的理论构建等情况。本研究中首次用到访谈法是为问卷编订提供服务和帮助，研究者通过对G县分管教育副县长、相关行政部门负责人、教育局局长及相关股室股长、学校校长、班主任、教师以及寄

① 杨小微.教育研究方法[M].北京：人民教育出版社，2005：103—104.

养机构负责人进行访谈，从而为确定问卷问题项目提供帮助。调查问卷发放回收后，还将再次用到访谈法，这次的访谈调查主要是为了对问卷调查中无法了解的内容进行补充，通过对一些关键问题的追问来得到问卷调查中不能够得到的更加详细的信息。

（四）个案研究法

个案研究是就一现象、一事甚至一人进行的深入全面的研究，它的主要特点是焦点特别集中，了解深刻周全。个案研究和问卷调查的基本目的是一致的，即为了获取寄养儿童成长处境的信息并对信息进行处理和分析，最终客观真实的描述寄养儿童成长处境、探究改善成长处境的教育管理对策。在达成这一基本目的上，个案研究和问卷调查发挥着相互补充、相互印证的作用。与问卷调查相比，个案研究的不足是覆盖面非常有限，但它在研究深度以及在现象解释方面的优势远胜于问卷调查。[①]

二、研究特色

通过对国内外关于寄养儿童研究文献的研究和对比，发现国内外对寄养儿童的研究存在系统性和针对性不强的问题，对研究对象跟踪的时间不长，由于研究对象的取样随意性、地域和取样偏差导致了不同的结论，这些为本研究提供了重要的指导和参考。在充分吸收国内外相关研究成果的基础上，本研究的特色与创新之处主要表现在以下四个方面：

---

① 冯大鸣.处境变迁与文化回应[D].华东师范大学，2008：65.

(一) 本研究聚焦于寄养儿童

寄养儿童是留守儿童中的特殊群体，是在完全脱离父母、祖父母、外祖父母直系亲属的环境下生活的留守儿童，因此也是“留守”特征最集中的留守儿童群体。国内关于留守儿童的研究很多，然而专门以寄养儿童为对象的系统性研究成果较少。本书的研究主体明确界定为寄养儿童，并且同时选择非留守儿童群体作为参照对象进行对比研究。

(二) 样本的代表性比较强

选择在义务教育阶段寄养儿童比例很高的 G 县做研究，样本的代表性比较强；本研究将在国内外已有的关于寄养儿童的研究基础上，结合 G 县特有的文化背景，对寄养儿童的概念、寄养儿童成长处境、寄养儿童教育管理对策进行研究与验证，从而为 G 县寄养儿童成长处境研究提供可资借鉴的结论。

(三) 全样本调查

本研究问卷调查覆盖了全县所有义务教育阶段学校的 4—9 年级学生，所得数据完整、可靠，避免了因为抽样到寄养儿童表现好或者寄养儿童表现差的学校给结论带来的不确定性。此外本研究对问卷调查的结果分析中，把寄养儿童与非留守儿童做了比较，能够更好地甄别寄养儿童与非留守儿童成长处境之间到底有何差别，这样的研究结果更有说服力。

(四) 干预措施研究

国内现有的寄养儿童研究方法主要是调查问卷和访谈法，寄养儿童问题干预措施的研究很少。本研究基于理论研究以及对调查问卷和访谈的结果分析，提出了教育管理干预措施，以教育行政部门和学校为措施实施主体，探讨并建议通过调整政策、改善教育策略等方式，促进寄养儿童成长处境得以改善、寄养儿童教育问题得以完善的具体路径。

第五节　技术路线与本书结构

“一种好的构思提供一种特定的认知参照系、认知角度，决定着研究方向、设计和对结果的阐释。此外，有什么样的分析框架，就会进行什么样的理论观察、分析事物发展、预测其未来、也就会实施怎样的实践。”①基于以上认识，本研究的基本思路是：通过文献法、问卷法、访谈法、个案法等方式展开研究，首先对寄养儿童成长处境进行理论分析，并以此为参照进行访谈调查和问卷调查，通过分析调查结果，了解寄养儿童的现实处境和教育管理现状，结合G县实际情况以寻求改善寄养儿童成长处境的教育行政对策与建议。

一、技术路线

图1-2是本研究的技术路线图，图中涵盖了问题揭示、思路形成、研究开展、结果分析等内容。

二、本书结构

研究文本框架包括“绪论”“寄养儿童成长处境的理论研究”“寄养儿童成长处境调查”“寄养儿童成长处境教育管理现状调查”“对策与建议”“研究启示与未来展望”六个部分。

---

① 胡东芳.课程政策研究：对“课程共有”的理论探索[D].华东师范大学，2001：8.

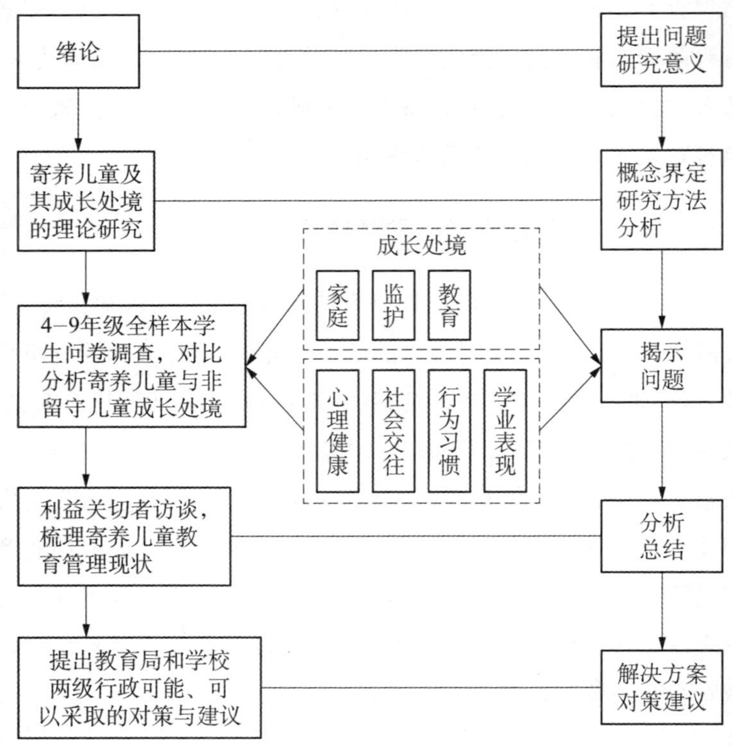

图 1－2　技术路线图

第一章“绪论”部分。简要阐述寄养儿童成长处境的研究背景与研究意义，界定本研究的概念寄养儿童以及寄养儿童成长处境，明确研究目标与研究内容，梳理研究方法与研究特色，构建研究路线及全书结构。

第二章是“寄养儿童及其成长处境的理论研究”。着重从理论上论述寄养儿童成长处境的研究进展。通过整理已有的相关文献，论述当前国内外关于寄养儿童成长处境的整体研究概况，介绍寄养儿童成长处境的提出及其表现方面，从而为本研究提供理论基础、测量工具，并为改善寄养儿童成长处境的教育行政对策提供参考依据。

第三章是"寄养儿童成长处境调查"。首先介绍本研究使用的调查问卷编制:用学生预测调查问卷做小范围的调查,使用 Cronbach a 系数检验问卷的内在一致性,并在对预测问卷题目筛选之后形成正式问卷"G 县寄养儿童(4—9 年级)成长处境调查问卷"。然后介绍问卷调查的正式施测情况。最后对问卷调查的结果进行分析。通过对 G 县义务教育阶段 4—9 年级学生的全样本调查,共获取 81666 份有效问卷,并结合寄养儿童中考学业成绩,借助 SPSS19.0 统计软件工具,Matlab, Excel,通过描述统计、方差分析、相关分析、统计检验等方式对比研究了寄养儿童和非留守儿童的成长处境。

第四章是"寄养儿童成长处境教育管理现状调查"。教育管理现状调查主要通过访谈法完成,因为与问卷调查法相比更加灵活,适用于比较复杂的问题,可以按需要访问不同类型的人,深入了解不同类型的材料。① 本章首先叙述了访谈目的、访谈对象、访谈内容及访谈注意事项。根据访谈对象设置了以下三个访谈提纲:"对分管县长、政府行政部门负责人、校长、班主任、教师关于寄养儿童成长处境及教育管理现状的访谈提纲"、"对寄养儿童监护人(除父母、祖辈以外的监护人)关于寄养儿童成长处境及教育管理现状的访谈提纲"以及"对 G 县 4—9 年级寄养儿童的访谈提纲"。然后通过对寄养儿童利益关切者共计 90 人的访谈,提炼与本研究相关的观点,验证问卷调查结果,更深入、更细致地从不同层面了解寄养儿童成长处境,概括 G 县寄养儿童的现实处境,总结 G 县已采取的寄养儿童教育管理措施

---

① 田学红. 教育科学研究方法指导[M]. 杭州:浙江大学出版社,2006:55.

以及存在的主要问题，为形成有效教育管理策略提供事实依据。

第五章是“对策与建议”，从教育管理的角度出发，以教育局和学校两级行政单位为措施实施主体，提出对策与建议来改善寄养儿童的成长环境。

最后，在第六章“研究启示与未来展望”中，分析了访谈调查发现和问卷调查结果存在差异的原因以及启示，总结了调查结果对改善留守儿童其他亚群体处境的启示；对本研究的一些局限和不足进行了反思，并指出未来可以在监护人人格特征对寄养儿童的影响、寄养经历对寄养儿童的动态影响以及改善寄养女童成长处境等方面可以尝试的研究方向。

第二章　寄养儿童及其成长处境的理论研究

现有关于寄养儿童的研究成果极大地丰富了社会对寄养儿童的理解，为制定改善寄养儿童成长处境的教育管理对策提供了实证和理论支持。本章将从以下三个方面展开系统论述：一是回顾国内外关于寄养儿童的研究，从而对研究的整体框架有一个理性的认识。二是总结寄养儿童成长处境研究。三是总结寄养儿童成长处境对策研究。通过对文献的调研，为本研究提供坚实的实践和理论基础。

第一节　关于寄养儿童的研究

对寄养儿童的研究，主要是回答以下几个方面问题，第一，寄养儿童面临着什么样的处境？第二，有什么资源可以利用？其中哪些资源在发挥作用？第三，谁是实际的行动者？这些行动者如何利用这些资源？为寄养儿童提供了哪些服务？第四，行动期望的成果和目标是什么？有没有达成这些成果和目标？第五，改善寄养儿童成长处境所采取措施的时间跨度。本节首先介绍寄养儿童的研究框架，然后分别阐述寄养儿童研究的传统内容和新近内容。

一、研究框架

国内外关于寄养儿童的研究框架基本是一致的。本研究借鉴学者卡伦·皮特曼对公共政策的研究框架,[①]勾画出寄养儿童研究的理论框架。(如图 2-1 所示)图中省去了时间维度,因为寄养政策中时间体现的不太明显。

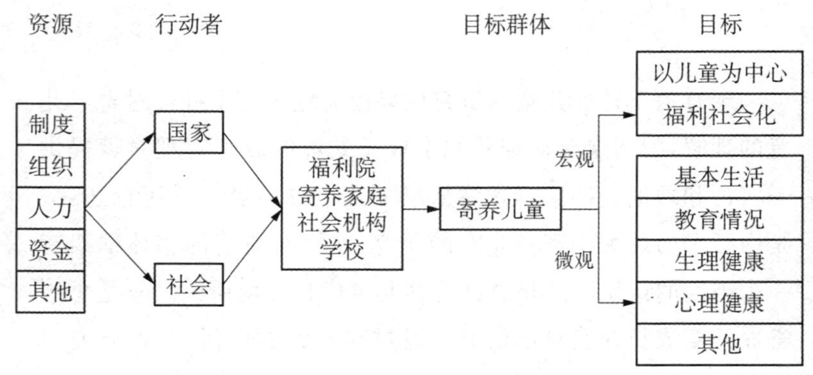

图 2-1　寄养儿童研究的理论框架

图 2-1 展示了该理论框架中的四个维度,每项下面列出了相关内容。从资源来看,本书从制度、组织方面提出对策,其中也牵涉到资金和人力的协调。从行动者来看,本书中的行动者是政府,尤其是代替国家行使教育管理权力的教育行政部门。目标群体很清晰,就是寄养儿童。最右侧是政府实施政策所要达到的目标,目标是否实现、实现的效果是政策实施最重要的衡量标准。从图中看,皮特曼将政策目标分为两种:宏观和微观。宏观的目标是指向寄养儿童工作长期的战略目标,比如儿童福

① 卡伦,皮特曼,马塞罗,戴维西. 21 世纪青少年社会政策:框架问题[J]. 当代青年研究,2004(02):52—56.

利的社会化和实现“以儿童为中心”的福利制度。微观目标主要是指政策所关注的各项具体、现实的状况，比如解决寄养儿童的家庭生活困难，保障教育机会等等。寄养儿童工作的宏观和微观目标是密不可分的，两者统一体现在寄养儿童工作政策及措施中。

作为一种儿童福利的模式，寄养于19世纪50年代在英美西方国家开始发展，并在20世纪90年代传入中国。寄养制度在欧美国家有160多年的发展历史，与国内相比，美国关于寄养儿童的研究成果更丰富，研究也更深入。同时也由于欧美国家完善的志愿者、社工、社会慈善体系，国外政府、社会、学术界在寄养儿童问题上投入了更多的资源。比如在美国和欧洲有对寄养儿童的长期跟踪研究，有关于寄养经历对成年之后影响的研究以及对寄养儿童采取长期干预措施的效果研究。

美国的寄养儿童政策一直在发展，时至今日也是。从美国寄养儿童政策制度发展的历史经验看，政府在其中起到了三个方面的作用：立法明确各方责任、投入大量资金支持和强力的直接介入。1935年的《Aid to Dependent Children》（ADC，儿童援助）法案产生，在ADC的领导下，美国联邦和州政府增加了用于维持贫困家庭的财政拨款，使得原本被送往福利院的儿童可以在家庭中接受养育，寄养儿童数量增长很快。1980年《Adoption and Child Welfare Act》（收养和儿童福利法案）进一步明确了社会各方对于儿童的责任。2001年，《No Child Left Behind Act》（不让一个儿童落后法案）要求联邦、州、地方三级政府共同努力帮助寄养儿童在教育上获得成功。[①] 2009年，《Fostering

① Vacca J S. Foster children need to learn how to read. Relational Child & Youth Care Practice, 2006(19):4.

Success in Education Act》(寄养儿童教育成功法案)对寄养儿童的抚育责任、教育公平、教育经费、教育场所、特殊教育、交通服务等,都给予了明确说明,从而全方位保证寄养儿童在教育上获得成功。①

"他山之石,可以攻玉",国外尤其是美国的寄养儿童法制、社会制度的发展以及对寄养儿童的研究可以提供很多可供借鉴的经验。我国关于寄养儿童的政策措施是在改革开放的大背景下逐步出台形成的,其中也有国外寄养理念的影响,这些都为我国寄养儿童政策的制定和推行提供了良好的基础。从我国国家政策层面看,早期承担寄养责任的主体是民政部门,其形式主要是通过社会福利院实现对孤残儿童的救护和照顾。在 2000 年 2 月,国务院颁发《关于转发民政部和其他部委"加快实现社会福利社会化的意见"的通知》,这份通知第一次明确提出了寄养成为儿童福利社会化的重要途径。2003 年 10 月,民政部又发布《家庭寄养管理暂行办法》规范家庭寄养工作,对寄养工作的目标、寄养服务机构的职责、寄养工作管理、服务标准及规范做出了明确的规定②③,然而在此之后,我国没有再出台新的关于儿童寄养的政策,寄养事业的社会化发展也较慢。

从寄养儿童研究的发展和方向看,自 2004 年国家媒体大规模地报道寄养儿童在生活和学习中所面临的困难及其导致的严

① National Association of Public Child Welfare Administrators. Fostering Success in Education Act: a summary of S. 2801. http://www.napcwa.org/Home/docs/Fostering Success in Education Act Summary. pdf,2010 - 6 - 25.

② 吴鲁平,韩小雷. 孤残儿童家庭寄养政策研究[J]. 中国青年研究,2006(01):30—35.

③ 乔东平,谢倩雯. 中美家庭寄养的比较及启示[J]. 中国青年研究,2013(10):110—115.

重后果起，伴随着社会对寄养儿童问题的重视和国家关于寄养儿童政策的发展，学术界关于寄养儿童的研究也越来越丰富。在过去的十多年中，学术界涌现出一大批优秀的研究人员以及研究成果，这些研究从宏观和微观的各个方面论证了寄养这种儿童抚养方式的利弊、对国家的寄养政策提出建议、剖析寄养儿童与寄养家庭之间的关系、描述寄养儿童所面临的困境、对如何解决寄养儿童的生理健康和心理健康问题做了许多实证研究。

从寄养儿童研究的层面以及采用的研究方法上来看，大多数学术研究都是从微观层面着手，对寄养儿童的在校表现、心理健康、家庭生活等具体的数据进行调研和分析。调查方法上主要采用个案访谈和问卷调查两种方法。在研究目标上，一种是通过调查、访谈等方式来研究寄养儿童与非留守儿童在某些特定方面（如心理、成绩等方面）有什么异同？寄养儿童是否处于劣势？这些研究通常没有仔细讨论儿童不利处境与差异表现之间的关系。另外一种目标是研究儿童所面对的不利处境是否会导致与非留守儿童相比，他们在某些方面处于劣势。

熊磊、石庆新（2008）在综述文献中指出，一般来看，与非留守儿童相比，由于父母教育缺位、监护人教育不当、学校教育不足、社会教育不良，导致相同年龄的寄养儿童在心理健康、人际交往、性格与行为等表现处于一定程度的劣势。① 在大量关于寄养儿童以及对比分析寄养儿童和普通儿童群体的研究文献中，由于各地区经济发展水平的不同、寄养状况的复杂性，同时也存在研究对象取样方法的差异，在一些具体的问题上研究人

① 熊磊，石庆新．农村留守儿童的心理问题与教育对策［J］．教育探索，2008(06)：132—133.

员发现了不一致的结果。①

最后从数量上比较关于寄养儿童的研究成果与关于留守儿童这个更广泛的儿童群体的研究成果。从前文截止到2015年11月16号统计的文献数量上看，以寄养儿童为研究对象的文献只占以留守儿童为主题的文献的2.2%。虽然以寄养儿童为研究主体的文献数量不多，但是在许多关于留守儿童的文献中或多或少包括了符合本书概念界定的寄养儿童群体，在文献综述和后面的研究中也借鉴了这样的研究发现。下面详细介绍关于寄养儿童的研究。

二、寄养儿童研究的传统内容

传统的寄养儿童主要是福利院等社会福利机构收养的儿童或者是由各级福利机构收养的儿童组成的群体。与之相应的，传统的关于寄养儿童的研究也大多是着眼于寄养在福利院或家庭中的孤残儿童。我国针对这一群体的学术研究从20世纪90年代开始②③，一直到现在始终是关于寄养儿童研究的热门领域。④⑤⑥

---

① 罗静，王薇，高文斌. 中国留守儿童研究述评[J]. 心理科学进展，2009(05)：990—995.

② Simms MD. 寄养对儿童行为发育的影响[J]. 沈晓明译. 国外医学(社会医学分册)，1993(04)：176—178.

③ 昝飞，曾凡林. 孤残儿童的社会交往能力心理行为问题与寄养[J]. 中国特殊教育，2001(02)：47—50.

④ 张露. 家庭寄养研究文献综述[J]. 法制与社会，2013(14)：242—244.

⑤ 韩晶，韩芳. 孤残儿童家庭寄养存在的问题与对策研究——以济南市儿童福利院为例[J]. 济南大学学报(社会科学版)，2015(04)：85—90.

⑥ 王琳. 家庭寄养模式与孤残儿童心理及人格健康关系研究综述[J]. 医学理论与实践，2014(08)：1009—1011.

与国外对寄养儿童研究160年的时间相比，虽然国内对寄养儿童研究的时间还不长，但是在福利院和家庭寄养研究方面已经有了不少出类拔萃的研究人员和研究成果。下面对国内外相关研究，从政策制度研究、寄养家庭或福利院模式研究、寄养儿童群体的实证研究三个层面进行综述。

(一) 政策制度研究

吴鲁平等(2006)在研究中解读了国家和地方孤残儿童寄养政策，探讨寄养政策中的缺陷，提出寄养政策发展的建议。同时阐述了《家庭寄养管理暂行办法》施行在现实中遇到的问题。① 张益萍等(2007)主要讨论了国内家庭寄养政策的不足之处，他们认为应当通过完善法律制度来规范家庭寄养的社会化发展，对家庭寄养做出有益的补充说明。② 尚晓援等(2004)在研究中以1949年中华人民共和国成立和改革开放为时间节点，考察了孤残寄养儿童政策的变化。他们发现，随着时代的发展，非政府组织和其他社会机构在寄养儿童政策中体现了越来越重要的作用。与此同时，研究也开始关注政府应当如何引导其他组织在寄养儿童工作中发挥作用。③

一些学者在研究中探讨了国外寄养儿童政策、经验对国内寄养儿童政策的启发。满小欧等(2012)叙述了社工在美国寄养体系中的作用，论述了社会工作者在寄养儿童工作各个阶段的

---

① 吴鲁平，韩小雷. 孤残儿童家庭寄养政策研究[J]. 中国青年研究，2006(01)：30—35.

② 张益萍，罗艳珠. 社会福利社会化政策的法律规制探讨[J]. 武汉大学学报(哲学社会科学版)，2007(04)：563—565.

③ 尚晓援，伍晓明，杨洋. 南昌市儿童保护制度的演变[J]. 青年研究，2004(11)：28—37.

作用以及工作中贯穿的“稳定”和“儿童利益最大化”原则。① 在寄养工作问题的应对研究中，陶隽等(2009)强调了对寄养工作的每个步骤进行评估的必要性和重要性。② 朱孔芳(2006)提出要侧重发挥社会工作者在家庭寄养过程中的作用③，在后来2009的研究中提出要“筛选”并“培养”寄养家庭家长，逐步完善政策制度和干预紧急事件的条例。④ 黄明(2012)在博士论文中调查了内蒙古一所农村小学的寄养儿童在社会化过程中的困境，证实了志愿者和社工介入可以帮助解决这些问题，他认为解决问题的根本方法是让寄养儿童不再是寄养儿童，要实现这一目标，需要打破现在的城乡二元体制，才能够化解寄养儿童在社会化中的困境。⑤

在政策研究中，国内对寄养儿童的概念界定和欧美的界定基本一致，即为寄养在福利院或福利机构中的儿童，但是这种界定是狭隘的，并没有考虑到国内寄养儿童形成的复杂情况，因此，研究提出的政策所覆盖的只是寄养儿童的一个小群体(被收养的孤残儿童)。从G县的实际情况来看，绝大多数寄养儿童的形成是因为政策限制不能在父母务工所在地获得平等的教育、享受同等的医疗条件等原因而不得不回到老家，家庭经济问题反而已经不是寄养儿童产生的最主要原因。目前，国家已经在逐步放开大中城市的落户限制，推进居住证制度建设，这样的

---

① 满小欧，李月娥. 论美国儿童寄养体系中社工的角色与职能[J]. 中国青年政治学院学报，2012(01)：60—64.

② 陶隽，蒋技科，陈源茂，江秀娜. 构建孤残儿童家庭寄养评估体系[J]. 社会福利，2009(11)：50—51.

③ 朱孔芳. 专业社会工作介入孤残儿童家庭寄养探析——以上海市儿童福利院为例[J]. 华东理工大学学报(社会科学版)，2006(04)：28—33.

④ 朱孔芳. 孤残儿童家庭寄养问题与对策[J]. 社会福利，2009(09)：23—24.

⑤ 黄明. 寄养儿童社会化问题研究[D]. 东北财经大学，2012.

政策在一定程度上有助于缓解儿童寄养问题。

(二) 寄养家庭或福利院模式研究

国外寄养制度经过中国的本土化之后，变成了具有地方特色的模式，而且国内在这方面的研究比较系统。李迎生(2003)以“寄养儿童昆明模式”运作模式为范本，认为当地对外来经验的借鉴和当地实况有良好的结合，才能促进当地家庭寄养的发展。文章中还总结了当前寄养方式的前景和出路，详细阐述了昆明寄养儿童工作中采取的城乡结合、政府与社会机构合作引导等工作模式，为其他地方的寄养工作提供了经验。① 余纪东等(2007)介绍了南昌的家庭寄养模式，总结了其现状，从理论和实践层面分别论证了家庭寄养对儿童成长的优势。② 秦琴(2012)介绍了广东省中山市的孤残儿童家庭寄养模式，论证了家庭寄养模式的优势，介绍了广东省中山市向社会机构购买家庭寄养社会工作服务的经验。③ 杜勇、桑果果(2014)介绍了宁夏13年来家庭寄养的发展和现状，指出了存在的社会支持资源缺乏、寄养中断和寄养儿童再安置问题，与秦琴的结论类似，他们也建议用专业社会工作介入来解决家庭寄养问题。④

---

① 李迎生.全面建设小康社会与社会救助制度的全面转型[J].社会科学研究，2003(06)：101—106.

② 余纪东，王幼丽.中国福利机构孤残儿童家庭寄养模式之探讨——以南昌市社会福利院为实证[J].南昌大学学报(人文社会科学版)，2007(06)：185—190.

③ 秦琴.孤残儿童的家庭寄养模式研究——以广东省中山市为例[J].武汉理工大学学报(社会科学版)，2012(06)：846—49＋908.

④ 杜勇，桑果果.政府视野下孤残儿童家庭寄养模式研究——以宁夏为例[J].宁夏社会科学，2014(04)：66—72.

(三) 关于寄养儿童群体的实证研究

这些研究大多是对寄养儿童不利处境和家庭社会经济地位、寄养儿童的心理健康、在校表现、学业成绩等方面进行调查、对比分析或者研究这些因素之间的关系，并借鉴国外或国内其他地区的经验，从而提出建议或对策。

1. 心理健康

国内传统研究中发现寄养儿童存在不同程度的心理健康问题。曾凡林等(2001)用“儿童适应行为评定量表”测量了上海市的寄养家庭和福利院中的孤残儿童的适应行为①，他们还用量表调查了孤残儿童的心理行为和社交能力，结果发现被调查寄养儿童在这些方面普遍存在问题。② 王东宇(2005)使用症状自评量表(SCL－90)对427名中学寄养儿童做了调查研究，发现父母与孩子分离时间的长短、监护人的教养水平与自己兄弟姐妹在一起生活等因素会影响寄养儿童的心理健康。③ 王良峰和张顺等(2006，2007)采用儿童社交焦虑量表和自编调查表对884名3—6年级儿童进行问卷调查，发现父母外出打工对儿童心理造成的影响不容小觑，且寄养儿童的社交焦虑与父母文化程度相关性无统计学意义，但是与教师和监护人的教育方式有关。④⑤

---

① 曾凡林，昝飞. 家庭寄养和孤残儿童的社会适应能力发展[J]. 心理科学，2001(05)：580—82＋639.

② 昝飞，曾凡林. 孤残儿童的社会交往能力、心理行为问题与寄养[J]. 中国特殊教育，2001(02)：47—50.

③ 王东宇. 小学“留守孩”个性特征及教育对策初探[J]. 健康心理学杂志，2002(05)：354—355.

④ 王良锋，张顺，孙业桓，张秀军. 安徽某农村地区小学生社交焦虑及其影响因素[J]. 中国学校卫生，2006(10)：853—855.

⑤ 张顺，王良锋，孙业桓，陈兴付，张秀军，高荣，邢秀雅. 小学“留守儿童”社交焦虑现状流行病学调查[J]. 现代预防医学，2007(03)：441—443.

金英(2010)选取100名农村超生寄养儿童，使用艾森克人格问卷测量工具，发现这些寄养儿童在性格上有约一半表现的孤僻、比较内向；在人格上有超过一半表现的固执，不能和同学很好的相处。①

国外研究中，Leve等(2012)在一篇寄养儿童困境及干预措施综述文章中指出：心理健康问题是寄养儿童不利处境导致的主要后果。② Burns等(2004)对美国全国范围内6200个在儿童福利系统中的寄养儿童(2—14岁)和寄养家庭做了问卷调查，发现超过一半的儿童有情绪和行为上的问题。③ 相似的结论也出现在挪威Maaskant(2014)④和Sawyer(2007)对澳大利亚326名6—17岁家庭的寄养儿童和青少年的情绪和行为做的调查研究中，他们同时也对普通儿童做了调查研究，发现家庭寄养儿童出现情绪、焦虑、抑郁以及行为问题的比率是普通儿童的2—5倍⑤，同时他们得不到必要帮助来解决这些问题。

---

① 金英. 超生寄养儿童人格特征研究[J]. 宿州学院学报，2010(12)：39—42.

② Leve L D, Harold G T, Chamberlain P, Landsverk J A, Fisher P A, Vostanis P. Practitioner Review: Children in foster care-vulnerabilities and evidence-based interventions that promote resilience processes[J]. Journal of child psychology and psychiatry, and allied disciplines, 2012, 53(12): 1197 - 1211.

③ Burns B J, Philips S D, Wagner H R, Barth R P, Kolko D J, Campbell Y, Landverk J. Mental Health Need and Access to Mental Health Services by Youths Involved With Child Welfare: A National Survey[J]. Journal of the American Academy of Child & Adolescent Psychiatry, 2004, 43(8): 960 - 970.

④ Maaskant A M, van Rooij F B, Hermanns J M A. Mental health and associated risk factors of Dutch school aged foster children placed in long-term foster care [J]. Children and Youth Services Review, 2014, (44): 207 - 216.

⑤ Sawyer M G, Carbone J A, Searle A K, Robinson P. The mental health and wellbeing of children and adolescents in home-based foster care[J]. The Medical Journal of Australia, 2007, 186(4): 181 - 184.

2. 行为习惯

大多数传统研究中发现寄养儿童在行为习惯上存在问题。张德乾(2007)用自制的儿童交往量表在3所农村中小学选择了一部分学生进行调查研究,从调查结果来看寄养儿童的人际交往问题受到的影响最重,检测出较突出的交往问题包括放任与自暴自弃、具有攻击性。① 马玉卓(2008)以济南Z村寄养儿童为研究对象,发现这些寄养儿童的社会适应能力、心理行为、人际交往能力等诸多方面都存在不同程度的问题。但是他们同时也发现良好的家庭寄养环境对寄养儿童这些方面的能力有很大的帮助。在获得了亲情和家庭温暖的同时,这些寄养儿童的社会交往能力和适应能力也在逐步提升。② 张周连通过对一所中学和一所小学686名学生的调查研究,发现留守儿童包括寄养儿童处于成长的关键阶段,性格和心理均尚未定型,可塑性强,并且自我控制能力差,如果没有严格的管束和正确的教导,很容易被一些不好的风气影响而养成不良的行为习惯,甚至走上违法犯罪的道路。③

国外研究中,Simms(1992)指出几乎所有寄养儿童与普通儿童相比都会在情绪和举止上出现问题,而且有不少不正常行为,他认为寄养儿童的这些行为可以看成是寄养环境下的一种现象,而不是异常或儿童的缺陷。Simms指出寄养儿童的行为问题是寄养前遭受的忽视或虐待、寄养中的感情问题和焦虑以

---

① 张德乾.农村留守儿童交往问题的实证研究[J].安徽农业科学,2007(12):3714—15+3728.

② 马玉卓.农村家庭寄养模式中孤残儿童的社会适应行为效果探析——以济南市Z村家庭寄养基地为例[J].社会工作(下半月),2010(08):49—52.

③ 张周连.关于鄂西农村“留守学生”教育与管理的调查与思考[D].华中师范大学,2006.

及寄养后的处理不当引起的。[①]

3. 学业表现

国内研究中，杨志新等(2010)按相同的性别比例调查了61名留守儿童与61名非留守儿童学生的实际学习成绩，从二、四和五年级各随机选取20、17和24名留守儿童和非留守儿童。通过对照研究方法比较了两个儿童群体的语文、数学期末考试成绩，发现留守儿童平均学业成绩低于非留守儿童，且差异有统计学意义。[②] 另外一些研究得出了不一样的结论，朱科蓉等(2002)对江西、湖南和河南三省的600多名家长出外务工的农村寄养儿童学习情况作了调查，结果表明寄养儿童和非留守儿童的学习成绩相比无明显差异。他们分析可能的原因是：农村父母普遍受教育水平低，对孩子的教育重视不够，即使他们在家，大多数时间也在为生计而劳作，很少有精力和能力来辅导孩子的学习。[③] 这也在一定程度上反映了抽样的重要性，在贫困地区家庭之间的差异并不大，可能寄养儿童和非留守儿童的差别就是父母是否外出务工，其他的情况并无太大不同，这样的情况下对寄养儿童和非留守儿童做对比分析，学业成绩无明显差异。

国外研究中，Parrish等(2001)将寄养儿童与非留守儿童做了对比，发现寄养儿童在学校有更高的缺席率和纪律问题，其学业水平显著低于正常水平，留级率更高以及接受特殊教育的人

---

① Simms MD. 寄养对儿童行为发育的影响[J]. 沈晓明译. 国外医学(社会医学分册)，1993(04)：176—178.

② 杨志新，孙琼，李东，王进，何坤. 合肥农村小学留守儿童学业成绩和心理感受分析[J]. 中国学校卫生，2010(09)：1130—1131.

③ 朱科蓉，李春景，周淑琴. 农村"留守子女"学习状况分析与建议[J]. 教育科学，2002(04)：21—24.

数比例比一般儿童要少。[①] Tideman 等(2011)研究中发现,与相似认知能力的同学相比,寄养儿童的整体表现和学习成绩较差,也就是说寄养儿童的潜力没有得到全部的发挥;与相似认知能力的同学相比,寄养儿童进入高中和大学继续学习的比例要低;教师们对寄养儿童的学习表现持悲观态度,尽管这些学生的认知能力没有问题。[②]

三、寄养儿童研究的新近内容

传统研究中界定的寄养儿童是指生活在福利院或受福利院委托家庭中的儿童,大多是孤残儿童。随着社会经济的发展,新近研究中对寄养儿童范围的界定也发生了变化。有些城市中的儿童身心健康,但是由于各种原因没有和父母生活在一起,成为"城市寄养儿童"。

(一) 新研究范畴界定

城市寄养儿童的形成主要是因为父母缺乏抚养意愿、没有时间精力、逃避养育责任而被寄养,或者是因为父母希望他们提高个人自理能力而被送到学校寄养。随着经济的发展、社会分工的细化,城市寄养儿童的规模还会不断壮大。作为一个新的研究课题,对"城市寄养儿童"研究开展的还不多,研究的深度和广度还不够。蔡敏和杨玉华(2009)首先在新华每日电讯上报道

---

① Parrish T, Dubois J, Delano C, Dixon D, Webster D,Berrick J, Bolus S. Education of foster group home children, whose responsibility is it[J]. Study of the educational placement of children residing in group homes—Final report, 2001.

② Tideman E, Vinnerljung B, Hintze K, Isaksson A A. Improving foster children's schoolachievements:Promising results from a Swedish intensive study [J]. Adoption & Fostering, 2011,35(1):44 - 56.

了几例由于父母工作繁忙而将其子女寄养在祖父母或者孩子老师家里的情况，提出了“城市寄养儿童”这一新的概念。与传统概念的寄养儿童不一样，这部分寄养儿童大都离开父母时间不长，并且他们的生活和学习条件不差。研究发现，虽然这些儿童在地理上和父母很近，而且也能经常见到父母，但是由于父母关爱不够，这类儿童有着和农村寄养儿童相似的成长境遇。①② 李一花、卢梦琴(2014)使用少年版艾森克人格问卷对 234 名城市寄养儿童进行调查，她们发现与非留守儿童相比，城市寄养儿童通常有更强的孤独感；还发现城市寄养儿童在心理健康、行为习惯上的不良表现与寄养方式之间没有明显的关系。她们提出在把孩子寄养前，要先改善儿童与他人交际和独立生活的能力，避免他们在寄养过程中有困难的时候束手无策，从而影响其心理健康发展。③ 王冰(2014)论述了城市寄养儿童的成因，通过对城市寄养儿童的走访讨论了这些儿童在教育中存在的问题，她认为儿童和抚养人先建立感情之后再被寄养可以降低儿童在感情上的失落，另外，她认为要加强学校对寄养儿童的关怀。④

虽然这类研究较少，而且开展的时间也不长，但是在研究范围上对传统寄养儿童研究做出了补充。本研究进一步扩大寄养儿童的范畴，在更广泛的意义上对寄养儿童进行概念界定，期望对寄养儿童研究做出有意义的补充。

---

① 蔡敏，杨玉华.“寄养儿童”城市新群体[N].新华每日电讯，2009:008.

② 蔡敏，杨玉华.城市“寄养儿童”:精神上开始“留守”[J].教育导刊(幼儿教育)，2009(11):63—64.

③ 李一花，卢梦琴.城市寄养儿童寄养方式与心理状况调查研究[J].药物与人，2014(04):232—233.

④ 王冰.城市寄养儿童家庭教育存在的问题与启示[J].湖州师范学院学报，2014(09).

(二)研究时间跨度大

基于某一时点所获得的数据为寄养儿童研究提供了很多有价值的结果分析,基于长时间跨度的跟踪研究则在另一方面做出了补充。在过去的十几年中,对寄养儿童干预措施的研究正越来越广泛,并在实证研究和模型上都取得了很有成效的发现。深入研究各种干预措施的效果以及如何更有效地实施干预措施为指定寄养儿童工作标准提供了指导意义。在国外研究中,对干预措施的研究一般在1年左右,长的可以到3年或者3年以上。① 国内也开展了对寄养儿童干预措施的研究,但是相比之下,研究的时间长度一般在几个月或一个学期,长时间的跟踪研究还较少见,在下面干预措施的介绍中会进行阐述。此外,国内寄养儿童研究中尚没有看到建立模型来解释发现的文献。

国外研究了寄养经历对高中、大学甚至是成年工作之后的影响。Widom(1989)指出寄养经历有可能会给儿童发展带来一定的风险,这种风险可能会影响到寄养儿童在青春期的行为,甚至会延续到他们成年之后。② Philips 等(2015)发现在高等教育中有寄养经历的青少年入学的几率显著地与他们渴望入学的程度不匹配③,Salazar 等(2016)也发现寄养儿童成年之后在大

---

① Leve L D, Harold G T, Chamberlain P, Landsverk J A, Fisher P A, Vostanis P. Practitioner Review: Children infoster care-vulnerabilities and evidence-based interventions that promote resilience processes[J]. Journal of child psychology and psychiatry, and allied disciplines, 2012,53(12):1197 - 1211.

② C. S. Widom, The Cycle of Violence[J]. Science. 1989, 244:160 - 166.

③ Lee Ann Phillips, Laurie E. Powers, Sarah Geenen, Jessica Schmidt, Nichole Winges-Yanez, Isha Charlie McNeely, Lindsay Merritt, Candis Williamson, Shannon Turner, Harry Zweben, Celeste Bodner. Better Futures: A validated model for increasing postsecondary preparation and participation of youth in foster care with mental health challenges[J]. Children and Youth Services Review. 2015,57:50 - 59.

学里的成功率要明显低于没有寄养经历的群体。① Matthew 等(2014)评估了幼年时寄养经历和成年之后犯罪率之间的联系，他们发现在 13—18 岁之间被寄养的男孩成年之后的犯罪率较高，13 岁之前被寄养的男孩成年之后的犯罪率没有明显的预测性。有寄养经历对女孩成年后犯罪率也没有预测性。② 实证发现自我决定模型(Self-determination-basedmodels)对于寄养儿童认知和发挥潜力在进入高等教育并取得成功方面有很重要的作用。

第二节　寄养儿童成长处境研究

无论是留守儿童、寄养儿童群体，还是非留守儿童群体，从个体层面上来看，他们都可能面临不利处境，这并不是说留守儿童或寄养儿童就一定是不利处境儿童，而非留守儿童就一定不是不利处境儿童。但是如果将寄养儿童和非留守儿童两个群体作为整体来看，寄养儿童是处境不利儿童的可能性更高。成为寄养儿童的原因很多，并且这些儿童面临的不利处境和由这些不利处境所导致的后果之间的联系也是错综复杂，很难理出个一对一的关系。本节通过对以往文献的阅读和总结，根据国内外对寄养儿童在生活和教育中所遭受不利处境的研究成果进行分类，并对由这些不利处境对寄养儿童带来的影响及其所导致的后果进行归纳总结。本节中回顾了寄养儿童成长处境的研

① Amy M. Salazar, Stephanie S. Roe, Jessica S. Ullrich, Kevin P. Haggerty. Professional and youth perspectives on higher education-focused interventions for youth transitioning from foster care[J]. Children and Youth Services Review. 2016,64:23 - 34.

② Matthew J. Lindquist and Torsten Santavirta. Does placing children in foster care increase their adult criminality? [J]. Labour Economics. 2014,31:72 - 83.

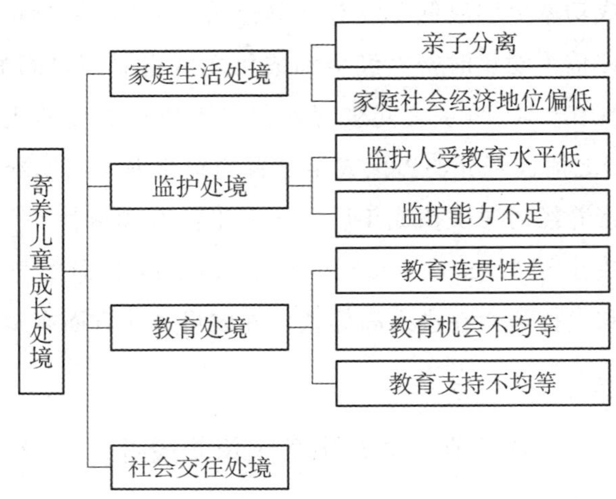

图 2－2 寄养儿童成长处境的分类

究，并按照以下四类做了阐述（如图 2－2 所示）。

第一是家庭生活处境。包括由于父母在外务工，孩子却不得不在老家生活，造成亲子分离及其带来的融入寄养家庭问题以及寄养儿童的家庭社会经济地位偏低对寄养儿童学业的不良影响。第二个是监护处境。主要由于寄养儿童监护人或代养人受教育水平低以及监护能力抑或是监护意愿不足造成的问题。第三个方面是教育处境。主要包括寄养家庭的变更导致寄养儿童频繁的转学，在入学机会上的劣势以及在教育上得到的支持不足的不利处境。第四个方面是社会交往处境，指寄养儿童在校内外生活中面临的成见和歧视对他们的人际交往造成的困扰。

一、家庭生活处境

关于寄养儿童家庭生活处境的研究多集中在亲子分离与儿童心理健康之间的关系、家庭社会经济地位偏低两个方面，下面对这两个方面分别进行阐述。

(一) 亲子分离

孩子的社会化发展(性别认同、责任感、生活习惯)依赖着良好的角色关系,因此,父母与儿童在家庭中各自所处的角色和他们之间的角色关系直接影响着儿童的成长,与儿童的发展密切相关。[①] 然而,寄养儿童的父母外出务工,由于各种各样的原因,不能亲自陪伴、抚养孩子,可以说这是寄养儿童要面对的首要不利处境。由此带来最直接的两个问题:一是孩子与父母的亲子关系以及孩子的家庭教育缺失的问题。二是寄养儿童在父母和祖辈之外的环境中成长,由于寄养家庭的变更和融入给寄养儿童带来生活上的不稳定,进而造成寄养儿童心理健康和道德失范问题。下面对亲子分离与儿童心理健康问题之间关系的研究发现进行归纳(如图 2-3 所示)。

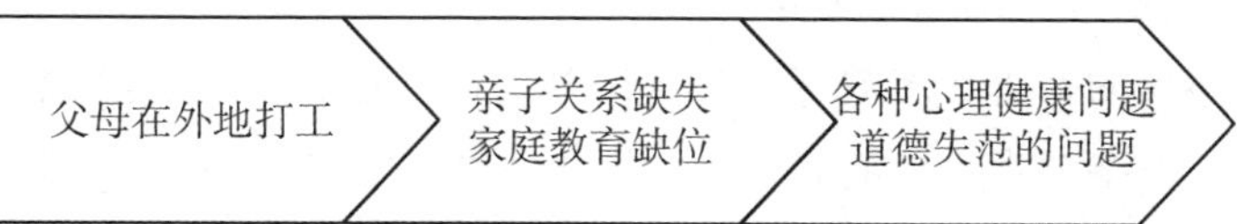

图 2-3　寄养儿童不利处境:父母在外地打工及导致的问题

研究人员一般认为寄养儿童形成心理问题的主要原因是早期的亲子分离使儿童对父母的心理依恋没有得到满足,进而带来心理上的不安全感、无归属感,从而导致心理健康问题。昝飞等(2001)[②]和满小欧等(2011)[③]在文献中都论述了 John Bowlby 的"心理依赖"理论,Bowbly 认为个体的心理健康主要形成

---

① 唐林翔.农村留守初中生同伴交往障碍及教育对策研究[D].西南大学,2008.

② 昝飞,曾凡林.孤残儿童的社会交往能力、心理行为问题与寄养[J].中国特殊教育,2001(02):47—50.

③ 满小欧,李月娥.美国儿童家庭寄养体系及其启示[J].东北大学学报(社会科学版),2011(06):527—533.

期是3岁之前，这个时期母亲的关爱对形成良好的心理健康有最重要的影响。儿童从和母亲亲密接触以及母亲的爱护中获得生理和心理的愉悦，并由此产生安全感。如果儿童与父母过早分开，在3岁前这个重要的时期没有形成来自于母亲的这种安全感，那么就不利于儿童健康心理的形成，容易在未来的成长中导致性格或人格的扭曲。①

罗国芬等(2002)的研究也指出幼年时与父母分离给寄养儿童带来严重的心理伤害。② 儿童对父母有强烈的依附感和被保护的需求，没有父母的亲情呵护，再加上生活中周围的同龄人对他们另眼相待，会使他们产生心理上的不确定感、不安全感和无归属感③，引发恐惧和焦虑甚至是失望和痛苦。久而久之，会变得缺乏自信并产生自卑心理，影响他们的人际交往。④ 更进一步来说，寄养儿童在寄养家庭遭到的冷落同样会对他们的心理造成很大的伤害。多数寄养儿童代养人自己也有孩子要照顾，常会顾不上寄养在自家的儿童⑤，甚至是有意识的在生活上忽视，更不用提主动关心和宽慰寄养儿童的心理焦虑，长期处于这种被忽视的家庭生活状态，寄养儿童自然会产生寄人篱下的感觉⑥，导致

---

① Bowlby J. Maternal Care and Mental Health[M]. Rowman & Littlefield Publishers, Incorporated, 1995.

② 罗国芬，邓喜芬. 寄养：到底有什么影响——农村初中寄养子女群体社会化状况调查报告[J]. 青年探索，2002(06)：7—11.

③ 罗国芬. 走向"问题化"的儿童寄养[J]. 青年探索，2004(04)：45—48.

④ 罗国芬，邓喜芬. 寄养经历对亲子关系的影响：比较视角中的图像[J]. 青年探索，2003(01)：20—23.

⑤ 高亚兵. 农村留守儿童心理健康状况及人格发展特征[J]. 中国公共卫生，2008(08)：917—919.

⑥ 范方，桑标. 亲子教育缺失与"留守儿童"人格、学绩及行为问题[J]. 心理科学，2005(04)：855—858.

他们在性格上胆小畏缩。[①]

王东宇(2002)采用少年版艾森克人格问卷对200多名8—13岁小学寄养学生进行了调查,发现这些寄养学生存在几个不利处境:父母关爱缺失,与父母感情交流很少,思念父母的情绪。与同龄的一般儿童相比,寄养学生表现地更加内向,情绪上不稳定,不善于和同学、老师交往,被各种消极的情绪所困扰。[②] 研究发现年龄越小的寄养儿童,心理问题表现越突出,寄养女童的心理健康问题显著高于寄养男童。与父母分开的时间也与儿童的心理健康水平正相关,分离时间越长,心理健康状况越差。他们认为父母或代养人应当和孩子多做感情沟通来弥补孩子在心理上的影响。[③] 金英等(2010)使用SCL－90对70名六年级至高三阶段的超生寄养儿童和30名高师预科班有寄养经历的学生做了调查研究以及个人访谈,发现与非超生的寄养儿童相比较,超生寄养儿童的心理健康水平偏低。他们也认为寄养儿童与父母过早分离导致父母关爱和家庭教育缺失,造成心理失衡、道德失范等突出问题。[④]

黄爱玲(2004)抽取了福建省福清市文光中学初一至初三各一个班共110名留守儿童和福州市一般中学(18中学)的120名非留守儿童作为对照组,使用王极盛编制《中学生心理健康量表》[⑤]进行分析,表明留守儿童有较突出的社会适应不良问题。

---

① 席居哲,桑标,邓赐平.儿童心理健康发展的家庭生态系统特点研究[J].心理科学,2004(01):72—76.

② 王东宇.小学"留守孩"个性特征及教育对策初探[J].健康心理学杂志,2002(05):354—355.

③ 王丽芬.福清市中学留守孩心理健康状况及教育对策[D].福建师范大学,2002.

④ 金英,谭顶良,余飞.超生寄养儿童心理健康水平调查[J].中国学校卫生2010(6):687—689.

⑤ 王极盛.心理时代—心理主宰健康[M].北京:中国城市出版社,1998.

她还发现留守儿童普遍反映思念父母，尤其是受到委屈的时候。留守儿童出现心理健康问题的比率在58.16%，且易出现攻击型或畏缩型的性格问题。一些留守学生已经出现了个性发展问题，甚至出现了违纪或犯罪现象。[①] 范兴华等(2012)选择了19名寄养儿童与他们的监护人、12位老师就家庭不利处境的结构进行半结构式访谈，认为家长出外务工能够增加家庭收入、提高孩子的生活和教育水平，但是在父母关爱方面存在着消极变化，降低了寄养儿童的快乐感和安全感，导致他们整体上心理状况比一般儿童差。[②]

和父母分离固然会对寄养儿童的心理造成不利的影响，但是这种影响并不是无法解决的，下文在改善成长处境的对策中综述了友情、亲情的感情替代可以缓解、改善寄养儿童心理健康问题的研究。

(二) 家庭社会经济地位偏低

家庭社会经济地位(socioeconomic status, SES)是指一个家庭的社会地位或社会等级，普遍采用的衡量指标包括父母受教育水平、家庭收入、父母职业。[③] 在过去的五十多年中，作为影响学生学习的一个重要环境因素，家庭社会经济地位一直是教育和心理学研究的重要课题。[④] 本章第一节中提到了寄养儿童

---

① 黄爱玲．“留守孩”心理健康水平分析[J]．中国心理卫生杂志，2004(05)：351—353.

② 范兴华，方晓义，陈锋菊．留守儿童家庭处境不利的结构及影响：一项质性研究[J]．湖南社会科学，2012(06)：85—87.

③ Socioeconomic status[EB/OL]. Wikipedia，the free encyclopedia，2015.

④ 庞维国，徐晓波，林立甲，任友群．家庭社会经济地位与中学生学业成绩的关系研究[J]．全球教育展望，2013(02)：12—21.

形成的原因,多是由于父母不得不外出打工,因为户口、社会福利的限制不得不把孩子留在老家。虽然现在“城市寄养儿童”有增加趋势,但是绝大部分寄养儿童的形成还是因为家里经济条件不好,因此大多研究都认为寄养儿童在家庭经济条件方面是处于不利处境的。

在关于寄养儿童的研究中,普遍发现寄养儿童的父母受教育的水平较非留守儿童的父母偏低,这可能会导致寄养儿童在学习期望、学习成绩等方面产生问题,下面对一些相关研究发现和成果进行归纳总结。(如图 2－4 所示)

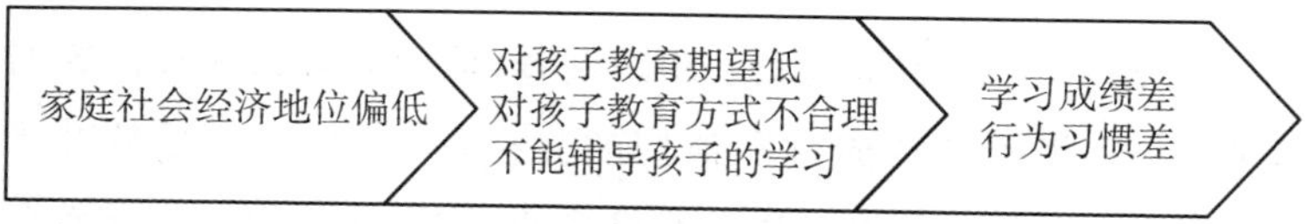

家庭社会经济地位偏低	对孩子教育期望低 对孩子教育方式不合理 不能辅导孩子的学习	学习成绩差 行为习惯差

图 2－4　寄养儿童不利处境:家庭社会经济地位偏低

家庭社会经济地位对儿童的影响尤为重要,在国内寄养儿童家庭经济地位与儿童成绩关系的研究中,多数结果是儿童的家庭背景对儿童的学习成绩有重要的影响。占盛丽(2009)通过国际学生评估项目(PISA)对学生、家长和学校三方面的评估结果进行分析,证实学生的成绩受到家庭社会经济地位的影响,且该影响是显著的。① 刘笑飞和卢河(2009)在中国西部五省学校抽样调查后也得出了和占盛丽同样的结论。他们证实在各种学生样本中,学生的家庭社会经济地位与该生的学习成绩均正相关,社会经济地位越高的家庭,孩子的成绩可能越高。② 李志峰(2013)在博

① 占盛丽.从个人和学校视角看家庭社会经济地位对学生学业成绩的影响——国际学生评估项目(PISA)的启示[J].上海教育科研,2009(12):10—13.

② 刘笑飞,卢珂.学生学业成绩与家庭社会经济背景相关性研究[J].天中学刊,2009(01):130—133.

士论文中以济南市为例研究了学生家庭背景对学业成绩的影响,发现家长的职业、学历和收入直接影响子女的学业成绩。①

汪昌华(2009)分析了小学和初中学生成绩与家庭背景的关系,发现小学生成绩与家庭背景的关系在统计学上并不显著,但是初中生学业成绩与家庭背景有显著的关系。② 谢西金等(2009)对北京市 11 所初中学生进行调查,研究发现学生成绩和父母的职业以及家庭经济状况之间均没有显著的关系。他们还发现父亲的受教育水平对子女学习成绩影响显著,而母亲受教育水平的作用并不显著。③

国外研究中,Melby Conger 等(2008)在一份研究报告中,对 451 名 26 岁的成年人做了跟踪调查,他们发现这些被研究对象在 2002 年的教育成就和他们的父母在 1980 年的受教育水平、职业地位和家庭收入都有着很强的关系,并且父母的受教育水平对学生的学业成绩有重要预测作用。④

一般来说,家庭社会经济地位高的家庭可以为孩子提供更好的条件。虽然国内已经普及了九年制义务教育,但是义务教育所能做的只是尽量让每个孩子可以上学,但是随着提倡素质教育的力度不断加大,在学校外的培训和辅导已经在孩子的教育中占据越来越重要的地位,但是寄养儿童接受校外培训和辅导的程度要低于非留守儿童。

---

① 李志峰.家庭背景对学业成绩的影响研究[D].山东师范大学,2013.

② 汪昌华.义务教育阶段学生学业成就与家庭背景的关系研究[J].现代中小学教育,2009(12):59—61.

③ 谢西金,杜屏.家庭背景对初中生学习成绩影响的实证研究——以北京市 11 所中学调研为例[J].教育学术月刊,2009(01):50—52.

④ Melby J N, Conger R D, Fang S-A, Wickrama K a. S, Conger K J. Adolescent Family Experiences and Educational Attainment During Early Adulthood [J]. Developmental Psychology, 2008,44(6):1519 - 1536.

二、监护处境

寄养儿童监护处境主要有两个方面：监护人受教育水平低，监护人监护能力不够，这里对这两点分别阐述。

（一）监护人受教育水平低

研究发现寄养儿童代养人的受教育水平与非留守儿童的父母相比偏低。这些可能会导致代养人无力辅导寄养儿童学习、监护方式不科学，不能培养寄养儿童良好的行为习惯，导致寄养儿童学习成绩差。（如图 2－5 所示）。

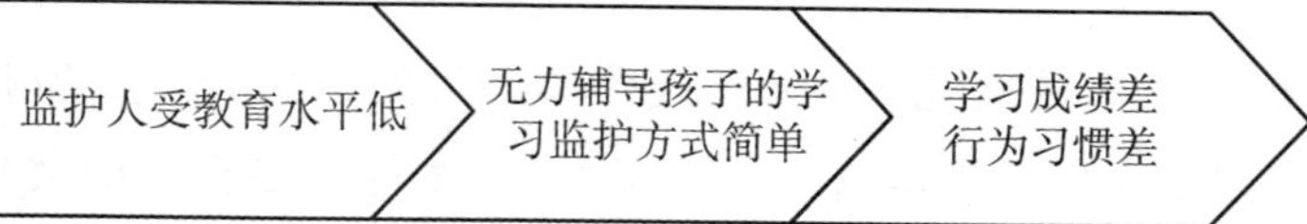

图 2－5　寄养儿童不利处境：监护人受教育水平低

曾凡林等（2001）对上海 31 户城镇家庭和 33 户农村家庭中寄养父母对寄养儿童的教育期望进行了研究，发现受教育水平高的城市家长对寄养儿童有更高的教育期望和更好的教育安置，这反映了寄养儿童所处的家庭教育环境对他们今后的学业有重要的影响。① 王东宇（2002）的研究还指出代养人囿于自身的知识文化层次，多数教育观念陈旧，往往没有能力培养孩子良好的个性，也不能给孩子必要的心理指导和心理帮助。② 彭榕（2008）对教育公平的研究中也指出了这一点：隔代养育时，抚养

① 曾凡林，季玉华，鲁容芳．寄养孤残儿童的特殊教育状况调查［J］．中国特殊教育，2002(04)：68—71．

② 汪昌华．义务教育阶段学生学业成就与家庭背景的关系研究［J］．现代中小学教育，2009(12)：59—61．

人对寄养儿童的教育存在有心无力和不愿管教的问题，认为所有的教育问题都应该由学校来解决，而对自己应当如何配合学校培养和教育持消极态度。[①]

(二) 监护人监护能力不够

寄养家庭和寄养机构关心的重点往往是孩子是否丢失或是否生活的好，在寄养儿童其他方面关注不多。王丽芬等(2002，2005)在研究中指出代养人教育能力低、教养方式不当、监管不力也是导致寄养儿童心理问题的重要因素[②]，代养人对孩子溺爱、放任时，孩子的心理健康水平低。[③] 范兴华等(2012)对 19 名留守儿童和监护人的半结构式访谈中发现留守儿童学习管理方面有消极的变化。[④] 黄应圣等(2004)随机调查了一所村小 108 名学生以及某镇 848 名中小学生，发现外出打工的父母由于补偿心理，往往在物质和管理上溺爱放纵孩子，给寄养家庭和学校的教育管理带来了许多难题。另外，由于监护人管理孩子的方式简单粗暴，83%的孩子与监护人关系紧张，且大多数托养人无力管教这些孩子，导致寄养儿童做出许多违反学校纪律的事。[⑤] 王玉琼等(2005)通过对河南 4 所乡镇学校 500 名学生的抽样调查，发现寄养儿童的临时监护人文盲率超过 80%，他们

---

① 王东宇.小学“留守孩”个性特征及教育对策初探[J].健康心理学杂志，2002(05):354—355.

② 王丽芬.福清市中学留守孩心理健康状况及教育对策[D].福建师范大学，2002.

③ 王东宇，王丽芬.影响中学留守孩心理健康的家庭因素研究[J].心理科学，2005(02):477—479.

④ 范兴华，方晓义，陈锋菊.留守儿童家庭处境不利的结构及影响：一项质性研究[J].湖南社会科学，2012(06):85—87.

⑤ 黄应圣，刘桂平.农村“留守孩子”道德品质状况的调查与思考[J].教书育人，2004(22):27—28.

普遍只关注孩子的吃饭穿衣和安全问题，而忽视孩子的身心健康、教育教学、行为习惯的发展，导致寄养儿童在行为表现和遵守学校制度方面差于一般儿童。①

三、教育处境

教育公平是指公民能够自由平等地分享当时当地的公共教育资源的状态。② 教育公平的内涵为：(1)确保人人都享有平等的受教育的基本权利和义务；(2)提供相对平等的受教育的机会和条件；(3)教育成功机会和教育效果的相对均等。③ 教育与社会的发展高度相关，社会公平正义的实现离不开教育的公平正义。教育公平是最重要的社会公平，是社会公平在教育领域的体现，是社会公平的延伸，是社会的基础性公平。④

寄养儿童在教育中的不利处境具体可以从以下三个层面进行分析。⑤⑥ 从寄养儿童个体层面来看，教育不公平的表现可以分为两个方面：显性不公平——入学机会不均等。另外一方面隐性不公平——教育过程和教育结果不均等，这主要表现在寄养儿童存在学习困难、在学校表现差的现象；寄养儿童逃学、辍学、转学率高导致寄养儿童不能获得连续高质量的教育；教师主

---

① 王玉琼，马新丽．留守儿童问题儿童？——农村留守儿童抽查[J]．中国统计，2005(01)：58—59.

② 张旺．城乡教育一体化：教育公平的时代诉求[J]．教育研究，2012(08)：13—18.

③ 龙安邦，范蔚．我国教育公平研究的现状及特点[J]．现代教育管理，2013(01)：16—21.

④ 章辉美，陈强玲．农民工子女义务教育公平问题探析[J]．学术界，2006(06)：169—173.

⑤ 彭榕．论教育公平视野下的留守儿童教育问题——以河南省淮阳县王店乡为例[J]．周口师范学院学报，2008(06)：128—131.

⑥ 乐先莲．致力于更加公平的教育——来自发达国家的经验[J]．比较教育研究，2007(02)：11—16.

观上对寄养儿童群体存在的偏见;家庭教育的缺失等方面。从学校层面来看,教育不公平主要是因为薄弱学校的存在,导致不利处境儿童难以获得高质量教育资源。从社会层面看,体现在城乡、区域、阶层的不均衡:城乡教育差异显著;区域教育发展不均衡,我国经济落后的地区在师资水平、学校管理等方面远远落后于经济发达地区;社会各阶层所受教育的不均等方面。

如图 2-6 所示,教育机会不均等可以从以下几个方面着手来考察:入学机会、接受教育的连贯性以及接受教育的质量。

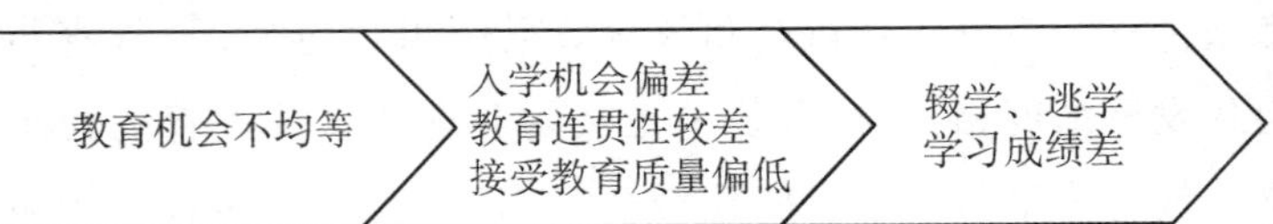

图 2-6 寄养儿童不利处境:接受教育机会不均等

(一) 入学机会偏差

谷正花(2011)在一篇报告中指出寄养在南京市儿童福利院的百名儿童只有不足 30%的儿童能在当地入学随班就读,研究还指出在这 30%能入学的儿童中只有一半学生成绩较好或者能跟上班。他们的解决办法是建立"寄养儿童家长学校",孩子与父母一起上学。①

国外研究中,Baldwin 等(2010)指出,在发达国家接受高等教育的学生中,属于高社会经济阶层的比例远高于低社会经济阶层学生。② Forsman 等(2012)回顾了 11 篇寄养儿童干预措施

① 谷正花.南京市儿童福利院:创设寄养儿童家长学校[J].社会福利,2011(07):43.

② Baldwin G, James R. Access and Equity in Higher Education[G]//McGaw, P. P. B. International Encyclopedia of Education (Third Edition). Oxford: Elsevier, 2010:334-340.

的文献[①]，Trout 等(2008)回顾了 203 篇研究寄养儿童学业状态的文献，他们都在评论中提到了类似的结论，与小学阶段同龄的、具有相似认知能力且学习成绩相近的非留守儿童相比，寄养儿童进入初中和高中的机会更少。[②] 这些研究表明寄养儿童在入学机会上处于不利处境。

(二) 教育连贯性较差

黄颖(2013)在安徽省阜南县某初级中学调查了 1000 名留守儿童，发现过半数留守儿童都有转学经历，尤其是就读小学在两所以上的留守儿童超过了 18%。调查结果表明留守儿童小学的某些阶段甚至整个阶段都不在本地就读，有了在其他地方接受小学教育的经历后才返回本地成为留守儿童。[③]

国外的研究中，Zetlin 等(2004)发现寄养儿童面临以下问题：频繁的搬家对入学带来的挑战，特殊的教育服务，缺乏学习上的辅导，频繁的转学不能满足他们的情感需要，相对来说，寄养儿童面临着更加困难的学习和社会环境。[④]

---

① Forsman H, Vinnerljung B. Interventions aiming to improve school achievements of children in out-of-home care: A scoping review[J]. Children and Youth Services Review, 2012,34(6):1084 - 1091.

② Trout A L, Hagaman J, Casey K, Reid R, Epstein M H. The academic status of children and youth in out-of-home care: A review of the literature[J]. Children and Youth Services Review, 2008,30(9):979 - 994.

③ 黄颖. 频繁转学影响青少年成长[N]. 中国教育报，2013:003.

④ Zetlin A, Weinberg L, Kimm C. Improving education outcomes for children in foster care: Intervention by an education liaison[J]. Journal of Education for Students placed at Risk, 2004,9(4):421 - 429.

(三) 接受教育质量偏低

寄养儿童大多数在农村中小学或者县城民办学校入学，受教师资源等诸多条件的影响，学校在寄养儿童的管理工作中常常不够细致，容易忽视对寄养儿童情感需要和心理健康的关注，难以保证寄养儿童的身心健康发展及学业水平提高。

在寄养儿童受教师重视程度的不利处境的研究中，彭榕(2008)研究发现学校中一般存在着以下现象：由于缺乏有效的家庭教育这个重要环节，寄养儿童的学习成绩整体水平要比非留守儿童差。学校中普遍存在"马太效应"，即在学校中越是成绩好的学生，受到老师的关爱越多，越是成绩差的学生，受到老师的关爱越少。①

国外的研究中，Vacca 等(2008)研究中指出很多寄养儿童并没有获得公平的教育和机会，他们没有机会参加必要的特殊教育项目、高级的预科课程、课后俱乐部和各种运动以及其他对取得教育成功非常重要的活动。另外，相当一部分寄养家庭并不鼓励寄养儿童进入高等学校接受教育。不夸张地说，寄养儿童的教育经常被轻视，同时他们在学校里也是教育中的弱势群体。②

四、社会交往处境

社会支持没有一个统一的定义，但是一般认为，社会支持可

---

① 彭榕. 论教育公平视野下的留守儿童教育问题——以河南省淮阳县王店乡为例[J]. 周口师范学院学报，2008(06)：128—131.

② Vacca J S. Breaking the cycle of academic failure for foster children — What can the schools do to help? [J]. Children and Youth Services Review, 2008, 30(9): 1081 - 1087.

以分为两大类。[①] 第一类是客观的、实际可见的支持，比如物质帮助和社会交往关系的参与。第二类是与个体的主观体验和情感相关的支持，指的是在社会交往中被人尊重和理解的一种主观情感体验。在社会支持上，寄养儿童也可能会更多的面对来自社会和同伴戴着有色眼镜的看法。现在越来越多的学者开始重视社会支持在儿童适应过程中的作用[②]，并得到了一些有意义的发现[③]，见图 2 - 7。

图 2 - 7　寄养儿童不利处境：社会支持不足

国内研究中，刘霞等(2007)用社会支持评定量表(SSRS)问卷对 112 名农村初中父母外出的寄养儿童和 132 名非留守儿童进行了调查，发现主观支持可以降低寄养儿童的不良行为，高支持利用度则可以降低危害健康的行为。社会支持较多的寄养儿童出现的违纪可能性更小，然而她们发现寄养儿童的支持利用度低。[④]

---

① Thoits P A. Dimensions of life events that influence psychological distress: An evaluation and synthesis of the literature[J]. Psychosocial stress: Trends in theory and research, 1983, 33: 103.

② Wight R G, Botticello A L, Aneshensel C S. Socioeconomic context, social support, and adolescent mental health: A multilevel investigation[J]. Journal of Youth and Adolescence, 2006, 35(1): 115 - 126.

③ 李文道，邹泓，赵霞. 初中生的社会支持与学校适应的关系[J]. 心理发展与教育，2003(03): 73—81.

④ 刘霞，范兴华，申继亮. 初中留守儿童社会支持与问题行为的关系[J]. 心理发展与教育，2007(03): 98—102.

对主观支持和支持利用度的实证研究已经发现了主观支持对青少年身心发展具有重要作用。肖水源(1994)论证了社会支持的水平可以用来预测青少年个体的身心健康,且对个人身心健康的影响是显著的。[①] 赵建平等(2006)在一篇论文中也有相似的发现,他们通过对976名初中学生使用MHT量表进行调查,结果分析表明社会支持因素与心理健康的各方面在统计意义上有显著的正相关,且该关系较强,他们的实证数据表明社会支持水平的不同会导致心理健康水平的差异。[②]

第三节 寄养儿童成长处境对策研究

关于寄养儿童的学术研究中,大部分文献从各方面详细地分析了寄养儿童在教育中存在的问题和现象,但是对现象背后的根源浅尝辄止,对现象背后的原因没有深入的挖掘,大多是推给了宏观原因,如国家政策、城乡二元化等;相应地,研究提出的解决对策多是根据发现的原因空泛地从国家政策、地方政府、社会以及家庭层面提出建议和解决方法。在对策施政研究上,大多是对个案进行跟踪分析,系统地对一个学校或者地区的寄养儿童学习问题进行实证研究的文献相对较少。这可能有以下两个方面的原因:一是教育成果的显现一般需要长时间、大量人力和资金的投入,甚至需要当地教育部门的配合;二是在研究中从因素(寄养儿童不利处境)到现象(寄养儿童在校表现)存在着指标和关系较难以量化的问题。

---

① 肖水源.《社会支持评定量表》的理论基础与研究应用[J].临床精神医学杂志,1994(02):98—100.

② 赵建平,葛操.初中生社会支持与心理健康的相关研究[J].中国健康心理学杂志,2006(02):132—135.

通过对已有研究成果的梳理，本书发现关于寄养儿童成长处境的对策研究中，少有对一校或者一个地区寄养儿童政策实施的研究。绝大多数研究都是小范围的，通常的做法是选取一组或几组寄养儿童作为实验组，选取另外一组或几组非留守儿童作为对照组，通过对寄养儿童组采取特殊的照顾、辅导，在一段时间之后重新对实验组和对照组进行调查分析，以此判断所采取措施的有效性。

近些年来，各种研究及报导大都侧重于寄养儿童的身心健康、思想表现、行为习惯和社会适应能力等方面，对于寄养儿童的教育问题却关注不多。① 在关于教育对策的研究中，学者们采取了不同的方法，综合来看有以下几种途径：激发寄养儿童的内在学习动力；提供物质帮助来改善寄养儿童学习环境；通过社工、志愿者为寄养儿童提供学习辅导；提高教师和监护人对寄养儿童的教育热情和水平。这些研究一般通过对比干预措施实施前后寄养儿童的状况来找出有效的方法。另外，这些干预措施效果的研究通常会同时采用两种或者多种方法来对比检验其在改善寄养儿童某一方面不利处境的有效性。在一定程度上，这些干预措施研究提供了一些有意义的结果，但是在研究的长期性、系统性上还有待改进。下面对此类研究做一下归纳和总结。

国外研究文献中，对寄养儿童的心理健康、行为和社交问题干预措施一般会牵扯到寄养儿童和寄养家庭，以使得寄养儿童能够生活在一个更稳定的环境中。此外，一些系统地实验研究

---

① Pamela Choice, Amy D'Andrade, Kira Gunther, Debbie Downes, James Schaldach Csilla Csiszar, Michael J. Austin. Education for foster children: Removing barriers to academic success. http://cssr.berkeley.edu/pdfs/brieffinal24.pdf.

证明了不同的干预措施对寄养儿童的学习成绩所起的作用。与国内研究相比，国外的研究通常持续时间更长，投入的资源更多。

一、家庭生活处境干预

对寄养儿童家庭生活处境的干预有两种措施，一是直接进行物质帮助改善他们的生活和教育条件，二是帮助寄养儿童构建良好的社会关系以缓解与父母分离对寄养儿童的心理冲击。下面对这两种做简要的阐述。

（一）物质帮助

物质帮助是帮助寄养儿童的最简单直接的方式，国内的研究中多看到对寄养儿童提供物质帮助的报道，但是研究物质资助对寄养儿童有什么影响的文献很少。国外的研究中，Griffith 等（2010）从 2003 年到 2006 年跟踪了 Letterbox Club 项目，对每一个加入这个俱乐部的 7—11 岁的寄养儿童，Letterbox Club 会在连续 6 个月的时间里，根据儿童的学习能力，每个月给每个寄养儿童邮寄书籍、文具和数字游戏。他们分别在 2007 年对 316 名寄养儿童和 2008 年对 536 名寄养儿童评估了加入俱乐部的寄养儿童阅读能力（reading）和数学能力，发现在连续两年的时间里，儿童的阅读能力都有所提高，在其中一年的时间里，数学能力有显著的提高。[①] 其实，简单的物质帮助对寄养儿童的帮助并不大，在提供物质帮助的同时要辅以引导和组织才能取得应有的效果。

---

① Griffiths R, Comber C, Dymoke S. The Letterbox Club 2007 to 2009: Final Evaluation Report[J]. University of Leicester. England, 2009.

(二) 感情替代缓解寄养儿童的心理焦虑

在家庭寄养对寄养儿童的感情替代作用上，曾凡林等(2001)发现获得感情替代(寄养父母)的儿童心理发展更健康。他们还发现年龄较小的寄养儿童和寄养家庭融合得更成功，适应得更好。[①] 王东宇和王丽芬(2002，2005)发现寄养儿童和兄弟姐妹一起生活时，其心理健康状况明显好于独自生活在寄养家庭中的儿童。寄养儿童如果能够正确对待消极事件，就会减少由此可能造成的负面影响，对寄养儿童心理健康发展也是大有裨益。[②] 王玉琼等(2005)发现与父亲比起来，母亲对寄养儿童焦虑的缓解起着更重要的作用。[③] 赵景欣等(2002)的访谈研究中，发现 11—14 岁之间的 8 名寄养儿童面临家务增多的压力，但是这些孩子与周边人群相处的非常不错。他们认为这些人际关系资源对寄养儿童非常重要，能够较好地减轻因家长不能陪伴在身边而造成的压力。[④] 李长瑾等(2010)选取温州某中学初一 40 名寄养儿童，随机将这些寄养儿童分为实验组和对照组，对实验组进行为期 2 个月的团体辅导。采用儿童孤独量表与儿童社交焦虑量表，团体辅导前、后分别对实验组和对照组成员进行测评。发现团体辅导改善了寄养儿童与周边同伴的关系，能够有效地缓解寄养儿童的孤独感和社交焦虑。[⑤]

---

① 曾凡林，昝飞. 家庭寄养和孤残儿童的社会适应能力发展[J]. 心理科学，2001(05)：580—82＋639.

② 王丽芬. 福清市中学留守孩心理健康状况及教育对策[D]. 福建师范大学，2002.

③ 王玉琼，马新丽. 留守儿童问题儿童？——农村留守儿童抽查[J]. 中国统计，2005(01)：58—59.

④ 赵景欣，张文新. 农村留守儿童生活适应过程的质性研究[J]. 河南大学学报(社会科学版)，2008(01)：26—31.

⑤ 李长瑾，黄玮静，林宣贤. 团体辅导对托养儿童社会交往的干预效果评价[J]. 中国学校卫生，2010(06)：681—682.

国外的研究发现，Helsen M. 等(2000)①使用 2918 个青少年样本，调查了他们和父母以及朋友之间的关系，特别是和情感相关的问题。调查结果发现来自父母和来自朋友的社会支持是互相独立的，并且良好的支持能够降低孩子抑郁、烦躁的程度。Callaghan P. 等(1994)②也给出了类似的结论。Demaray M. 等(2002)③在研究中通过对 1711 名 3—12 年级学生样本的调查，发现个体感受到的社会支持度对学生适应能力和社交技能等有好的影响，同时，社会支持还可以在一定程度减少寄养儿童的不良行为问题，比如打架斗殴、抽烟喝酒这类违反校规校纪的情况。④ Zelkowitz P. (1987)⑤研究了低收入家庭 5 至 7 岁儿童的社会支持和攻击性行为之间的关系，发现社会支持的来源和社会支持的类型会影响这种关系。

研究发现，通过一段时间的心理辅导或者团队活动，能够教育寄养儿童如何与同伴相处并建立稳定的伙伴关系，从而改善寄养儿童的心理问题。进行的心理辅导或者团队活动也可以持续对寄养儿童的心理问题产生良好的影响，而且研究结束之后寄养儿童可以保持与同伴稳定的关系。

---

① Helsen M, Vollebergh W, Meeus W. Social support from parents and friends and emotional problems in adolescence[J]. Journal of Youth and Adolescence, 2000,29(3):319－335.

② Callaghan P. Morrissey J. Social support and health: a review[J]. Journal of advanced nursing, 1993,18(2):203－210.

③ Demaray M K, Malecki C K. Critical levels of perceived social support associated with student adjustment[J]. School Psychology Quarterly, 2002,17(3):213.

④ Chen E, Langer D A, Raphaelson Y E, Matthews K A, Socioeconomic status and health in adolescents: The role of stress interpretations[J]. Child Development. 2004,75(4):1039－1052.

⑤ Zelkowitz P. Social support and aggressive behavior in young children[J]. Family Relations, 1987,36(2):129－134.

二、监护处境干预

提高监护人监护能力可以改善寄养儿童的监护处境，但是这种做法需要投入的人力和物力较大，难以大范围地实施。改善寄养儿童的寄养场所，比如把寄宿制学校作为寄养场所，也能实现这一目标。

(一) 培训监护人提高监护能力

这种方法是对寄养家庭、寄养父母进行团体培训，使得他们能够更好地支持寄养儿童；或者通过社会工作者直接为寄养家庭提供支持，为寄养儿童提供更好的生活和教育环境。

陈倩(2013)借助社会工作的具体办法和工作原理，跟踪调查晋城市泽州县南村中学的寄养儿童小 G 的学习和生活情况。结合小 G 的情况，陈倩在对其进行个体辅导的同时请求社会工作者参与，帮助小 G 解决其生活和学习的困境，探索了如何利用社工来解决寄养儿童面对的困难。[①] 刘燕芳(2012)在其论文中分析了 A 市福利中心政府购买社会社工服务的做法和效果。社工为寄养家长提供讲座培训提高他们照顾寄养儿童的能力，并为寄养家庭和寄养儿童组织团队活动、亲子活动，增强家长与儿童之间、儿童之间的人际互动，取得了良好的效果。[②]

国外的研究中，Leve 等(2011)在一所中学进行了“中学成功(Middle School Success)”的项目，他们在寄养儿童进入中学前的暑假对寄养儿童和寄养家庭进行了 6 次培训，并在之后的一年中每个星期进行一次培训。对家长采取团体培训，主要针

---

① 陈倩. 留守儿童的社会工作介入调查与研究[D]. 内蒙古师范大学，2013.

② 刘燕芳. 提升寄养家长养育能力的社会工作服务研究[D]. 华中科技大学，2012.

对儿童行为管理能力；对寄养儿童采取个人或者团体培训，主要针对技能培训。在之后最长3年的跟踪研究中发现，这种方法对寄养儿童的心理健康有显著的正面效果。[①]

（二）寄宿制学校作为寄养场所

在寄宿制学校中，寄养儿童和其他儿童都在学校内集体生活，能够弱化不同儿童群体之间的界限，一定程度上弥补由于父母外出而失去的家庭生活及其带来的心理落差。和同学长期相处更容易发展出良好的友谊，可以缓解他们的心理焦虑。同时，住在学校内，儿童的安全也相对更有保障。

朱霞桃（2006）调查了农村寄宿制学校，发现寄宿制学校的寄养儿童在教育机会、安全等方面和非留守儿童一样，并且可以更方便地得到教师的辅导，认为推行寄宿制学校是解决农村寄养儿童困境的途径。[②] 刘欣（2006）在研究中也肯定了在农村和山区多建设寄宿制学校的积极意义。[③] 董世华（2012）认为农村家庭的教育能力很弱，现实状况需要学校更多地介入学生日常管理。而寄宿制学校可以较好地解决这一现实问题。此外，寄宿制学校能够提高教育资源的利用效率，产生规模经济效益。[④] 当然，寄宿制学校对儿童的影响是有争议的，比如张丽锦等（2009）在研究中指出寄宿学生的心理状况要差于非留守

---

① Kim H K, Leve L D. Substance use and delinquency among middle school girls in foster care: a three-year follow-up of a randomized controlled trial[J]. Journal of Consulting and Clinical Psychology, 2011, 79(6): 740 - 750.

② 朱霞桃. 农村寄宿制学校留守儿童情况的调查研究[D]. 合肥工业大学，2006.

③ 刘欣. 农村中小学布局调整与寄宿制学校建设[J]. 教育与经济，2006(01): 30—32.

④ 董世华. 我国农村寄宿制学校问题研究[D]. 华中师范大学，2012.

学生。[①] 寄养儿童生活在寄宿制学校内对寄养儿童的生活以及教育利远远大于弊。

三、教育处境干预

如上所述，把寄宿制学校作为寄养场所是一种较好的改善寄养儿童教育处境的方法，既可以给寄养儿童和同学的交往提供便利，也可以为他们的学习提供帮助。其他的干预措施包括保障寄养儿童的教育机会或者为寄养儿童提供个人或团体辅导。

（一）保障教育机会

国内研究中少有从保障寄养儿童教育机会入手的干预措施，可能是因为国内实行了强制的九年义务教育，所以研究的关注点没有放在这个上面。

国外的研究中，Zetlin 等（2004）检验了使用教育联络人（education liaison）对社工提供帮助来找出解决寄养儿童（5—17岁）教育问题的有效性。当社工发现自己负责的区域内有寄养儿童没有接受到必要的教育或者辍学时，他们会联系这些指定的教育联络人，尽早解决这些问题。他们发现这种早期的干预措施有效地提高了寄养儿童的阅读和数学能力，但是同时他们也发现这些学生的成绩（GPA）和出勤率并没有明显变化。[②]

---

① 张丽锦，沈杰，李志强，盖笑松. 寄宿制与非寄宿制学校初中生心理健康状况比较[J]. 中国特殊教育，2009(05)：82—86.

② Zetlin A, Weinberg L, Kimm C. Improving education outcomes for children in foster care: Intervention by an education liaison[J]. Journal of Education for Students placed at Risk, 2004, 9(4): 421 - 429.

（二）对寄养儿童个人或团体辅导

国内的研究中，郑兵（2011）引领小学1—7年级476名儿童以诵读方式促进其各方面发展，发现留守儿童的教学质量以及教师的教学能力有所提高。但是这个研究也存在一些弱点：教学质量的提高没有时间上和参照组的对比；教师教学能力仅是定性的描述。① 随洁英（2007）研究了竞争与合作对儿童学习100个英语单词的学习任务的影响。实验选取20名留守儿童和20名非留守儿童，各自分成几个小组，提出合作竞争和竞争合作两种导向的学习目标：合作竞争组奖励平均成绩最高的组，而竞争合作组在此基础上，奖励小组内排名靠前的同学。结果在竞争合作导向下，留守儿童组的成绩与非留守儿童组没有差异；而在合作竞争导向下，留守儿童组的成绩明显低于非留守儿童组。研究结果揭示了留守儿童的认知能力并不差，采取适当的措施调动留守儿童的学习兴趣和积极性可以提高他们的学习成绩。②

国外的研究中，O'Brien等（2008）为4—13岁的寄养儿童制定个人学习计划，参与这项研究的寄养儿童在20个月的时间里，每周两个小时在辅导员的监督下学习并在家中完成练习；与此同时，寄养父母和社工也会及时得到反馈以更好地支持寄养儿童的学习。O'Brien和Rutland在研究报告中指出参与研究的寄养儿童的阅读能力有了显著提高。③ Osborne（2010）等研

---

① 郑兵．"经典诵读"促进"留守儿童"心理健康的实验研究——以贵阳市金阳新区第二实验学校为例[J]．贵州师范学院学报，2011(01)：82—84.

② 随洁英．学习目标定向对留守儿童学习成绩影响的实验研究[J]．河南职业技术师范学院学报(职业教育版)，2007(05)：89—91＋96.

③ O'Brien M, Rutland J. Outcomes of a supplemental learning program for children in care at family and children's services of Renfrew County[J]. Oacas Journal, 2008, 52(4): 11-14.

究了一对一阅读(paired reading)是否能够提高寄养儿童阅读能力。他们首先教会了寄养儿童(5—12 岁)抚养人如何使用这种方法,然后让这 35 名寄养儿童和他们的抚养人在 16 周的时间里,每个星期 3 次,每次 20 分钟进行一对一阅读,Osborne 等发现这种方式能够提高寄养儿童的阅读能力。① Harper 等(2012)研究了小团体(3—4 人)辅导对寄养儿童(5—17 岁)阅读和拼写能力的效果,经过他们培训的高校志愿者和社工对 30 个小团体进行辅导,研究结果表明寄养儿童的阅读和拼写能力的提高总体上达到了显著水平。② Tideman 等(2011)进行了一次为期两年的研究,最初对 24 名参与该研究项目的寄养儿童(7—11 岁)的认知能力、文字和数字技能进行了评估,并将评估结果通知了有关方(寄养儿童本人、寄养家庭、教师以及社工)。在接下来两年的时间里,一名心理学家、一名教育专家和教师一起工作,给寄养儿童设计符合个人能力的教学计划。Tideman 等发现参与研究的寄养儿童的智商和文字能力有显著提高,但是数学能力的提高不明显。③

Courtney 等(2008)在加州进行了 ESTEP-Tutoring 项目。挑选了高校学生志愿者接受如何评估儿童的文学(literacy)和数学(maths)技能的训练,根据寄养儿童(14—15 岁)的个人能力选取合适的教材。他们对 212 名寄养儿童进行 65 个小时的

① Osborne C, Alfano J, Winn T. Paired reading as a literacy intervention for foster children[J]. Adoption & Fostering, 2010,34(4):17 - 26.

② Harper J, Schmidt F. Preliminary effects of a group-based tutoring program for children in long-term foster care [J]. Children and Youth Services Review, 2012,34(6): 1176 - 1182.

③ Tideman E, Vinnerljung B, Hintze K, Isaksson A A. Improving foster children's school achievements: Promising results from a Swedish intensive study [J]. Adoption & Fostering. 2011,35(1):44 - 56.

个人辅导教育，这包括寄养儿童在家庭中接受的个人辅导以及所参加的不同现场辅导班。但是最终的结果令人失望，研究对象的学习成绩没有明显的提高。①

对寄养儿童做个人或团体辅导研究受到广泛关注，这些研究大多是在一段时期之内设定一个或一些目标，分组比较寄养儿童和参考组之间的表现，从而验证辅导采取方法的有效性。对寄养儿童多关注，进行个体或团体辅导或多或少会有一些效果，这类研究固然可以用来判断一种方法是否有效，但其不足之处在于，研究只持续较短的一段时间，研究结束之后并不确定对寄养儿童的影响是否可以持续。这种非持续性的辅导对改善寄养儿童教育处境的意义可能并不是很大。

总而言之，本章通过对国内和国外关于寄养儿童研究、寄养儿童成长处境研究、寄养儿童成长处境对策研究的归纳和总结，发现大量研究表明寄养儿童在生活、教育、社会支持等方面相对于非留守儿童处于不利地位，并且这些不利处境会导致他们在心理健康、行为表现、学业表现上落后于非留守儿童。这些研究极大程度上丰富了社会对寄养儿童的理解，为制定寄养儿童政策提供了实证和理论支持。

研读文献时发现以下两种情况。第一，这些研究大多关注的是农村寄养儿童和福利院、家庭寄养的孤残儿童，然而，随着社会经济的发展，寄养儿童已经不单单是这些家庭寄养的孤残儿童，虽然研究人员已经开始将目光放在“城市寄养儿童”这一

---

① Courtney M E, Zinn A, Zielewski E H, Bess R J, Malm K E, Stagner M, Pergamit M. Evaluation of the Early Start to Emancipation Preparation Tutoring Program, Los Angeles County, California: Final Report [J]. Administration for Children & Families. 2008.

新群体上，但是研究还不够深入和丰富。第二，多数研究中存在着样本量偏小的问题，被调查对象多来自某一所学校或某一地的几所学校。抽样调查会给研究的结论引入抽样的偏差，如果抽样学校刚好是寄养儿童表现好的学校或者是寄养儿童表现不好的学校，那么研究发现就会得到相反的结论。第三，虽然大多文献指明寄养儿童处于不利处境，在心理健康、课堂表现、学业成绩等方面与非留守儿童相比很差，但是也有一些文献出现了不同的结果，即寄养儿童与非留守儿童相比并没有处于明显的劣势。

那么应该以什么为标准来判断寄养儿童的不利处境呢？第一，寄养儿童的父母受教育水平不高，那么即使寄养儿童的父母自己抚养和教育孩子，是不是比把孩子寄养在学校效果好呢？交给学校管理是不是会带来更好的结果？第二，撇开社会地位不谈，经济问题还是不是寄养儿童所面临的一个普遍的困境？因为对儿童来说，接受教育的学费和日常生活费用是主要的花费，其他的物质需求不多，而现在这些费用对一个父母双方都在外务工的家庭来说基本上不是大的问题。第三，关于家庭教育的重要性，有良好的家庭教育更好，但是家庭教育缺失是不是会大面积的引起寄养儿童的心理问题，学校的教育能不能起到一定的家庭教育替代作用？此外，与同学之间良好的伙伴关系是不是也能在感情和心理上给寄养儿童带来抚慰和帮助？作为教育管理者应该怎么做？

诸如此类的疑问还有很多，带着这些疑问，本研究从G县的实际情况出发，从对G县4—9年级学生进行全样本调查和访谈利益关切者两个方面着手，调查分析寄养儿童成长处境及其教育管理现状。

第三章　寄养儿童成长处境调查

本章首先对问卷调查设计、实施过程以及回收过程做以详细的说明。其次，根据学生问卷调查的结果进行分析，借助SPSS19.0统计软件工具，Matlab，Excel，通过描述统计、方差分析、相关分析、统计检验等方式对比研究寄养儿童和非留守儿童的成长处境。

第一节　问卷调查的设计

本研究没有对寄养儿童成长处境做前提假设，通过调查问卷对比分析寄养儿童和非留守儿童的状况，结合学生学业表现，分析现阶段G县寄养儿童成长处境，以利于提出教育行政管理措施改善寄养儿童成长处境。学生的学业表现用学习成绩来代表，本研究借助2015年中考成绩比较分析寄养儿童与非留守儿童学业成绩之间的差异性，可以避免由于抽样问题所带来研究结论的不确定性。①②

---

① 潘璐，叶敬忠.农村留守儿童研究综述[J].中国农业大学学报(社会科学版)，2009(02):5—17.

② 杨志新，孙琼，李东，王进，何坤.合肥农村小学留守儿童学业成绩和心理感受分析[J].中国学校卫生，2010(09):1130—1131.

问卷调查对象：问卷调查覆盖了 G 县 4—9 年级的全体学生，主要原因是考虑到 1—3 年级学生的认知和理解能力还不足以完成答卷。

问卷调查的内容和目的：学生调查问卷题目涵盖了父母和家庭情况、在学校接受教育的情况、监护人的情况、个人情况以及学业成绩各个方面，体现出寄养儿童对自身情况的客观真实反映以及他们对外部环境的主观看法。通过收集问卷调查数据，尽可能全面地描述寄养儿童成长处境。

问卷调查题目数量设置：本研究尽量精简调查问卷题目的数量，对问卷题目进行精确的设置，目的有以下两点：一是可以减少被调查对象的负担，二是通过更有针对性的提问方式来提高问卷答案的准确度。

问卷调查题目类型设置：本研究采取了选择题式调查问卷。调查问卷用来对 G 县 4—9 年级寄养儿童做全样本调查，主要目的是了解寄养儿童和非留守儿童在生活和学习中面临的处境是否不一样以及在哪些方面不一样，以客观描述寄养儿童成长处境。由于调查问卷的样本量很大，因此在调查问卷中全部使用选择题，这样做是为了能准确整理出调查结果。

问卷的编制流程：如图 3-1 所示①，根据该流程，设计了“G 县寄养儿童（4—9 年级）成长处境调查问卷”。在项目筛选的过程中使用以下标准：一是通过计算 Cronbach a 系数来判断问卷的内在信度②③，Cronbacha 系数至少要大于 0.5，最好是在 0.7

① 曾晓娟. 大学教师工作压力研究[D]. 大连理工大学，2010.

② 温忠麟，叶宝娟. 测验信度估计：从 α 系数到内部一致性信度[J]. 心理学报，2011(07)：821—829.

③ 张虎，田茂峰. 信度分析在调查问卷设计中的应用[J]. 统计与决策，2007(21)：25—27.

以上，表明问卷的内在一致性较好。二是考虑调查问卷问题的适用性。[①] 下面详细地阐述一下学生预测调查问卷和实测调查问卷的编制过程。

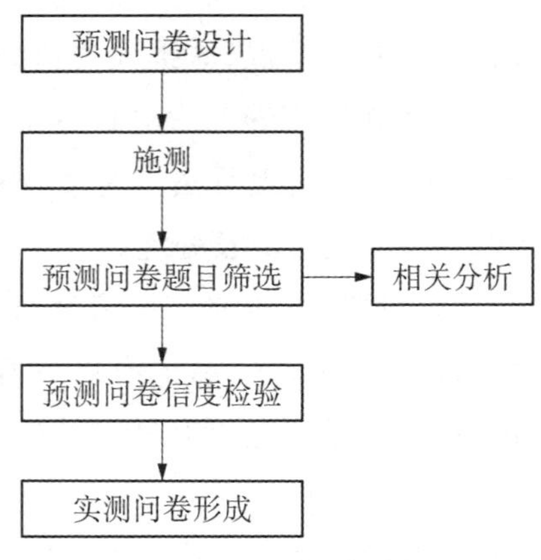

图 3－1 问卷调查的编制流程

一、预测调查问卷的设计

寄养儿童成长处境复杂多样，本书从家庭生活处境、教育处境、监护处境以及社会交往处境四个方面来调查寄养儿童成长处境。首先，本书选取的这四个方面基本涵盖了寄养儿童成长处境方方面面。其次，在这四个维度上对寄养儿童的研究成果比较多，有成熟的研究方法和案例作为参考，可以将通过问卷调查得到的教育学、心理学、社会学的数据量化成有统计学意义的对比指标。再次，在已有关于寄养儿童成长处境的研究中，大部分结果仍然表明寄养儿童在这四个方面相对处于不利处

① 注：这里“适用性”指的是两个层次，一是问题是否能产生有意义的结果，二是不同的问题之间是否有重复或关联。

境。最后，寄养儿童不利处境已经有不少干预措施研究，可以通过采取直接或间接的措施来帮助寄养儿童改善他们在这些方面的劣势，在教育上获得更好的效果，在学业上获得更好的成绩。

本研究设计使用的预测调查问卷问题来源有两个方面，一是已有研究中使用的问卷问题，这类问题提供了一个良好的基础，本研究参考徐阳（2006）①、王谊（2011）②以及其他关于寄养儿童的研究中使用的调查问卷，设计了预测调查问卷。二是从已有研究发现结果中转换而来的问题，比如，谭深（2009）③和Sullivan 等（2010）④的研究表明频繁转学对寄养儿童的教育有影响，本研究在调查问卷中针对这一现象设置了“你曾在几所学校就读过”的问题。

从 G 县一所九年一贯制学校中随机抽取了 4—9 年级学生共 210 名，其中男生 112 人，女生 98 人，使用预测问卷做调查。共收回 210 份问卷，由于要对问卷答案做转换，因此这里对无效问卷采取了严格的标准，凡有漏答或者错答的问卷视为无效问卷，其中有 35 份无效问卷，有效问卷比例 83.3%。

4—9 年级学生调查预测问卷包括以下内容：父母和家庭情况、在学校接受教育的情况、监护人的情况、个人情况以及学业成绩。预测问卷共有 27 道题目，见表 3-1。

---

① 徐阳. 农村留守儿童教育问题研究[D]. 华东师范大学，2006.

② 王谊. 农村留守儿童教育研究[D]. 西北农林科技大学，2011.

③ 谭深. 中国农村留守儿童研究述评[J]. 中国社会科学，2011(01)：138—150.

④ Sullivan M J, Jones L, Mathiesen S. School change, academic progress, and behavior problems in a sample of foster youth[J]. Children and Youth Services Review, 2010,32(2):164-170.

表 3-1　学生预测调查问卷测量项目表

测量项目	测量项目
Q1 父亲工作地点。	Q15 监护人辅导学习频率。
Q2 母亲工作地点。	Q16 监护人和教师联系频率。
Q3 住在哪里。	Q17 和监护人沟通交流频率。
Q4 父亲受教育水平。	Q18 监护人培养良好习惯的频率。
Q5 母亲受教育水平。	Q19 喜欢学习的程度。
Q6 生活教育花费。	Q20 做家务的频率。
Q7 和父母沟通交流频率。	Q21 和同学相处的情况。
Q8 和父母沟通交流内容。	Q22 朋友对自己的影响。
Q9 父母对学习关心程度。	Q23 解决心理问题的方式。
Q10 转学次数。	Q24 解决学习问题的方式。
Q11 任课教师对自己的了解程度。	Q25 是否想念父母。
Q12 任课教师对自己的学习要求。	Q26 对父母不在身边的感受。
Q13 任课教师对自己的态度。	Q27 是否想和父母一起生活。
Q14 监护人受教育水平。	

二、实测调查问卷的设计

对预测问卷调查结果进行分析时，对答案表明态度、程度、频率的题目，首先根据相同的方向对这些题目答案赋值，然后使用 Cronbach a 系数检查预测问卷的内在一致性[①]；对于表明主观感受的题目（答案为分类变量），由于无法给题目答案做简单赋值，主要从题目的适用性来考虑是否保留。

表 3-2 中列出了整个问卷的 Cronbach a 系数以及剔除掉

① 温忠麟，叶宝娟．测验信度估计：从 α 系数到内部一致性信度[J]．心理学报，2011(07)：821—829.

某一道题目之后的 Cronbach a 系数，从数据可以看出问卷表明态度、程度的题目内部一致性较好。因此在删除题目的时候，主要是从精简题量和题目的适应性来考虑。比如："父母对学习的关心程度"（Q9）在题目"父母与你交流时，说的最多的是什么"中已经有所体现；"是否想念在外地工作的父母"（Q25）和"你是否愿意随父母去他们的工作地上学"（Q27）这两道题目对非留守儿童没有作用；好朋友的影响（Q22）答案选择比较单一。学生问卷原有 27 道题目，筛选之后保留 23 道题目，基本上保证学生可以在 20 分钟之内完成调查问卷，包括调查前给学生的讲解时间。正式的学生调查问卷见附录一。

表 3－2　学生预测调查问卷信度检验

调查问卷题目编号	题目删除后的 Cronbach a 系数
Q4	0.65
Q5	0.67
Q6	0.72
Q7	0.71
Q10	0.73
Q11	0.75
Q12	0.72
Q13	0.73
Q14	0.63
Q15	0.67
Q16	0.70
Q17	0.69
Q18	0.73
Q19	0.72
Q20	0.73
Q21	0.71
Q25	0.70
Cronbach a	

在问卷调查的设计阶段，首先，由于调查样本量大，人工统计调查问卷结果不够精确，因此所有问卷题目设置使用的都是选择题，以利于设计可以填涂并用读卡机扫描的答题卡，快速汇总问卷调查结果。其次，最初设计的学生调查问卷是匿名调查，但是因为需要将问卷调查的内容和学生全县中考成绩相关联，每个学生都有一个6位编号，编号不重复且可以定位到学生的学区、学校、年级、班级以及姓名。

第二节　问卷调查的实施

本研究对学生的问卷调查覆盖了G县所有4—9年级在籍在校学生，共计90255人，排除了抽样带来的不确定因素；另外，问卷调查对象的地域范围覆盖了G县全部28个学区的71所初级中学、361所小学、84所教学点。由于调查问卷覆盖范围广，调查对象分散，任务量大，给问卷调查的分发、回收工作带来了一些困难和挑战。

一、问卷调查的发放和回收概况

将调查问卷按照每个班级人数装袋，调查问卷分发和回收采用的步骤如下：每个学区安排一个人专门负责把调查问卷分发到学校并从学校回收；每所学校的校长负责将调查问卷袋分发到班级并回收；每个班级的班主任负责按照学生编号和学生姓名对照表告诉学生编号，并将问卷分发给学生个人，解释问卷调查的目的，讲解答题卡的填涂方法，宣读注意事项，监督并帮助学生完成问卷，收回调查问卷装袋并送交给校长。

本次调查问卷共发放90255份，收回85896份（95.17%）。整体来看，问卷调查发放和回收过程是成功的，调查问卷的回收率也相当高。在收回所有的调查问卷之后，使用读卡机扫描所有的问卷，并将被调查人的信息和相应的问卷题目的答案作为一行数据，存入 Excel 文件中以供后续对数据进行统计分析。

在分析调查结果之前，首先要去掉回收问卷中的无效问卷。当问卷题目的答案出现以下三种情况中的一种或多种时，本研究认为该调查问卷为无效问卷：

一是无法从问卷中获取完整的学生身份信息。也就是说，如果考号为空，无法将考号与学生的姓名、性别、学区、学校、年级、班级匹配起来，那么判定该调查问卷为无效问卷。造成这种情况的原因包括：编号填涂错误导致无法读出或者有重复编号、机器扫描错误等等。

二是问卷中可以获得学生完整的身份信息，但是根据 1—3 题无法判断该学生是否为寄养儿童的情况下，判定该调查问卷为无效问卷。造成这种情况的原因和“情况 1”的原因类似。

三是问卷中可以获得学生完整的身份信息，并且能够判断学生是否为寄养儿童，但是问卷答案出现异常的题目数量超过 5 道题目（约占总题量的 20%）的情况下，判定该调查问卷为无效问卷。排除掉问卷答案异常且数量过多的问卷，是因为无论调查对象是有意填错，还是调查对象误解了题意或在填涂答题卡过程中有失误，两种情况都不是本研究想要的结果。

调查问卷答案出现的异常情况有以下三种：

一是填涂答案超出了提供答案范围。比如答案仅有 A、B 两个选项，但是被调查对象填涂了 C；

二是因为不是多选题，但是被调查对象对该题答案的选择超过了一个选项；

三是问卷扫描结果显示该题答案为“无法识别”的时候。

由于本次调查的对象样本量大，在排除掉以上三类问卷之后仍然有足够的样本支持来进行结果分析。

二、调查问卷的有效性分析

发放调查问卷 90255 份，收回调查问卷 85896 份，总计有效问卷 81666 份(95.08%)，总计无效问卷 4230 份(4.92%)。

在所有的 4230 份无效问卷中，三种类别的无效问卷数量和比例分别为：无法识别学生身份信息的调查问卷 1045 份(24.71%)；可以识别学生身份信息，但不能判断学生是否为寄养儿童的问卷 2226 份(52.62%)；可以识别学生身份信息，能判断学生是否为寄养儿童，但异常答案超过 5 题的调查问卷 959 份(22.67%)。可以看出，无效问卷只占很少的一部分。此外，通过分别统计各年级学生问卷总数以及无效问卷数量(见表 3-3)发现，从有效问卷所占比例这一数据上来看，并没有出现高年级学生完成更好的情况，这也反映了设计的调查问卷对 4—9 年级学生具有良好的适用性。接下来分析的问卷调查结果全部基于符合本节定义的有效问卷。

表 3-3　学生问卷调查各年级数量概况

年级	收回问卷数	有效问卷数	无效问卷数
四年级	16647	15672(94.14%)	975(5.86%)
五年级	14368	13535(94.2%)	833(5.8%)
六年级	14852	13940(93.86%)	912(6.14%)
七年级	15153	14755(97.37%)	398(2.63%)
八年级	13112	12540(95.64%)	572(4.36%)
九年级	11585	11224(96.88%)	361(3.12%)

(在无效调查问卷中有 179 份问卷没有年级信息，这也是表中各年级收回问卷数总和(85717)与总收回问卷数量(85896)的差异。)

第三节 问卷调查的结果分析

在对问卷调查的结果进行分析时，首先统计了问卷的发放和回收数据，讨论无效问卷的判断标准，并对问卷的有效性做了分析。其次，根据问卷调查结果，按照图 1-1 中的界定，将被调查儿童分到以下 5 类群体中：非留守儿童、完全留守儿童、父外留守儿童、母外留守儿童、寄养儿童；根据调查结果分别统计这 5 个群体儿童的人数、年级、区域分布；按照调查问卷的题目对各儿童群体在家庭、受教育、监护人等方面的情况作对比分析。虽然统计了所有 5 个儿童群体的数据，但是本节重点是对比分析寄养儿童和非留守儿童成长处境。最后对比分析 9 年级两个群体的中考成绩，并剖析了形成群体成绩差异的原因。

本研究采取的问卷调查结果分析方法主要有以下两种：第一种是描述性统计分析，直接计算数据的频率、百分比等。通过数据对比、绘制图表等方式来直接观察一个群体在某个方面的选择分布或者观察不同群体之间的差异。比如用于统计学生中各群体的人数及所占比例，通过绘图直接比较某个问题上不同学生群体选择的答案。

第二种是假设检验统计分析①，将被调查对象分类到不同的群体，在统计分析每个群体对问卷问题回答的分布情况之后，用来判断各群体所做出的回答在统计意义上是否不同。比如在分析学生问卷调查结果时，用来对比所研究的学生群体对同一个问题的选择是否在统计意义上不同。假设检验主要使用卡方

① 茆诗松，周纪芗. 概率论和数理统计[M]. 北京：中国统计出版社，2007.

检验、T 检验和相关系数。卡方检验是一种非参数检验方法[①]，适用于总体分布不明确时用来检验分类数据的分布是否与理论分布相一致。在本书中，卡方检验的使用有两种用途：一是检验两个群体的独立性，二是检验一个群体分布的随机性。[②] T 检验是用来比较两个群体平均值的差异显著性，比如检验寄养儿童和非留守儿童之间平均考试成绩是否有差异。相关系数用来判断两个变量之间关联方向和关联的强弱程度。在附录三中，简单介绍了独立性卡方检验、随机性卡方检验和 T 检验的步骤和意义。

一、寄养儿童的分布情况

按照图 1 - 1 中对儿童群体的分类，本节从各个层面分析了 G 县 5 类儿童群体：非留守儿童、完全留守儿童（非寄养）、父外留守儿童、母外留守儿童、寄养儿童的人数和地域分布情况。

（一）各儿童群体人数分布概况

通过对 81666 份有效调查问卷进行分析，统计了 G 县义务教育阶段 4—9 年级学生中非留守儿童、父外留守儿童、母外留守儿童、完全留守儿童（非寄养）以及寄养儿童这 5 个群体的人数、各群体在总数中所占比例以及各群体中男生和女生的人数，见表 3 - 4。

---

① 徐向阳. 卡方检验在学生成绩差异性分析中的应用[J]. 常州技术师范学院学报，2001(04)：13—16.

② 盛洁，胡建华. Excel 软件的统计功能在卡方检验中的应用[J]. 医学信息，2008(01)：28—31.

表 3－4　各儿童群体人数分布概况

儿童分类群体	总人数	男生人数	女生人数
全部儿童	81666	45694	35972
非留守儿童	23881(29.24%)	13419(29.37%)	10462(29.08%)
父外留守儿童	18257(22.36%)	9929(21.73%)	8328(23.15%)
母外留守儿童	3393(4.15%)	1916(4.19%)	1477(4.11%)
完全留守儿童(非寄养)	24442(29.93%)	13581(29.72%)	10861(30.19%)
寄养儿童	11693(14.32%)	6849(14.99%)	4844(13.47%)

在 81666 名学生中，非留守儿童为 23881 人，仅占 4—9 年级学生总人数的 29.24%；留守儿童为 57785 人，占 4—9 年级学生总人数的 70.76%，其中包括父外留守儿童 18257 人，母外留守儿童 3393 人，完全留守儿童(不含寄养儿童)24442 人，寄养儿童 11693 人。在所有的留守儿童中，符合本书概念界定的寄养儿童占到全部学生总数的 14.32%(如图 3－2 所示)。从寄养儿童所占比例看，相当于 G 县 4—9 年级每 6 个学生中就有 1 个学生的生活和教育完全依赖于学校和社会。这些学生的父母

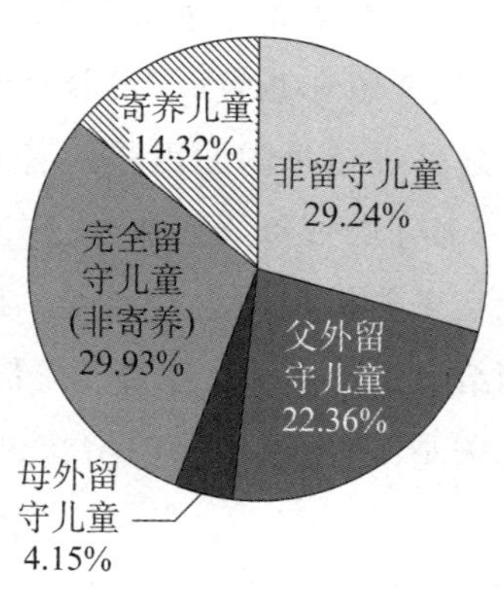

图 3－2　G 县各儿童群体人数占总学生人数比例图

双方都不在身边，也没有和直系亲属住在一起。这些寄养儿童的教育没有家长参与、配合时，会给学校的管理、教育教学带来很多困难和挑战。

另外，本研究也分别统计了男生和女生儿童群体的比例，通过频数分布观察，没有发现男生和女生中各儿童群体所占比例有明显不同，男生中寄养儿童比例比女生寄养儿童比例高1.55%。对男生中各儿童群体的频数分布与女生各儿童群体的频数分布做了卡方检验，卡方值为55.06，P值为0，卡方检验的结果表明男生和女生中各儿童群体的分布是不同的，但是由于样本数量很大，进一步观察列联系数值为0.0255，这表明可以认为男生和女生各儿童群体的分布是一样的。

(二) 各儿童群体年级分布概况

按照年级统计各儿童群体的人数，详细的统计结果在附录表7-5中。在图3-3中以年级为横坐标，以各群体儿童人数占该年级全部学生总数的比例为纵坐标，从数据变化可以看出，在各年级，非留守儿童、父外留守儿童、母外留守儿童占该年级总人数的比例较为稳定；而寄养儿童所占年级总人数比例随着年级的增加而增长，完全留守儿童(非寄养)所占比例随着年级的增加而减少。造成这一结果的原因是随着儿童年龄增长，自理能力也在增强，一部分由爷爷奶奶或外公外婆照看的孩子开始选择学校或者社会寄养机构作为寄养处。在附录图7-1和图7-2中，也分别给出了男生和女生各儿童群体占年级总数比例随着年级变化的关系图，随着年级的增长也都表现出了相似的变化趋势。

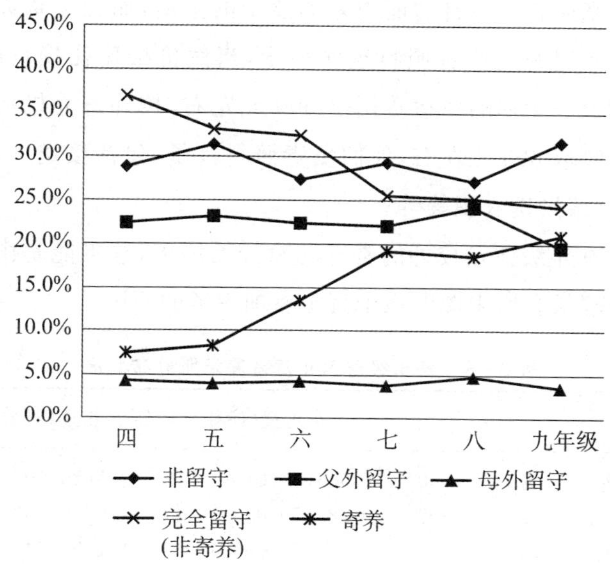

图 3－3　4—9 年级各儿童群体人数占该年级总人数比例图

(三) 寄养儿童的寄养场所分布概况

G 县 4—9 年级 11693 名寄养儿童中，9840 人(84.2%)住在学校，1853 人(15.8%)住在校外的寄养家庭或其他寄养场所。下面详细统计了各年级寄养儿童的寄养场所，见表 3－5，统计结果显示出：

1. 男生和女生绝大多数都是住在学校宿舍，有以下原因：一是住在学校宿舍的花费比住社会寄养机构要便宜。二是住在学校家长觉得安全更有保障。三是住在学校相对方便，家长只要为孩子选择好学校，孩子上课、吃住都在学校，也为孩子的学习提供了方便。在这种情况下，绝大部分家长选择把孩子寄养在学校也就合情合理了。

2. 低年级学生住在社会寄养机构的比例较高，这可能是学校里一般只配备教师管理学生作息时间和外出等事情，没有生活教师来照料一些自理能力差的孩子的生活，而社会寄养机构则聘用专门的人负责照料这些孩子，当然价格比住校贵的多。学校宿舍一学期的住宿费用是500元左右，校外寄养机构则每个月要收取600元左右，他们负责照料孩子，包括接送上学、提供饮食、帮助洗衣服等等。

3. 9年级住在校外的寄养儿童开始增多，这可能是由于有一部分家长会回来照顾孩子直至参加中考的原因。

表3-5　各年级寄养儿童寄养场所分布概况

		总计	寄养儿童(住校)	寄养儿童(寄养场所)
四年级	男	768	563(73.31%)	205(26.69%)
	女	398	282(70.85%)	116(29.15%)
五年级	男	697	535(76.76%)	162(23.24%)
	女	422	300(71.09%)	122(28.91%)
六年级	男	1132	997(88.07%)	135(11.93%)
	女	748	644(86.1%)	104(13.9%)
七年级	男	1565	1378(88.05%)	187(11.95%)
	女	1270	1118(88.03%)	152(11.97%)
八年级	男	1298	1124(86.59%)	174(13.41%)
	女	1040	911(87.6%)	129(12.4%)
九年级	男	1389	1156(83.23%)	233(16.77%)
	女	966	832(86.13%)	134(13.87%)

(四) 寄养儿童在各学区内分布概况

G县共有28个学区，其中G县城关学区包括G县县直公办学校、G县城关学区公办学校和民办学校，见附录表7-4和7-5。

图3-4是G县28个学区寄养儿童人数示意图，图中黑色的实线圆环代表距离县中心3公里的范围，虚线的黑色圆环代

表距离县中心5公里的范围，点线的黑色圆环代表距离县中心10公里的范围。图中小圆圈的大小与该学区内寄养儿童人数成比例，圆圈越大代表该区域内寄养儿童人数越多。寄养儿童人数最多的前3个学区细分为G县城关学区民办学校（19所中小学）、G县县直公办学校（7所初级中学）、G县城关学区公办学校（8所小学）、G县闸北学区（15所中小学）和G县高炉学区（13所中小学），这几个学区的寄养儿童共有7707名，占了全部寄养儿童（11693）的65.91%。

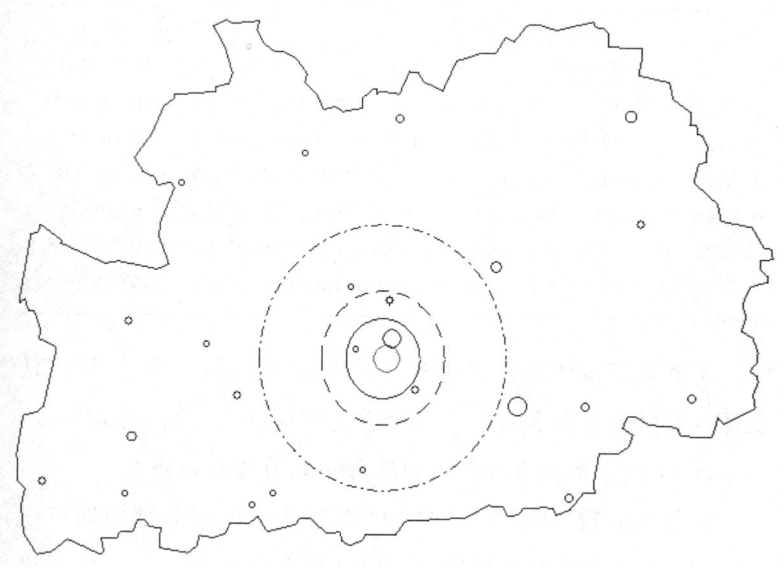

图3－4　G县28个学区寄养儿童人数示意图

（五）寄养儿童在公办学校和民办学校分布概况

这里统计了各年级两个群体儿童在民办学校和公办学校就读的人数和比例。从表3－6中的统计数据明显可以看出，寄养儿童和非留守儿童在公办学校和民办学校的分布基本上是倒过来的。绝大多数寄养儿童在民办学校就读,而大部分非留守儿童在公办学校就读。这反映两个情况,一是有很多户籍在农村的家长不愿意让孩子在户口所属公办学校读书,因为这些学校的教育教学质量不高,宁愿多花点钱把孩子送到办学水平较高的民办学校读书,让孩子住在学校或者社会寄养机构。第二就是还有一部分由于违反计划生育政策成为寄养儿童的孩子,只能选择去民办学校就读。

表 3-6 各年级寄养儿童在民办和公办学校分布概况

年级	寄养儿童人数		非留守儿童人数	
	公办学校	民办学校	公办学校	民办学校
四年级	370(31.73%)	796(68.27%)	3864(85.45%)	658(14.55%)
五年级	252(22.52%)	867(77.48%)	3564(83.88%)	685(16.12%)
六年级	465(24.73%)	1415(75.27%)	2977(77.91%)	844(22.09%)
七年级	1008(35.56%)	1827(64.44%)	3101(71.65%)	1227(28.35%)
八年级	806(34.47%)	1532(65.53%)	2491(73.07%)	918(26.93%)
九年级	649(27.56%)	1706(72.44%)	2307(64.95%)	1245(35.05%)

寄养儿童群体应该引起教育行政部门负责人、校长、班主任及任课教师的充分关注。G 县寄养儿童群体主要特征如下。

1. G 县寄养儿童所占比例随着年级的增加而增长

G 县义务教育阶段 4—9 年级寄养儿童数量分别为四年级 1166 人,占全年级学生数的 9.97%;五年级 1119 人,占全年级学生数的 9.57%;六年级 1880 人,占全年级学生数的 16.08%;七年级 2835 人,占全年级学生数的 24.24%;八年级 2338 人,占全年级学生数的 20.00%;九年级 2355 人,占全年级学生数的 20.14%。

2. G 县学校是主要的寄养场所

数据表明,学校是寄养儿童主要的寄养场所,在义务教育阶段4—9年级11693名寄养儿童中，寄养在学校的9840人，占寄养儿童总数的84.2%。只有1853人寄养在其他社会机构。

3. G县寄养儿童更多集中寄养在民办学校

在G县，民办学校有寄养儿童8143人，占寄养儿童总数的69.64%，表明大部分寄养儿童被寄养在民办学校。学生的来源主要有两部分，一种是按照义务教育阶段“就近、划片、免试”入学的原则，户籍所在地可以上的学校教育教学质量太差，家长希望孩子接受更好的教育，因此将孩子送到城区好的民办学校就读；还有一种是由于违反计划生育政策等原因导致孩子没有户口，只能去民办学校就读。民办学校的发展促进了寄养儿童的集中，在一定程度上缓解了寄养儿童面临的各种问题，比如教师会加深对寄养儿童的认知，寄养儿童与同学相处起来也比较容易。

二、寄养儿童家庭生活处境

前面对所有的五个儿童群体数据进行了简要统计，接下来的对比分析中，寄养儿童是本研究的试验组，非留守儿童是本研究中的对照组，其他三个群体的儿童没有包括在对比分析范围中。

通过比较寄养儿童和非留守儿童这两个群体分析寄养儿童成长处境和学业成绩，将两者作为一个整体来进行分析，并没有关注到个体层面的某些儿童处境，关于个体层面的儿童处境情况会在下面的访谈调查结果分析里提到。

在分析方法上，学生问卷题目中的1—3题是用来鉴别学生所属儿童群体的，在上一节中已经做了统计分析。对其他的20道题目，分别对每个问题统计两个群体选择各选项的人数，并计算各自的频数分布，然后用独立性卡方检验来检验一个学生是寄养儿童还是非留守儿童与他们选择答案的人数分布之间是否有关系。如果卡方检验的χ^2 和 P 值都表明两个群体的答案分布是独立的（见附录三），从统计意义上来说，这表明一个学生是寄养儿童还是非留守儿童会影响他们所给出的选择，换句话说，两者对问题给出了不同的答案。同时，由于样本数量很大，卡方检验会变得很敏感，因此当卡方检验的结果是显著的时候，还需计算列联系数 Cramer's V 指标做为卡方检验的补充和进一步的参考（见附录三）。本研究中，当列联系数大于 0.15 时，才认为卡方检验的显著性是有效的。①

下面从儿童父母受教育水平、生活教育花费与父母沟通交流的频率、交流的内容以及做家务的频率五方面分别对比分析寄养儿童和非留守儿童这两个儿童群体的情况。

（一）父母受教育水平偏低

图 3－5 的分布图表明寄养儿童的父亲接受教育的平均水平偏低，表现为接受过高中或高中以上教育的偏少。从表 3－7 中可以看出，寄养儿童的父亲中没上过学的比例为 11.84%，而非留守儿童的父亲中没上过学的比例为 10.24%，两者较为接近。寄养儿童父亲只有初中毕业的比例为 71.94%，而非留守儿童父亲初中毕业的比例为 57.06%，这表明寄养儿童的父辈在初中毕业之后辍学比例高。从接受过高中教育和大学教育的比例看，寄养儿童父亲接受过高中教育的比例为 13.61%，

---

① 注：卡方检验表明两个事物之间是否有关联，Cramer's V 系数表明这个关联的强度。通常 Cramer's V 在 0.15 以上表明该关联的强度是有用的（useful），在 0.4 以上表明关联的强度是较强的（strong）。（Eastman，2009）

而非留守儿童这一比例为 20.6%；寄养儿童父亲接受过大学教育的比例仅有 2.62%，而非留守儿童这一比例为 12.11%，寄养儿童父亲接受过大学教育的比例比非留守儿童的父亲少了 9.49%。

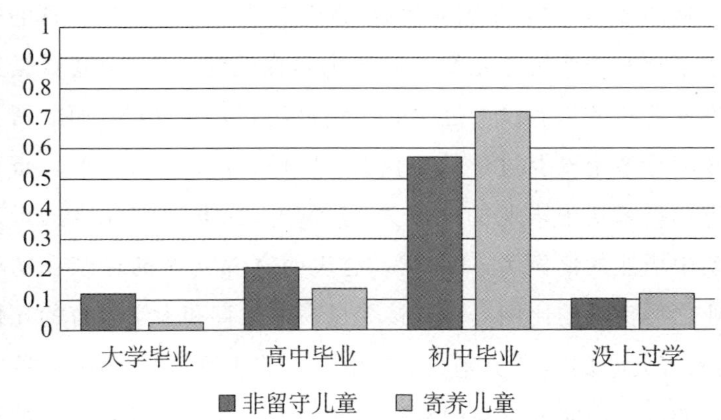

图 3－5　父亲受教育水平对比图

表 3－7　父亲受教育水平对比表

题目 4. 你父亲的受教育水平是什么？				
儿童群体	被调查学生答案的分布情况			
	大学毕业	高中毕业	初中毕业	没上过学
非留守儿童	2875 (12.11%)	4892 (20.6%)	13551 (57.06%)	2432 (10.24%)
寄养儿童	305 (2.62%)	1586 (13.61%)	8385 (71.94%)	1380 (11.84%)

（表中寄养儿童总数为 11656，与前面统计的寄养儿童数 11693 有差异，这是因为在统计有效问卷时容错率为 5 道题目，所以在统计单个题目时的总数会和寄养儿童数略有出入，非留守儿童列表数据也是如此。此外，以下对比列表也有类似的情况。）

为了检验“父亲在受教育水平”的分布上有无差别，对这两组分布做了独立性卡方检验，卡方值为 1290，对应的 P 值为

0.000,表明可以认为这两组分布是不同的。鉴于样本很大,在检验结果显著的情况下进一步计算列联系数为 0.1905,大于所设的阈值 0.15,因此判断寄养儿童的父亲受教育水平与非留守儿童父亲是不同的,且在这一境况上寄养儿童处于劣势。

从图 3-6 的分布图对比看,寄养儿童的母亲接受教育的平均水平相对于非留守儿童的母亲也是偏低的。表 3-8 数据显示寄养儿童的母亲没上过学的比例最高,为 27.26%,而非留守儿童的母亲中没上过学的比例为 21.13%,低了 6.13%。寄养儿童的母亲初中毕业的比例为 61.36%,而非留守儿童的母亲中初中毕业的比例为 51.92%,这表明寄养儿童的母亲在初中毕业之后辍学的比例高。从接受过高中教育和大学教育的比例看:寄养儿童的母亲中完成了高中教育的比例为8.17%,非留守儿童的母亲中完成了高中教育的比例为17.69%;寄养儿童的母亲中接受过大学教育的比例仅有3.21%,而非留守儿童的母亲中接受过大学教育的比例为9.26%,寄养儿童母亲接受过大学教育的比例比非留守儿童的母亲低了 6.05%。

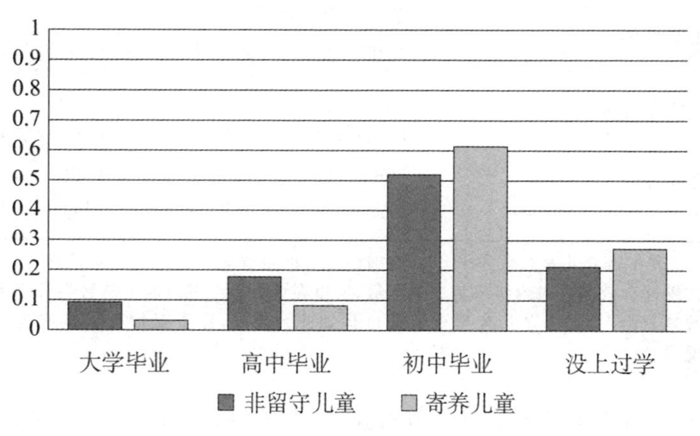

图 3-6 母亲受教育水平对比图

表 3-8　母亲受教育水平对比表

题目 5. 你母亲的受教育水平是什么?				
儿童群体	被调查学生答案的分布情况			
	大学毕业	高中毕业	初中毕业	没上过学
非留守儿童	2199 (9.26%)	4202 (17.69%)	12332 (51.92%)	5020 (21.13%)
寄养儿童	374 (3.21%)	952 (8.17%)	7147 (61.36%)	3175 (27.26%)

同样,为了检验"寄养儿童的母亲和非留守儿童的母亲受教育水平"的分布上有无差别,对这两组分布做了独立性卡方检验,卡方值为 1132.6,对应的 P 值为 0.000,表明可以认为这两组分布是不同的。鉴于样本很大,在检验结果显著的情况下进一步计算列联系数为 0.1784,大于所设的阈值 0.15,因此判断寄养儿童的母亲受教育水平与非留守儿童母亲是不同的,且在这一境况上寄养儿童处于劣势。

寄养儿童父母的平均受教育水平均比非留守儿童低,换个角度思考下面这个问题,为什么父母接受过高等教育的孩子成为寄养儿童的几率更小?一个可能的原因就是,在县城的经济体系结构中,稳定的工作机会较少,主要集中在机关、事业单位,没有受过高等教育的寄养儿童父母很难谋生,因此不得不去经济发达地区寻找工作机会增加收入。

(二) 并不必然生活窘迫

在回答"是否有足够的学习和生活用品花费?"这个问题上,分析发现这两个群体之间的答案并没有明显的区别(如图 3-7 所示),并且两个儿童群体中都是绝大部分学生有钱买需要的学习和生活用品。值得阐述的一点是,询问这个问题的出发点只是看学生是否能够支付学杂费用和生活费，并不是比较学生家庭的富裕程度。从比例来看，寄养儿童有学习和生活用品零花钱的比例为 87.41%，而非留守儿童有足够的学习和生活用品零花钱的比例为 85.55%，从数据看寄养儿童有足够零花钱的比例还高了 1.86%。

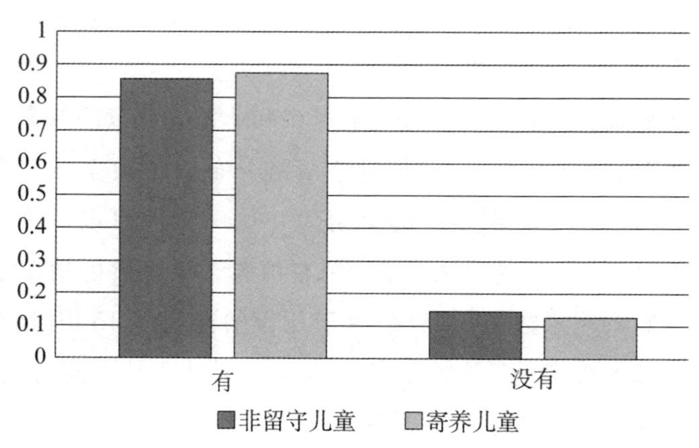

图 3-7　有无学习生活费用对比图

表 3-9　有无学习生活费用对比表

题目 6. 你有零花钱买需要的学习和生活用品吗?		
儿童群体	被调查学生答案的分布情况	
	有	没有
非留守儿童	20216(85.55%)	3414(14.45%)
寄养儿童	10127(87.41%)	1458(12.59%)

类似的，在检验“有无足够零花钱”的分布上做了独立性卡方检验，卡方值为 22.6，对应的 P 值为 0.000，表明可以认为这两组分布是不同的。在检验结果显著的情况下进一步计算列联系数为 0.0252，很接近 0，因此判断在是否有足够的零花钱买学

习和生活用品这一境况上，寄养儿童没有处于劣势。

大多数研究中，寄养儿童相对于非留守儿童更加贫困，在这一点上，本研究给出了与大多数研究相反的结果，这可能是由于抽样的不同导致的，在很多研究中选取的研究对象为农村寄养儿童，而本研究中调查的对象覆盖了全县范围，前面在儿童群体的分布统计数据中标明 65.54%寄养儿童在县城的中心上学，这也反映出大多寄养儿童家长虽然不能带着孩子一起在大城市生活，但是已经有能力让孩子在县城接受较好的教育，过较好的生活。

根据国家统计局公布的数据，绘制了 1995 年至 2014 年家庭人均收入、生活、教育、通信类费用的价格指数随时间变化的曲线图(统一转化为以 1995 年 = 100)。详细的数据见附录表 7 - 7。①

图 3 - 8 中绘制了近 20 年居民人均可支配收入、食品类价格指数、教育类消费价格指数、交通通信类价格指数的变化。从图中可以看出，城镇居民和农村居民人均可支配收入均增长了 600%，而同时期食品类消费增长了 100%、娱乐教育文化用品消费价格指数增长了 20%，教育类消费价格指数增长了 50%至 100%②，交通和通信类价格指数下降了近 28%。整体来看，家庭在孩子的教育和生活花费上的负担占家庭总收入的比例极大降低，也因此生活和教育花费问题已经不是寄养儿童面临的最突出问题。

---

① 统计数据来自于国泰安金融数据库(CSMAR)和国家统计局[EB/OL]. 优先使用 CSMAR 金融数据数据.

② 教育类消费价格指数 1995 年至 2000 年数据在国家统计局网站没有公布，按照较高的增长每年 10%估计 5 年该价格指数增长 50%。

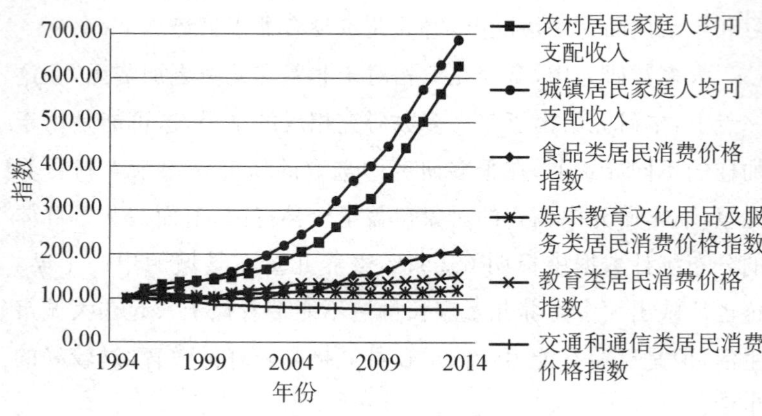

图 3-8　人均收入与各价格指数图（1995=100）

(三) 并不必然缺少父母关心

在回答"是否经常和父母亲沟通交流"这个问题上（如表 3-10所示），寄养儿童经常和父母沟通交流的比例为 69.71%，非留守儿童经常和父母沟通交流的比例为 75.46%，在这一点上，非留守儿童有微弱的优势。

表 3-10　与父母交流频率对比表

题目 7. 父母经常和你沟通交流吗？		
儿童群体	被调查学生答案的分布情况	
	否	是
非留守儿童	17765(75.46%)	5777(24.54%)
寄养儿童	8028(69.71%)	3489(30.29%)

但是与以前相比，随着科技的进步、交通的改善、电话和网络的普及，沟通交流越来越方便，图 3-8 也显示通信费用相对于收入已经越来越便宜，成本越来越低，在外地工作的父母和孩子也能经常联系。本研究发现大多数寄养儿童都有手机，这甚至已经成为扰乱教学秩序的一个重要因素。

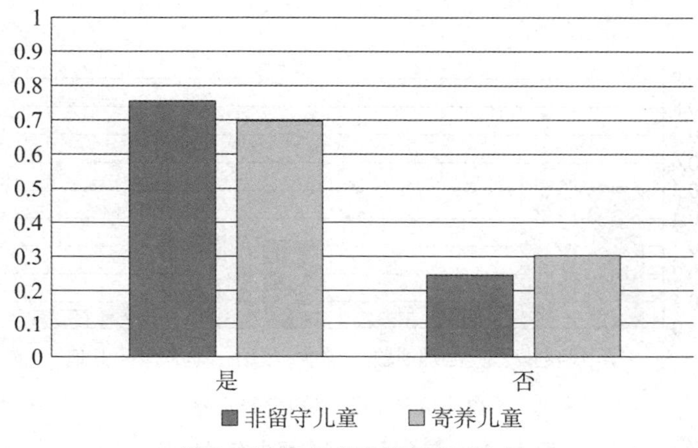

图 3-9　与父母交流频率对比图

在回答“父母与你交流时，说得最多的是什么”这个问题时，从下面图 3-10 的对比结果来看，两个群体做出的选择没有明显的区别。孩子父母亲关注的问题按关注程度依次为：学习问题，饮食、卫生、健康、安全问题、心理问题。寄养儿童的父母中，53.89%与孩子交流最多的是学习问题，33.37%与孩子交流最多的是饮食、卫生、健康问题，5.77%与孩子交流最多的是心理问题。非留守儿童的父母中，51.49%与孩子交流最多的是学习问题，31.87%与孩子交流最多的是饮食、卫生、健康问题，7.38%与孩子交流最多的是心理问题。

表 3-11　与父母交流主要内容对比表

题目 4. 父母与你交流时，说得最多的是什么？				
儿童群体	被调查学生答案的分布情况			
	学习问题	心理问题	饮食、卫生、健康安全问题	其他
非留守儿童	11990 (51.49%)	1718 (7.38%)	7421 (31.87%)	2156 (9.26%)
寄养儿童	6198 (53.89%)	664 (5.77%)	3838 (33.37%)	801 (6.96%)

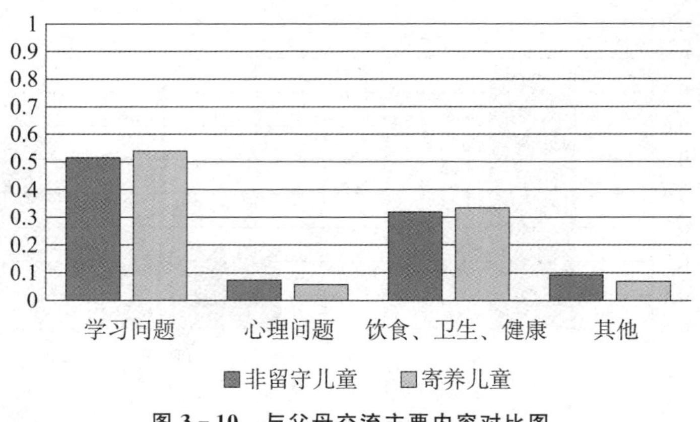

图 3－10 与父母交流主要内容对比图

对“与父母沟通交流内容”的分布做独立性卡方检验，卡方值为 90.4，对应的 P 值为 0.000，表明可以认为这两组分布是不同的。鉴于样本很大，在检验结果显著的情况下进一步计算列联系数为 0.0504，没有超过阈值 0.15，因此判断在和父母沟通交流的主要内容上，两个群体情况类似，没有明显的不同。

(四) 需要做更多家务

在回答“在家是否承担家务”这个问题上，统计数据显示(如表 3－12 所示)：42.37%的寄养儿童需要经常承担家务，35%的非留守儿童需要经常承担家务；36.37%的寄养儿童有时承担家务，41.52%的非留守儿童有时承担家务；17.05%的寄养儿童偶尔承担家务，19.08%的非留守儿童偶尔承担家务；4.21%的寄养儿童不用承担家务，4.4%的非留守儿童不用承担家务。

表 3-12 承担家务情况对比表

儿童群体	题目 19. 你在家需要承担家务吗？ 被调查学生答案的分布情况			
	经常	有时	偶尔	没有
非留守儿童	8310 (35%)	9858 (41.52%)	4531 (19.08%)	1045 (4.4%)
寄养儿童	4930 (42.37%)	4232 (36.37%)	1984 (17.05%)	490 (4.21%)

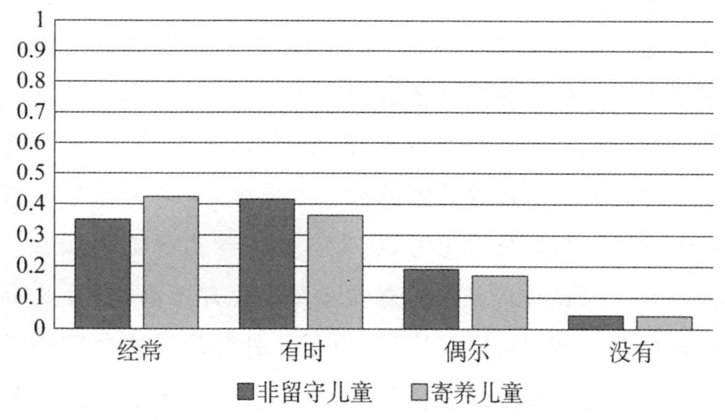

图 3-11 承担家务情况对比图

同样对“寄养儿童和非留守儿童在家承担家务情况”的频率分布做了独立性卡方检验，卡方值为 183.5，对应的 P 值为 0.000，表明可以认为这两组分布是不同的。鉴于样本很大，在检验结果显著的情况下进一步计算列联系数为 0.072，没有超过阈值 0.15，因此判断在是否需要承担家务的境况上，寄养儿童没有处于劣势。

（五）亲子分离带来的情感问题

从表 3-13 来看，在回答“父母不在身边陪伴的感受”这个问题上，感觉被遗弃、孤独无助的儿童在寄养儿童中的比例为13.53%，在非留守儿童中的比例为21.85%。感觉无奈、痛苦的儿童在寄养儿童中的比例为32.16%，在非留守儿童中的比例为38.98%。感觉轻松、自由的儿童在寄养儿童中的比例为9.72%，在非留守儿童中的比例为11.39%。选择其他的儿童在寄养儿童中的比例为44.59%，在非留守儿童中的比例为27.79%。

同样，对"对待父母不能陪伴的心理感受"的频率分布做了独立性卡方检验，卡方值为1055，对应的P值为0.000，表明可以认为这两组分布是不同的。鉴于样本很大，在检验结果显著的情况下进一步计算列联系数为0.1722，超过了阈值0.15，因此在判断与父母分离的感受上，两个群体的情况不一样。这些数据一方面表现了寄养儿童的独立性更强，对与父母分离感到难过的非留守儿童总占比为60.8%，比寄养儿童高15.2%。另外一方面，感到轻松、自由的寄养儿童占比并不高，寄养儿童对父母是思念的，但是他们已经适应了这种分离。这也反映了父母都不在身边对孩子的感情是有伤害的，至少孩子需要一个过程在感情上适应父母都不在身边陪伴的情况，而同伴友情可以有较好的替代效果。

表3-13 对父母不能陪伴的心理感受对比表

题目23. 如果父母都在外地工作，不陪伴在你身边，你会有什么感受？				
儿童群体	被调查学生答案的分布情况			
	被遗弃、孤独无助	无奈、痛苦	轻松、自由	其他
非留守儿童	5135 (21.85%)	9161 (38.98%)	2677 (11.39%)	6531 (27.79%)
寄养儿童	1566 (13.53%)	3721 (32.16%)	1125 (9.72%)	5159 (44.59%)

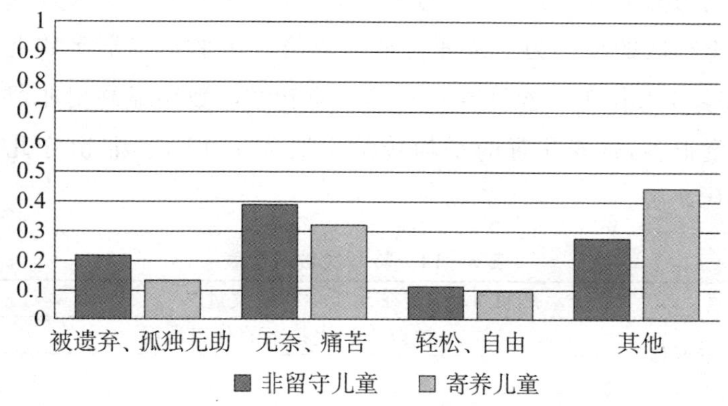

图 3－12　对父母不能陪伴的心理感受对比图

三、寄养儿童教育处境

本节对比分析了寄养儿童与非留守儿童两个群体在以下六个方面的情况：儿童接受教育的稳定性、对待学习的态度、解决学习难题的方法、入学平均年龄、任课教师的关心程度、任课教师主观上是否有差异对待。

（一）接受教育的稳定性偏差

接受教育的稳定性通过学生转过几次学来反映，以学生的转学次数作为指标。研究发现寄养儿童接受教育的稳定性与非留守儿童相比较差（如图 3－13 所示），寄养儿童的转学次数多于非留守儿童。其中，没有转过学的非留守儿童比例为 51%，而寄养儿童为 33.61%，仅有三分之一的寄养儿童接受了稳定的教育；转过一次学的非留守儿童比例为 26.87%，寄养儿童为 29.6%；转过两次学的非留守儿童比例为 13.46%，寄养儿童为 21.57%；转学次数等于或大于三次的非留守儿童比例为8.67%，寄养儿童为15.22%，寄养儿童转学次数大于等于三次的比例为非留守儿童的两倍。从平均转学次数上看（将≥3次作为3次计算），寄养儿童转学次数明显高出非留守儿童很多，寄养儿童的平均转学次数为1.17次，非留守儿童为0.8次。

表3－14 转学次数对比表

题目9. 你曾在几所学校就读过？				
儿童群体	被调查学生答案的分布情况			
	0	1	2	≥3
非留守儿童	12022 （51%）	6334 （26.87%）	3174 （13.46%）	2043 （8.67%）
寄养儿童	3853 （33.61%）	3394 （29.6%）	2473 （21.57%）	1745 （15.22%）

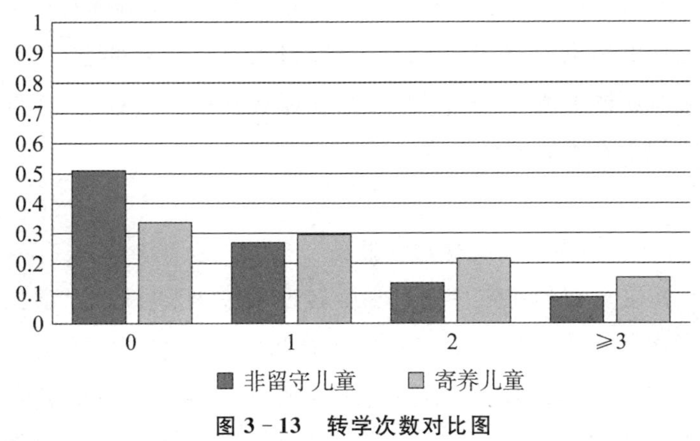

图3－13 转学次数对比图

对“转学次数”上的分布做了独立性卡方检验，卡方值为1156.6，对应的P值为0.000，表明可以认为这两组分布是不同的。鉴于样本很大，在检验结果显著的情况下进一步计算列联系数为0.1803，大于设定的阈值0.15，因此判断在转学次数上，与非留守儿童相比,寄养儿童的转学次数更多。在转学这个问题上调查得出了和一些研究中相似的结论①,寄养儿童依然面临着频繁转学的问题。尤其是在私立学校就读的寄养儿童,因为私立学校的竞争激烈,常会为了吸引学生转入给出一些优惠,这也促使相当一部分寄养儿童选择转学。

(二)并不必然被任课教师忽视

在回答"任课教师对他们家庭和生活状况是否了解"这个问题上,从表 3 - 15 和图 3 - 14 中的数据看,寄养儿童中有 43.86%认为教师了解他们的家庭和生活状况,非留守儿童中有 38.15%认为教师了解他们的家庭和生活状况;寄养儿童中有 21.47%认为教师不了解他们的家庭和生活状况,非留守儿童中有 22.45%认为教师不了解他们的家庭和生活状况;寄养儿童中有 34.67%不能确定教师是否了解他们的家庭和生活状况,非留守儿童中有 39.41%不能确定教师是否了解他们的家庭和生活状况。数据分布上看更多的寄养儿童认为教师了解他们的家庭和生活状况。

表 3 - 15　关于任课教师对他们了解程度的感受对比表

题目 10. 你认为任课教师了解你的家庭和生活状况吗?			
儿童群体	被调查学生答案的分布情况		
	了解	不了解	不确定
非留守儿童	8940(38.15%)	5260(22.45%)	9235(39.41%)
寄养儿童	5002(43.86%)	2448(21.47%)	3954(34.67%)

① 黄颖.频繁转学影响青少年成长[N].中国教育报,2013:003.

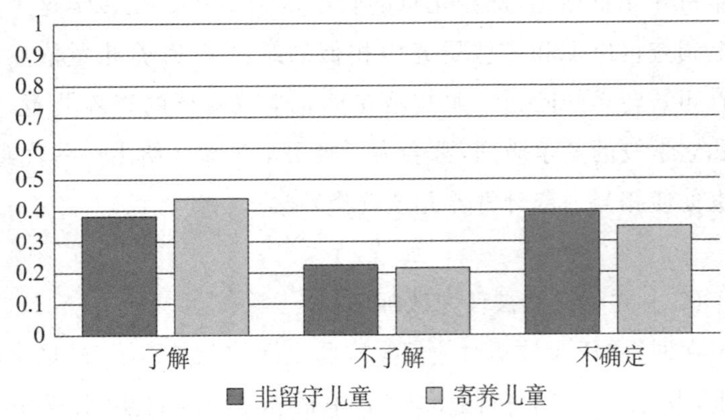

图 3-14　关于任课教师对他们了解程度的感受对比图

对“教师是否了解他们的家庭状况”的分布上做了独立性卡方检验，卡方值为 111.3，对应的 P 值为 0.000，表明可以认为这两组分布是不同的。鉴于样本很大，在检验结果显著的情况下进一步计算列联系数为 0.056，没有超过阈值 0.15，因此在个人对教师是否了解他们的家庭状况这一问题上，两个群体没有显著的差别。在回答“你需要任课教师更多的和你交流，并对你的学习要求更严格吗”这个问题上，调查结果表明：78.56%的寄养儿童需要任课教师和他们多交流，并更严格要求他们的学习，70.28%的非留守儿童有类似需求；9.94%的寄养儿童和 13.46%的非留守儿童不需要任课教师和他们多交流以及更严格要求；11.5%的寄养儿童和 16.26%的非留守儿童不确定是否需要任课教师和他们多交流，更严格要求。这可能是个普遍的问题，在 G 县基本没有小班教学，因此教师没有足够的时间和精力兼顾到每个学生。寄养儿童期望教师对他们的学习严格要求的比例略高，这可能是因为他们在学习上不能从监护人那里得到帮助所导致的结果。

表 3－16　对任课教师和他们交流的感受对比表

题目 11. 你需要任课教师更多的和你交流，并对你的学习要求更严格吗？			
儿童群体	被调查学生答案的分布情况		
	需要	不需要	不确定
非留守儿童	16626(70.28%)	3185(13.46%)	3847(16.26%)
寄养儿童	9063(78.56%)	1147(9.94%)	1327(11.5%)

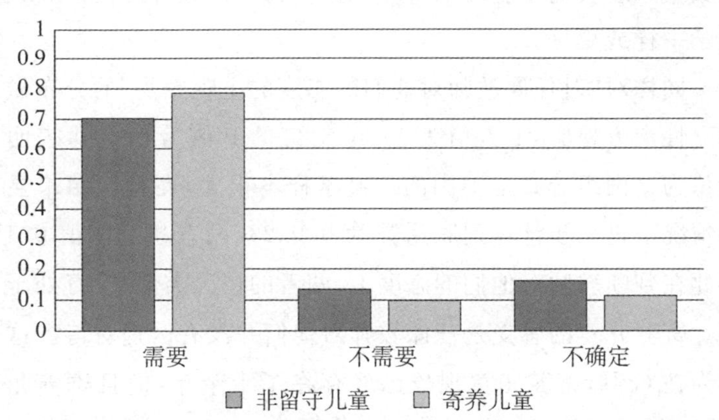

图 3－15　对任课教师和他们交流的感受对比图

同样对“是否需要任课教师与其多交流并严格要求学习”的频率分布做了独立性卡方检验，卡方值为 270，对应的 P 值为 0.000，表明可以认为这两组分布是不同的。鉴于样本很大，在检验结果显著的情况下进一步计算列联系数为 0.087，没有超过阈值 0.15，因此判断在“是否需要任课教师和他们多交流并严格要求”这个问题上，两个群体的情况类似，寄养儿童没有处于劣势。

（三）并不必然被任课教师歧视

在回答“任课教师对其他同学比对你好吗”这个问题上，从统计检验数值上看，60.07%的寄养儿童认为任课教师对他们和其他同学一样，24.63%的寄养儿童不确定教师对他们和其他同学是否一样，还有 15.3%的寄养儿童认为教师对他们比对其他同学更好。57.87%的非留守儿童认为所有教师对他们和其他同学一样，25.44%的非留守儿童不确定教师对他们和其他同学是否一样，还有 16.69%认为教师对他们比对其他同学更好。从数据来看反而是更多的寄养儿童认为带课教师对他们和其他同学一样或更好。

同样对“对任课教师对他们的态度的主观感受”的分布做了独立性卡方检验，卡方值为 17.8，对应的 P 值为 0.001，表明可以认为这两组分布是不同的。鉴于样本很大，在检验结果显著的情况下进一步计算列联系数为 0.0223，没有超过阈值 0.15，因此在判断教师对他们的态度上，两者的情况类似，没有处于劣势。寄养儿童的感受是任课教师对他们并没有区别对待。这是因为在 G 县，寄养儿童现象已经存在了十余年，而且寄养儿童在学生中所占比例也较高，G 县义务教育阶段大多数学生是寄养儿童或留守儿童(接近 65.5%)，教师们对寄养儿童现象有充分的认识。此外，寄养儿童自身的表现与非留守儿童相比也没有很大的差异。研究发现 G 县寄养儿童多集中在民办学校就读，这些学校的任课教师和寄养儿童接触多，能更多了解他们，因此对寄养儿童和其他学生更能一视同仁。

表 3－17　对任课教师对他们态度的感受对比表

题目 12. 你认为任课教师对其他同学比对你好吗?			
儿童群体	被调查学生答案的分布情况		
	是	不是	不确定
非留守儿童	3935(16.69%)	13641(57.87%)	5997(25.44%)
寄养儿童	1767(15.3%)	6938(60.07%)	2844(24.63%)

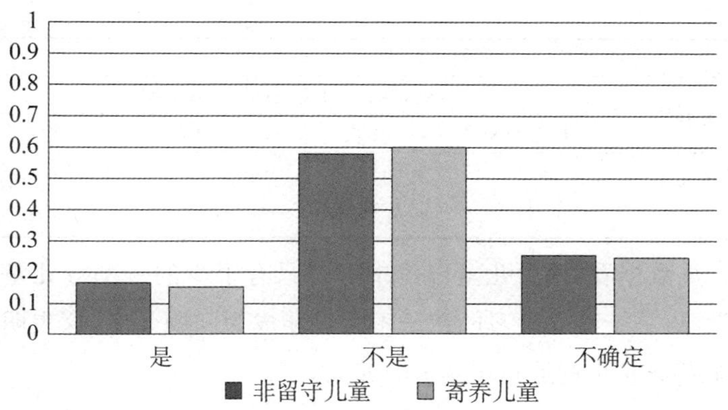

图 3－16　对任课教师对他们态度的感受对比图

(四) 并不必然厌恶学习

从喜欢学习程度来看,数据显示31.24%的寄养儿童非常喜欢学习,27.38%的非留守儿童非常喜欢学习;52.53%的寄养儿童喜欢学习,54.38%的非留守儿童喜欢学习;12.77%的寄养儿童对学习无所谓,14.8%的非留守儿童对学习无所谓;3.46%的寄养儿童讨厌学习,3.45%的非留守儿童讨厌学习。

同样对“对待学习的态度”的频率分布做了独立性卡方检验,卡方值为68.4,对应的P值为0.000,表明可以认为这两组分布是不同的。鉴于样本很大,在检验结果显著的情况下进一步计算列联系数为0.044,没有超过阈值0.15,因此判断在喜欢学习的程度上,两个儿童群体的情况类似,寄养儿童没有处于劣势。

表 3－18　对待学习的态度对比表

题目18. 你喜欢学习吗?				
儿童群体	被调查学生答案的分布情况			
	非常喜欢	喜欢	无所谓	讨厌
非留守儿童	6500 (27.38%)	12911 (54.38%)	3513 (14.8%)	819 (3.45%)

续 表

题目 18. 你喜欢学习吗?				
儿童群体	被调查学生答案的分布情况			
	非常喜欢	喜欢	无所谓	讨厌
寄养儿童	3634 (31.24%)	6110 (52.53%)	1485 (12.77%)	403 (3.46%)

从数据看,两个儿童群体中都是只有很少的一部分儿童讨厌学习,一个喜欢学习的孩子不大可能成为问题儿童,这表明应当摒弃寄养儿童是问题儿童的偏见。

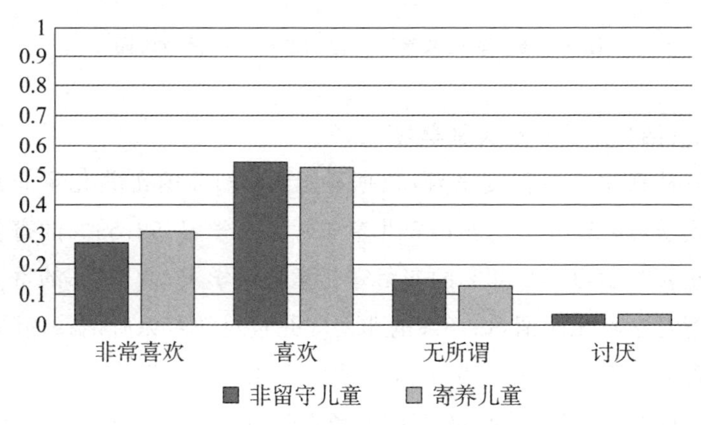

图 3-17 对待学习的态度对比图

(五) 学习上缺少辅导

在回答"碰到学业上的困难时的解决方法"这个问题上,选择向监护人询问的儿童在寄养儿童中的比例为 7.61%,在非留守儿童中的比例为 16.96%。选择向老师询问的儿童在寄养儿童中的比例为 47.24%,在非留守儿童中的比例为 38.15%,寄养儿童更倾向于向老师寻求帮助。选择向同伴询问的儿童在寄养儿童中的比例为 39.69%,在非留守儿童中的比例为39.61%。选择不管不问的儿童在寄养儿童中的比例为 5.46%,在非留守儿童中的比例为5.28%。

同样,对“解决学习难题方式”的分布做独立性卡方检验,卡方值为645.8,对应的P值为0.000,表明可以认为这两组分布是不同的。鉴于样本很大,在检验结果显著的情况下进一步计算列联系数为0.1347,接近但是没有超过阈值0.15,因此判断在解决学习难题的方式上,两个儿童群体的情况类似,没有不同。但是从数据上看,碰到学习上的问题时,寄养儿童倾向于向老师寻求帮助,而非留守儿童倾向于向监护人寻求帮助。这个发现和“题目14”所表现的结果是吻合的,非留守儿童的监护人辅导孩子学习的比例更高。

表3-19　解决学习难题的方式对比表

	题目22. 你碰到学业上的困难时,怎么解决?			
儿童群体	被调查学生答案的分布情况			
	向监护人询问	向教师询问	向同伴询问	不管不问
非留守儿童	3979 (16.96%)	8953 (38.15%)	9295 (39.61%)	1240 (5.28%)
寄养儿童	882 (7.61%)	5479 (47.24%)	4603 (39.69%)	633 (5.46%)

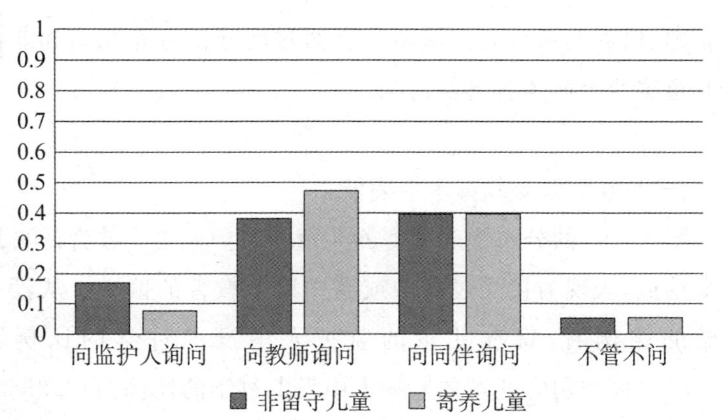

图3-18　解决学习难题的方式对比图

(六) 入学稍晚

统计参加 2015 年中考的两个群体平均年龄,如表 3 – 20 所示,寄养儿童的平均年龄为 15.8 岁,而非留守儿童的平均年龄为 15.43 岁。首先采用方差齐性检验来比较两个群体年龄的方差,结果表明两个群体年龄的方差在 0.01 的显著水平上显著,表明两者的方差是不同的。因此用 Welch's 检验对年龄的均值做检验判断两者是否有差异。结果表明两个群体的年龄差在 0.01 的显著水平上显著,判断参加中考时,寄养儿童的平均年龄和非留守儿童不相等,比非留守儿童的平均年龄大 5 个月左右。

表 3 – 20　2015 年 G 县参加中考平均年龄对比表

非留守儿童	寄养儿童	F 方差齐性检验	Welch's t 均值检验
15.43 ± 1.08	15.8 ± 1.23	1.2941**	10.9937**

注:* 表示检验在两端 0.05 的显著水平上显著,** 表示检验在两端 0.01 的显著水平上显著。

四、寄养儿童监护处境

本节从监护人的受教育水平、辅导儿童学习情况与教师联系频率、培养儿童行为习惯四个方面对比分析寄养儿童和非留守儿童这两个群体各自的情况。

(一) 监护人受教育水平偏低

图 3 – 19 的分布图表明寄养儿童的监护人接受教育的平均水平偏低,表现为接受过高中或高中以上教育的偏少。从没上过学的比例看,寄养儿童的监护人中没上过学的比例为 31.48%,而非留守儿童的监护人中没上过学的比例为12.35%,差别为 19.13%,寄养儿童监护人中没有受过教育的比例远远

超过非留守儿童。寄养儿童的监护人中只有初中毕业的比例为48.47%，而非留守儿童的监护人中初中毕业的比例为50.7%，这表明寄养儿童的监护人在初中毕业之后不再继续接受教育的比例高。从接受过高中教育和大学教育的比例看，寄养儿童监护人接受过高中教育的比例为11.8%，而非留守儿童监护人这一比例为21.78%；寄养儿童监护人接受过大学教育的比例仅有8.25%，而非留守儿童监护人这一比例为15.18%，寄养儿童监护人接受过大学教育的比例比非留守儿童的少了6.93%。

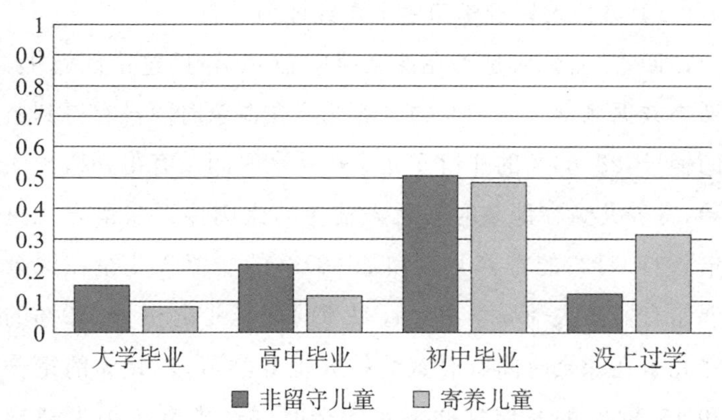

图3－19　监护人的受教育水平对比图

表3－21　监护人的受教育水平对比表

题目13. 你目前的监护人的受教育水平是什么？				
儿童群体	被调查学生答案的分布情况			
	大学毕业	高中毕业	初中毕业	没上过学
非留守儿童	3599 （15.18%）	5164 （21.78%）	12024 （50.7%）	2928 （12.35%）
寄养儿童	958 （8.25%）	1370 （11.8%）	5627 （48.47%）	3654 （31.48%）

为了检验“寄养儿童的监护人和非留守儿童的监护人受教育水平”的分布上有无差别，对这两组分布做了独立性卡方检验，卡方值为2247.2，对应的P值为0.000，表明可以认为这两组分布是不同的。鉴于样本很大，在检验结果显著的情况下进一步计算列联系数为0.2513，大于所设的阈值0.15，因此判断寄养儿童的监护人受教育水平与非留守儿童监护人不同，且在这一境况上寄养儿童处于劣势。

(二) 监护人辅导学习的意愿或能力偏低

在回答“监护人是否在课余时间辅导学习”这个问题上，统计结果数据显示，55.93%的寄养儿童在课余时间没有得到监护人的辅导，28.83%的非留守儿童在课余时间没有得到监护人的辅导，寄养儿童在课余时间无人辅导的比例接近非留守儿童的两倍。21.71%的寄养儿童和29.87%的非留守儿童在课余时间偶尔有监护人辅导学习，14.91%的寄养儿童和25.49%的非留守儿童在课余时间有时有监护人辅导学习，7.45%的寄养儿童和15.81%的非留守儿童在课余时间经常有监护人辅导学习，反过来，经常得到监护人辅导学习的非留守儿童比例是寄养儿童的两倍。

表3-22 监护人辅导儿童学习的情况对比表

题目14. 你目前的监护人会在课余时间辅导你学习吗?

儿童群体	被调查学生答案的分布情况			
	经常	有时	偶尔	没有
非留守儿童	3753 (15.81%)	6053 (25.49%)	7093 (29.87%)	6844 (28.83%)
寄养儿童	866 (7.45%)	1734 (14.91%)	2525 (21.71%)	6504 (55.93%)

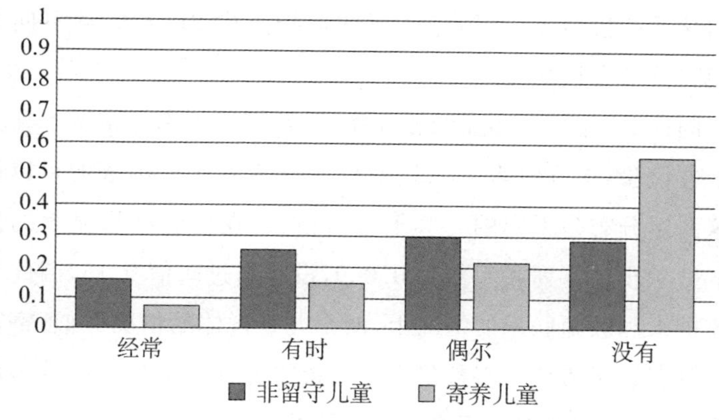

图 3-20 监护人辅导儿童学习的情况对比图

进一步对"在课余时间得到监护人辅导学习情况"的分布做了独立性卡方检验，卡方值为 2525.7，对应的 P 值为 0.000，表明可以认为这两组分布是不同的。鉴于样本很大，在检验结果显著的情况下进一步计算列联系数为 0.2665，超过了阈值 0.15，因此在判断监护人是否辅导学习的状况上，与非留守儿童相比，寄养儿童处于劣势。

(三) 并不必然被监护人忽视、疏于照顾

在回答"监护人向任课教师询问孩子在校情况的频次"这个问题时，统计数据(表 3-23)显示，监护人向老师询问孩子在校情况的分布为：寄养儿童的监护人中 14.76%经常向老师询问孩子在校情况，非留守儿童的监护人中 17.09%经常向老师询问孩子在校情况；寄养儿童的监护人中 34.01%有时向老师询问孩子在校情况，非留守儿童的监护人中 27.92%有时向老师询问孩子在校情况；寄养儿童的监护人中 28.73%偶尔向老师询问孩子在校情况，非留守儿童的监护人中 33.22%偶尔向老师询问孩子在校情况；寄养儿童的监护人中 22.5%从不向老师

询问孩子在校情况，非留守儿童的监护人中21.77%从不向老师询问孩子在校情况。

同样对“监护人和任课教师联系情况”的频率分布做了独立性卡方检验，卡方值为131.7，对应的P值为0.000，表明可以认为这两组分布是不同的。鉴于样本很大，在检验结果显著的情况下进一步计算列联系数为0.069，没有超过阈值0.15，因此判断监护人和教师联系的情况上，两个儿童群体的情况类似，寄养儿童没有处于劣势。多数研究中指出寄养儿童监护人和教师的联系较少，本书调查分析得出了不同的结论。

表3-23　监护人和任课教师联系情况对比表

题目15. 你目前的监护人会向任课教师询问你的在校情况吗？				
儿童群体	被调查学生答案的分布情况			
	经常	有时	偶尔	没有
非留守儿童	4027（17.09%）	6579（27.92%）	7828（33.22%）	5130（21.77%）
寄养儿童	1706（14.76%）	3932（34.01%）	3322（28.73%）	2602（22.5%）

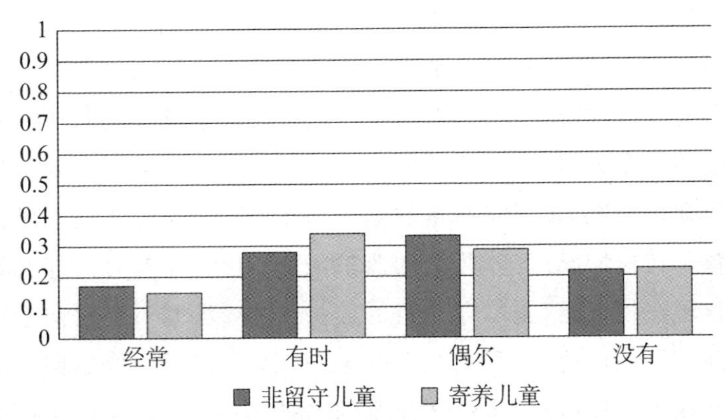

图3-21　监护人和任课教师联系情况对比图

在回答“监护人是否和孩子谈心、关心他们的想法和生活”这个问题上，统计数据(如表 3－24 所示)显示监护人关心儿童想法和生活情况的分布为：寄养儿童的监护人中 49.97%经常询问孩子的想法和生活情况，非留守儿童的监护人中 50.83%经常询问孩子的想法和生活情况。寄养儿童的监护人中 24.65%有时询问孩子的想法和生活情况，非留守儿童的监护人中 26.35%有时询问孩子的想法和生活情况。寄养儿童的监护人中 15.47%偶尔询问孩子的想法和生活情况，非留守儿童的监护人中 15.55%偶尔询问孩子的想法和生活情况。寄养儿童的监护人中 9.9%从不询问孩子的想法和生活情况，非留守儿童的监护人中 7.28%从不询问孩子的想法和生活情况。

表 3－24　监护人关心儿童想法和生活的情况对比表

题目 16. 你目前的监护人会关心你的想法和生活吗?				
儿童群体	被调查学生答案的分布情况			
	经常	有时	偶尔	没有
非留守儿童	12093 (50.83%)	6268 (26.35%)	3699 (15.55%)	1731 (7.28%)
寄养儿童	5823 (49.97%)	2872 (24.65%)	1803 (15.47%)	1154 (9.9%)

对“监护人关心他们想法和生活”的频率分布做了独立性卡方检验，卡方值为 76.2，对应的 P 值为 0.000，表明可以认为这两组分布是不同的。鉴于样本很大，在检验结果显著的情况下进一步计算列联系数为 0.0463，没有超过阈值 0.15，因此判断在监护人对他们想法和生活关心程度上，两个儿童群体的情况类似，寄养儿童并没有处于劣势。

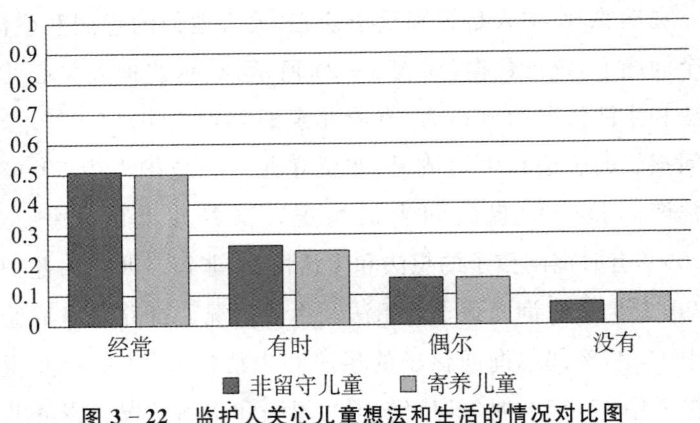

图 3－22 监护人关心儿童想法和生活的情况对比图

（四）并不必然无人管教

在回答“监护人有没有注意培养你的良好行为习惯”这个问题上，统计数据表明：群体监护人注意培养儿童良好行为习惯的情况为：寄养儿童的监护人中 52.62%会注意培养他们的良好行为习惯，非留守儿童的监护人中有 59.65%这么做，比寄养儿童监护人比例略高。有时培养儿童良好行为习惯的寄养儿童监护人占 24.28%，非留守儿童监护人占 24.3%；偶尔培养儿童良好行为习惯的寄养儿童监护人占 15.19%，非留守儿童监护人占 10.69%；从不注意培养儿童良好行为习惯的寄养儿童监护人占 7.91%，非留守儿童监护人占 5.37%。

对“监护人是否注意培养儿童良好行为习惯”的频率分布做了独立性卡方检验，卡方值为 279，对应的 P 值为 0.000，表明可以认为这两组分布是不同的。鉴于样本很大，在检验结果显著的情况下进一步计算列联系数为 0.0886，没有超过阈值 0.15，因此判断：在监护人是否注意培养他们良好行为习惯这一状况上，两者的情况类似，寄养儿童没有处于劣势。

表 3－25　监护人培养儿童良好行为习惯的情况对比表

题目 17. 你目前的监护人有没有注意培养你的良好行为习惯？				
儿童群体	被调查学生答案的分布情况			
	经常	有时	偶尔	没有
非留守儿童	14180 (59.65%)	5776 (24.3%)	2541 (10.69%)	1276 (5.37%)
寄养儿童	6135 (52.62%)	2830 (24.28%)	1771 (15.19%)	922 (7.91%)

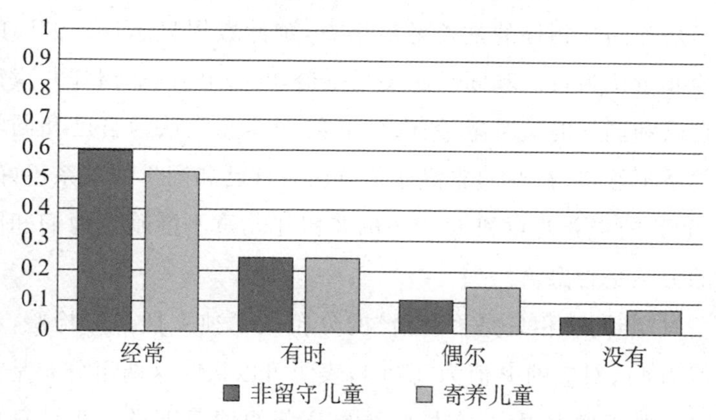

图 3－23　监护人培养儿童良好行为习惯的情况对比图

通过对寄养儿童监护处境的调查，研究发现寄养儿童监护人承担了照顾孩子起居、日常生活和行为习惯的问题，无论是出于何种目的，对寄养儿童的成长总是有好处的。研究也发现寄养儿童监护人在辅导孩子学习上做得很少，但是在这一点上不应过度苛责寄养儿童的监护人或托养人。孩子课外辅导是一个值得探讨的问题。在提倡素质教育和课业减负的趋势下，学校不被允许在放学后留学生在校学习。很多非留守儿童家长会给孩子报各种课外兴趣班、学习辅导班，相对来说寄养儿童在这方面就处于劣势。G 县有不少寄宿制民办学校每天会安排老师看管寄宿学生在校完成作业，部分解决了寄养儿童课外学习这一问题。

五、寄养儿童社会交往处境

本节对比分析了寄养儿童与非留守儿童两个群体在以下两个方面的情况:与同学相处的融洽程度以及解决心事、化解与同学矛盾的方式。

(一) 并非与同学相处不好

从和同学相处的是否融洽来看,统计数据显示:81.97%的寄养儿童认为自己和同学的关系融洽,80.76%的非留守儿童认为自己和同学的关系融洽;6.51%的寄养儿童认为自己和同学的关系不好,7.43%的非留守儿童认为自己和同学的关系不好;11.52%的寄养儿童和11.8%的非留守儿童不能确定他们和同学的关系是否融洽。

对"与同学相处是否融洽"的分布做了独立性卡方检验,卡方值为11,对应的P值为0.004,表明可以认为这两组分布是不同的。鉴于样本很大,在检验结果显著的情况下进一步计算列联系数为0.018,没有超过阈值0.15,因此判断在和同学相处的融洽程度上,两个儿童群体的情况类似,寄养儿童没有处于劣势。G县寄养儿童比较集中,因此有相同家庭背景的同学在一起比较容易相处,与同学相处得好,性格会变得开朗,性格开朗更容易和同学相处,这是一个良性的循环。

表3-26 与同学相处的情况对比表

题目20. 你和同学相处的是否融洽?			
儿童群体	被调查学生答案的分布情况		
	是	不是	不确定
非留守儿童	18873(80.76%)	1737(7.43%)	2758(11.8%)
寄养儿童	9335(81.97%)	741(6.51%)	1312(11.52%)

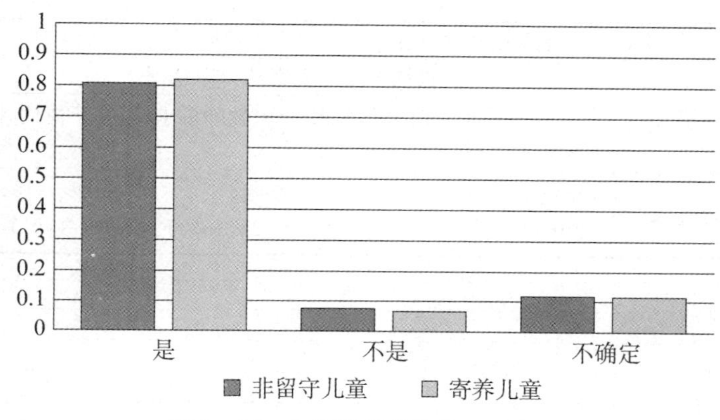

图 3－24　与同学相处的情况对比图

(二) 并不必然偏激内向

从排解烦心事与同伴产生矛盾的方式和解决方法上，研究发现更多的寄养儿童选择向老师寻求帮助，25.46%的寄养儿童选择向老师倾诉，而仅有 14.17%的非留守儿童向老师倾诉。另一方面，非留守儿童更倾向于向父母诉求，11.07%的寄养儿童选择向父母诉求，而有 17.96%的非留守儿童向父母诉求。30.05%的寄养儿童选择闷在心里不说，而有 35.62%的非留守儿童闷在心里不说。向同伴诉求的比例很接近，33.41%的寄养儿童选择向同伴诉求，而有 32.25%的非留守儿童向同伴诉求。

表 3－27　解决心事、化解与同学矛盾的方式对比表

题目 21. 你有烦心事时或者与同伴产生矛盾时，你会怎么做？				
儿童群体	被调查学生答案的分布情况			
	闷在心里不说	向父母诉求	向教师诉求	向其他同伴诉求
非留守儿童	8381 (35.62%)	4226 (17.96%)	3335 (14.17%)	7590 (32.25%)

续 表

题目 21. 你有烦心事时或者与同伴产生矛盾时，你会怎么做？				
儿童群体	被调查学生答案的分布情况			
	闷在心里不说	向父母诉求	向教师诉求	向其他同伴诉求
寄养儿童	3474（30.05%）	1280（11.07%）	2944（25.46%）	3863（33.41%）

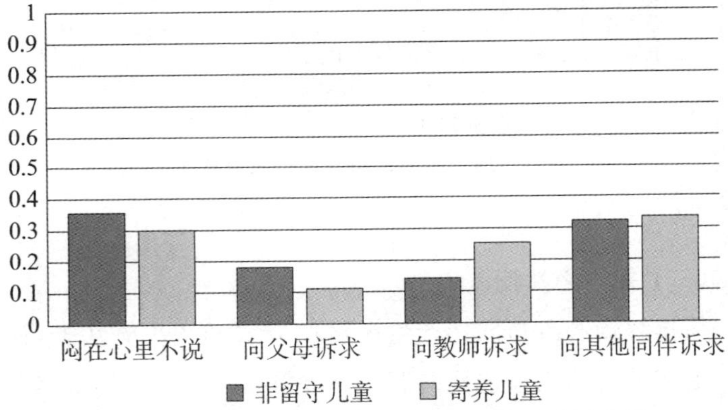

图 3－25　解决心事、化解与同学矛盾的方式对比图

同样对“解决心事、化解与同学矛盾的方式”的频率分布做了独立性卡方检验，卡方值为 861，对应的 P 值为 0.000，表明可以认为这两组分布是不同的。鉴于样本很大，在检验结果显著的情况下进一步计算列联系数为 0.156，超过阈值 0.15，因此判断在处理烦心事或与同伴的矛盾时，两个儿童群体的情况是不同的，但是本研究并不认为寄养儿童处于劣势，因为寄养儿童更偏向于从同伴和老师那里得到帮助，而非留守儿童更偏向于向父母诉求或者闷着不说，因此有理由认为寄养儿童的心理健康问题并没有想象的严重。

六、寄养儿童处境与其学业成绩的关系

本节对 2015 年参加中考的寄养儿童和非留守儿童成绩作

了对比分析，并且按照各学校寄养儿童成绩高低排名，通过对排名在前和靠后的学校的分析，找出对寄养儿童成绩有利的因素。

在匹配到被调查初三学生和其相应的中考成绩时，采用的标准是，虽然拿到了全部参加中考学生的成绩，但是由于部分调查问卷为无效问卷以及有些学生没有填写问卷等原因，导致有部分中考成绩数据无法匹配到调查对象。在总共 10386 名参加中考的学生中，有 1092 名没有匹配上，总的匹配率 89.5%。下面对两个群体的成绩和调查问卷结果结合进行分析。

(一) 并非学业不如他人

本研究使用 2015 年 G 县中考成绩对比分析了各科平均成绩，如表 3 - 28 所示。

表 3 - 28　2015 年 G 县寄养儿童和非留守儿童中考各科平均成绩

科目	非留守儿童 3159 人 x ± s	寄养儿童 1965 人 x ± s	F 方差奇性检验	t 均值检验
语文	97.06 ± 39.27	101.68 ± 37.52	1.0955	4.1642**
数学	68.09 ± 44.89	72.3 ± 43.58	1.0607	3.3054**
英语	73.71 ± 45.03	78.63 ± 45.03	1.0001	3.8032**
物理	38.66 ± 27.24	40.77 ± 26.88	1.027	2.7131**
化学	31.48 ± 18.94	33.69 ± 18.84	1.0108	4.069**
政治	53.77 ± 22.36	56.61 ± 21.6	1.0718	4.4712**
历史	35.97 ± 19.85	39.19 ± 19.6	1.0263	5.66**
体育	40.87 ± 7.46	40.81 ± 7.27	1.0528	0.2815
实验	13.93 ± 2.86	13.97 ± 2.82	1.025	0.4564
国学	8.76 ± 1.68	9.15 ± 1.41	1.4314**	8.9027**
其他加分	0.05 ± 0.51	0.01 ± 0.25	4.0721**	3.6981**

注：* 表示检验在两端 0.05 的显著水平上显著，* * 表示检验在两端 0.01 的显著水平上显著。方差检验为齐性时，采用 Student T 检验均值；方差检验为非齐性时，采用 Welch T 检验均值。

经统计寄养儿童(1965 人)和非留守儿童(3159 人)在初中升高中考试中的各科平均成绩和成绩的标准差,发现在各科平均成绩中,寄养儿童的平均成绩略高于非留守儿童。首先 F 方差齐性检验的结果都不显著,表明两个儿童群体成绩的方差是齐性的,由于学生人数很多,根据大数定理,可以认为平均成绩的分布是正态分布,因此对平均成绩做了 Student T 检验来判断两者的平均成绩差异是否显著,T 检验的结果表明两者的语文、数学、英语、物理、化学、政治、历史、国学这 8 个学科的平均成绩差异的检验均在 0.01 的水平上显著,因此判断寄养儿童在学业表现(以中考成绩为指标)与非留守儿童有统计意义上的差异,且从数据看在这 8 门学科上寄养儿童的平均成绩高于非留守儿童。在体育和实验这两门学科上,两者的平均成绩差异的检验均不显著。最后还有一个加分项,该项最多加 5 分,可以看到,在这一项上非留守儿童比寄养儿童更有优势,且均值检验在 0.01 的水平上显著。非留守儿童获得“其他加分”的人数为 33 人,占非留守儿童总人数的 1.05%,而寄养儿童获得“其他加分”的人数为 5 人,占寄养儿童总人数的 0.25%。寄养儿童在这一点上处于明显的劣势。

(二) 潜力不能得到完全发挥

接下来,按照调查问卷中的答案给该变量赋值(有序变量或分类变量赋值见附录 5 中表 7-6),计算这些变量与寄养儿童和非留守儿童的个人平均成绩之间的相关系数以及该相关系数的显著性水平来判断这些因素与成绩之间的联系,结果见表 3-29。从表中可以看出:

第一,对成绩正面影响最高的两个因素:一是喜欢学习的程度。非留守儿童的成绩与喜欢学习的程度的相关系数 0.18,显著水平 0.01；寄养儿童成绩与喜欢学习的程度的相关系数 0.07，显著水平 0.01。非留守儿童喜欢学习，才能得到更多的教育资源支持，因此效度更高。二是任课教师的严格要求程度。非留守儿童的成绩与任课教师的严格要求程度的相关系数为 0.13，显著水平 0.01；寄养儿童成绩与任课教师的严格要求程度的相关系数为 0.08，显著水平 0.01。依然是非留守儿童的效度高。

表 3-29　2015 年 G 县中考成绩与各因素的相关系数

问　题	非留守儿童	寄养儿童
是否住校？	0.1**	0.05*
你父亲的受教育水平是什么？	0.1**	0.07**
你母亲的受教育水平是什么？	0.11**	-0.01
你有零花钱买需要的学习和生活用品吗？	0.06**	0.05*
父母经常和你沟通交流吗？	0.09**	0.02
你曾在几所学校就读过？	0.03	0.03
你认为任课教师了解你的家庭和生活状况吗？	0.01	-0.06**
你需要任课教师更多的和你交流，并对你的学习要求更严格吗？	0.13**	0.08**
你认为任课教师对其他同学比对你好吗？	0.04*	0.02
你目前的监护人的受教育水平是什么？	0.09**	-0.02
你目前的监护人会在课余时间辅导你学习吗？	0.05*	0.001
你目前的监护人会向任课教师询问你的在校情况吗？	0.11**	-0.002
你目前的监护人会关心你的想法和生活吗？	0.08**	0.02
你目前的监护人有没有注意培养你的良好行为习惯？	0.06**	0.05*
你喜欢学习吗？	0.18**	0.07**
你在家需要承担家务吗？	0.01	-0.01
你和同学相处的是否融洽？	0.03	0.04
年龄	-0.13**	-0.06**

注：* 表示检验在两端 0.05 的显著水平上显著，** 表示检验在两端 0.01 的显著水平上显著。

第二,从儿童父母受教育水平与儿童成绩的关系来看,非留守儿童的成绩与父亲受教育水平的相关系数0.1,显著水平0.01,与母亲受教育水平的相关系数0.11,显著水平0.01;寄养儿童的成绩与父亲受教育水平的相关系数0.07,显著水平0.01,但是与母亲受教育水平相关系数-0.01,在0.05的显著水平上不显著;非留守儿童成绩和父母沟通交流的频率的相关系数0.09,相关系数0.1;寄养儿童成绩和父母沟通频率的相关系数为0.02,在0.05的水平上不显著。从前面的调查问卷统计结果来看,寄养儿童和父母沟通的频率与非留守儿童相似,并且寄养儿童父母和孩子沟通的主要内容也是学习问题,但现实情况是,即使寄养儿童父母受教育水平高,由于他们不在孩子身边生活,没有办法在学习上给予孩子帮助,通过电话沟通并不能够给孩子的学习带来很大的改变。

第三,非留守儿童的成绩和监护人与任课教师的联系频率的相关系数0.11,显著水平0.01;寄养儿童成绩和监护人与任课教师的联系频率的相关系数0,显著水平0.01。另外一方面,非留守儿童成绩和监护人受教育水平的相关系数0.19,显著水平0.01;寄养儿童成绩与监护人受教育水平的相关系数-0.02,在0.05的水平上不显著。这里可以看出,寄养儿童的监护人并没有将孩子的学习放在主要地位,这和前面调查结果的分析一致,寄养儿童监护人对儿童的关心主要是在生活上。值得一提的是,非留守儿童监护人和任课教师联系的频率对儿童成绩正相关,而寄养儿童监护人和任课教师联系的频率对儿童成绩没有明显的影响,而调查结果表明两个儿童群体监护人和任课教师联系的频率之间并无差异,这表明非留守儿童父母在和任课教师的沟通上能够为孩子的学习带来更多的效用。

第四,非留守儿童成绩和是否住校的相关系数 0.1,显著水平 0.01。寄养儿童成绩和是否住校的相关系数 0.05,显著水平 0.01,可以看出住校对儿童的学习有帮助,在访谈中了解到也确实有一些非留守儿童的家长因为孩子很难管教,因此选择把孩子送到学校住宿,他们也反映经过一段时间之后,孩子的表现确实有进步。

第五,从年龄上看,不管是非留守儿童还是寄养儿童,他们的成绩和年龄都有负相关的关系。非留守儿童成绩和年龄的相关系数为 -0.13,在 0.01 的水平上显著;寄养儿童成绩和年龄的相关系数为 -0.06,在 0.01 的水平上显著。这和直觉上认为年龄越大的孩子认知能力应该越强、成绩更好的认知相反。

总的来看,喜欢学习的程度、父母受教育水平、家长和任课教师的联系频率会影响儿童成绩,从这些因素与学生成绩的相关度看,非留守儿童从这些因素中所能获得的效用更高,换句话说,由于客观条件限制寄养儿童的潜能没能得到全部的发挥,这一点和 Tideman 等(2011)研究中的发现接近。[①] 另外,对于寄养儿童,本研究认为对他们的成绩影响最主要的因素其实是在于学校和教师对他们的管理以及他们自身的学习态度。

(三) 民办寄宿制学校中寄养儿童表现更好

本研究统计各中学初三寄养儿童和非留守儿童人数均超过 20 人的学校,计算出中考平均成绩的数据,并做以对比,如表

① Tideman E, Vinnerljung B, Hintze K, Isaksson A A. Improving foster children's school achievements: Promising results from a Swedish intensive study [J]. Adoption & Fostering, 2011,35(1):44-56.

4－33所示。

按照寄养儿童成绩从高到低的排名，发现在寄养儿童平均成绩前5名的学校中，其中有4所是民办学校，与之相对的，在寄养儿童平均成绩最后5名的学校中，其中有4所学校是公办学校。研究认为有以下几个原因，第一，招生的对象不同，公立初中的招生范围按照户籍划分，基本上没有住校的条件，学校很难对寄养儿童采取有效的管理。而民办学校则不同，大多都建设有学生宿舍，而且民办学校的宿舍管理一般由任课教师兼职，这给寄养儿童的教育管理带来了许多便利之处。第二，教学时间不同，虽然国家层面一直提倡素质教育，但是G县的现实情况是，公办学校按照规定的时间放学，而某些民办学校为了提高竞争力，提升教学质量，通常会延长一些学习时间，让学生在校内完成作业，这在很大程度上解决了寄养儿童在课外无人辅导的困境。第三，当很多寄养儿童住在学校时，他们更容易建立起友谊，更快的适应生活和学习。访谈中特意选择了寄养儿童表现较好的GX学校、曹市中学、西阳中心校的校长做了访谈，梳理了他们关于寄养儿童教育的看法和经验。

本章中通过对调查问卷结果分析发现：

与非留守儿童相比，寄养儿童面临极端困境的可能性更高。这主要是因为：一是寄养儿童辍学率更高。且由于无人管教，寄养儿童辍学之后更易走向极端，走上犯罪的道路；二是寄养儿童的人身安全问题。与整个群体的数量相比，这些案例的比例非常小，但是这些极个别的案例会给个人、家庭和社会带来很大的痛苦和损失。与非留守儿童相比，寄养儿童成长处境一部分偏差，另外一部分没有明显区别，但是并不偏好。

一方面，在家庭生活处境上：寄养儿童父母受教育水平低，亲子分离带来情感问题，需要做更多的家务。在教育处境上：寄养儿童入学稍晚，接受教育的稳定性偏差，在学习上缺少辅导。在监护处境上：寄养儿童监护人受教育水平偏低，监护人无力辅导学习。

另外一方面，在家庭生活处境上：寄养儿童并不必然生活窘迫；并不必然缺少父母关心。在教育处境上：寄养儿童并不必然被任课教师忽视；并不必然被任课教师歧视；并不必然厌恶学习，并不必然更易辍学。在监护处境上：并不必然被监护人忽视，并不必然无人管教。在社会交往处境上：寄养儿童并非与同学相处不好；并不必然偏激内向。

从中考成绩对比看，寄养儿童在以父母受教育水平、监护人受教育水平、在课外时间学习上的辅导等方面有不利处境，但是影响他们学习成绩的首要因素是他们自身的学习态度、学校的管理和教师的严格要求，其次，父亲的受教育水平、监护人对他们良好行为习惯的培养、足够的生活和教育花费对寄养儿童的学习成绩也是正相关，但是这些因素对非留守儿童的成绩有更强正相关，但是由于客观条件限制寄养儿童的潜能没能得到全部的发挥。

本章通过对 G 县 4—9 年级学生的全样本调查，分析了寄养儿童的分布情况，以寄养儿童的学业成绩为表现，通过相关系数分析找出其和寄养儿童处境之间的关联，并且从家庭生活处境、教育处境、监护处境、社会交往处境四个方面对比分析了寄养儿童群体和非留守儿童群体的情况，通过客观描述寄养儿童所面临的真正处境，以期找到可行有效的教育行政管理政策来改善寄养儿童成长处境。

表 3-30 按学校统计寄养儿童和非留守儿童的平均成绩(20 人以上)

学校	民办	非留守儿童		寄养儿童		F 方差齐性检验	t 均值检验
		人数	平均成绩	人数	平均成绩		
G 县城关镇 YC 初级中学	是	427	614.13 ± 153.27	304	617.62 ± 142.49	1.1571	0.3128
G 县石弓 LZ 学校	是	21	468.48 ± 154.48	28	586 ± 169.45	1.2032	2.4939*
G 县城关镇 BX 职业学校	是	80	575.36 ± 156.33	139	564.99 ± 183.71	1.3809	0.4244
G 县 CS 中学	否	48	432.21 ± 212.62	20	545.1 ± 154.76	1.8876	2.1455*
G 县 SS 学校	是	235	498.24 ± 208.07	184	539.27 ± 206.47	1.0156	2.0101*
G 县 XQ 初级中学	是	20	547.85 ± 159.41	27	509.11 ± 210.46	1.743	0.689
G 县 DW 中学	否	466	484.11 ± 215.38	21	493.71 ± 214.79	1.0054	0.2
G 县西阳学区 ZX 学校	否	34	427.47 ± 196.05	31	489.55 ± 194.44	1.0166	1.2801
G 县 XH 初级中学	是	20	378.5 ± 249.2	35	451.21 ± 221.15	1.2697	1.1201
G 县城关镇 GX 学校	是	95	411.46 ± 192.52	60	449.42 ± 202.25	1.1037	1.1723
G 县 DW 中学南校	否	114	444.26 ± 169.7	26	449.15 ± 182.89	1.1614	0.1307
G 县 LL 中学	是	32	552.44 ± 167.19	67	447.88 ± 167.94	1.009	2.9014**
G 县城东学区 ZX 学校	否	78	374.44 ± 192.62	22	428.32 ± 193.9	1.0133	1.1571
G 县 SY 中学	否	162	449.07 ± 175.17	59	425.68 ± 167.62	1.0922	0.8883
G 县龙山 ZX 学校	否	44	378.55 ± 188.54	35	407.09 ± 187.96	1.0061	0.6693
G 县闸北 ZX 学校	否	77	418.35 ± 177.55	23	339 ± 156.13	1.2931	1.9306

注：* 表示检验在两端 0.05 的显著水平上显著，* * 表示检验在两端 0.01 的显著水平上显著。如果方差齐性检验不显著时，采用 Student T 检验；如果方差齐性检验显著是，采用 Welch T 检验。

第四章　寄养儿童成长处境教育管理现状调查

教育研究应依据研究问题的性质和特点选择其适用的主要研究方法。① 为了更为全面地了解寄养儿童成长处境的教育管理现状，本研究基于已有相关研究结果，设计了面向不同层面利益关切者的访谈调查，既有结构式访谈，也有无结构式访谈。② 从访谈对象的反馈中甄别与归纳寄养儿童成长处境教育管理现状。本章首先对访谈调查的设计、实施过程做以详细的说明，然后对访谈调查结果进行分析。分析中总结了G县寄养儿童的发展历程、寄养儿童教育管理面临的困难、现阶段寄养儿童教育管理主要措施以及存在的主要问题。

第一节　访谈调查的设计和实施

本节详细介绍访谈调查的设计和实施情况。

---

① 姚计海，王喜雪．近十年来我国教育研究方法的分析与反思[J]．教育研究，2013，03：20—24＋73．

② 注：结构式访谈又称标准化访谈或控制式访谈，它要求有一定的组织手续，严格按照预先拟定的计划进行，具有良好的控制，但无法对问题获得深入透彻的了解。无结构式访谈又称非标准化访谈，不使用访谈表格和事先定好的访问程序，对问题或事件了解得较为深入具体，但对不同对象所获得的资料无法比较。

一、访谈调查的设计

从以下几个方面阐述访谈调查的设计情况。

(一) 访谈目的

访谈调查从政府行政部门层面、教育层面、寄养场所三个方面深入了解寄养儿童成长处境教育管理现状，收集寄养儿童生活、教育和管理等方面的相关资料，为形成有效策略提供条件。访谈调查用于小范围对寄养儿童进行一对一的访谈来深入了解一些更详细的情况；通过对分管领导、行政部门主要负责人、校长、班主任、监护人进行一对一的个人访谈，分析他们是否了解寄养儿童成长处境、教育管理现状以及对改善处境、解决问题的建议。

(二) 访谈对象

如前所述，访谈调查的对象分为三个层面，一是政府行政部门层面，包括分管教育的县长、相关行政部门主要负责人、乡镇党委书记、乡镇长、村支书等。二是教育层面，包括教育局主要负责人和相关股室股长、中小学校长、中小学班主任以及寄养儿童。三是寄养场所层面，包括社会寄养机构以及寄养家庭。

(三) 访谈内容

访谈的问题设置可以分为独立问题和交叉问题。独立问题本身可以反映寄养儿童在某方面所面临的处境；而交叉问题需要从两个或多个调查对象的回答来共同反映寄养儿童面临的某个处境及其教育管理现状。比如寄养儿童的在校表现通过监护人和班主任对寄养儿童的评价来获得。

如图 4－1 所示，对利益关切者的访谈按照以下层面进行（访谈提纲见附录二）。

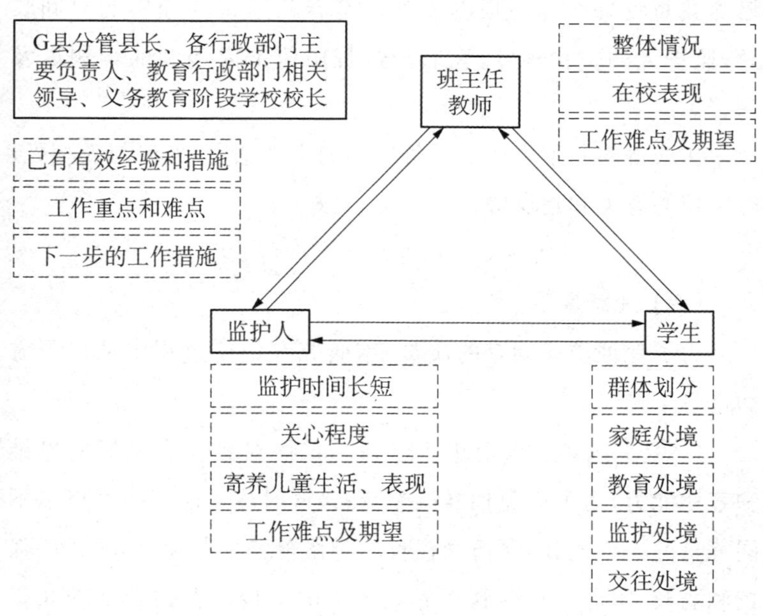

图 4－1　访谈调查的设计概要

分管教育的县长、相关行政部门主要负责人、乡镇党委书记、乡镇长、村支书、教育局主要负责人和相关股室股长、义务教育阶段校长、班主任、教师的访谈，主要是了解寄养儿童的整体情况；了解当前各自部门开展了哪些工作，有哪些经验、采取了哪些帮扶措施；了解现阶段寄养儿童工作取得的成绩以及在寄养儿童教育和管理中尚存在的难点和重点；他们对解决寄养儿童教育问题的办法和建议，应该进一步采取哪些措施有助于寄养儿童的教育和管理等。

对寄养场所负责人和生活教师的访谈，主要是了解他们怎么照顾寄养儿童的生活以及如何关心寄养儿童的学习和心理健康；如何教育他们；与寄养儿童父母以及任课教师的联系频次；寄养儿童父母是否对寄养监护人提出辅导儿童学业和培养儿童良好行为习惯的要求？寄养儿童寄养经历的时间长短；监护人的文化程度；在监护过程中监护人遇到的难题以及期望。

访谈寄养儿童主要是了解他们的个人感受；如何与人相处；对学校的意见和建议等。

(四) 注意事项

为了保证访谈调查的质量，本研究在访谈过程中从以下方面进行了控制。①

1. 慎重选择访谈对象。选择的访谈对象要有良好的思维和表达能力，为了避免抽样误差，在访谈时尽可能的访谈更多不同背景的人。比如，在访谈校长的时候覆盖公办和民办学校、强校和弱校、寄养儿童多和寄养儿童少的学校。在访谈寄养儿童的时候覆盖了表现好的寄养儿童和表现差的寄养儿童。

2. 保证访谈的客观性。为顺利完成访谈，提前与选定访谈对象交流沟通。对于同一个层面的访谈对象使用相同的访谈提纲，访谈时尽量不体现主观偏见，避免有暗示性的问题，保证访谈的客观性。

3. 保证访谈的确定性。访谈过程中认真倾听对方的谈话，遇到记录速度跟不上或者访谈对象回答不够明确的情况时，要

---

① 曾晓娟. 大学教师工作压力研究[D]. 大连理工大学，2010.

和被访谈人沟通以明确观点，保证访谈的确定性。

4. 保证访谈的完整性。完成访谈内容后，访谈对象可自由畅谈访谈提纲中未涉及但他们认为有价值、重要的问题，进一步提高访谈问卷在结构、内容上的完整性，保证访谈的全面性，并形成书面记录。

二、访谈调查的实施

G县位于安徽省西北部，总面积2107平方公里，县域面积45平方公里，下辖4个街道、20个镇、1个林场、1个经济开发区，人口近170万。在过去一年多的时间里，各个层面的90位有代表性的访谈对象陆续接受了访谈调查，共形成了10多万字的原始记录文档。访谈对象的详细组成如下：

一是政府行政部门层面访谈对象共计20人：其中分管县长1人、宣传部办公室主任1人、妇女联合会主任1人、团县委书记1人、民政局副局长1人、关工委负责人1人、公安局派出所所长3人、乡镇党委书记3人、乡镇镇长3人、村支部书记或村长5人。

乡镇行政机构是寄养儿童政策的直接实施者，本研究选择了寄养儿童人数很多的城关镇以及地处G县边缘且寄养儿童人数较少的西阳镇、陈大镇政府工作人员做了关于寄养儿童工作访谈。

二是教育层面访谈对象共计65人，包括县教育局主要负责人及相关股室股长4人、中小学校长12人、中小学班主任19人、学生30人。

三是寄养场所负责人5人。

表 4-1 访谈乡镇的基本情况

访谈乡镇	面积(km^2)	人口(万)	学生人数	寄养儿童		
				总数	校内	校外①
城关镇	17.68	20	26931	4108	3160	948
西阳镇	61.6	4.5	1859	224	204	20
陈大镇	63	5.3	2150	129	81	48

第二节 访谈调查的结果分析

根据访谈调查结果,把寄养儿童工作的涉及方归为以下四类:教育局、其他政府行政部门、学校和社会寄养机构,其关系见图 4-2。"寄养儿童政策"引导政府行政部门开展寄养儿童工作,反过来,各行政部门也影响着"寄养儿童政策"的制定和发展,在G县县域内,牵涉到寄养儿童教育管理的各方都从不同方面做了很多工作。然而访谈中也了解到,关于寄养儿童教育管理,还有应该做但没有做的工作、应该做好但是做的还不够的工作。在寄养儿童教育管理工作中,教育局是参与其中的一个行政部门,但是教育局和学校是教育和管理寄养儿童最直接、最有力的单位,因此在下面访谈结果分析中,教育层面和其他行政部门层面的讨论是分开的。

资料的整理分析,是要将研究所得的原始资料按研究目的进行审视、汇总、分类、补充和评价,从而使资料能系统地、完整地反映客观事物发展的过程。② 本节通过汇总访谈调查的原始资料,归纳了G县寄养儿童的发展历程、寄养儿童面临的困难、现阶段寄养儿童教育管理的主要措施以及存在的主要问题。

① 注:"校外"包括社会寄养机构和寄养家庭.

② 裴娣娜.教育研究方法导论[M].合肥:安徽教育出版社,2002:339.

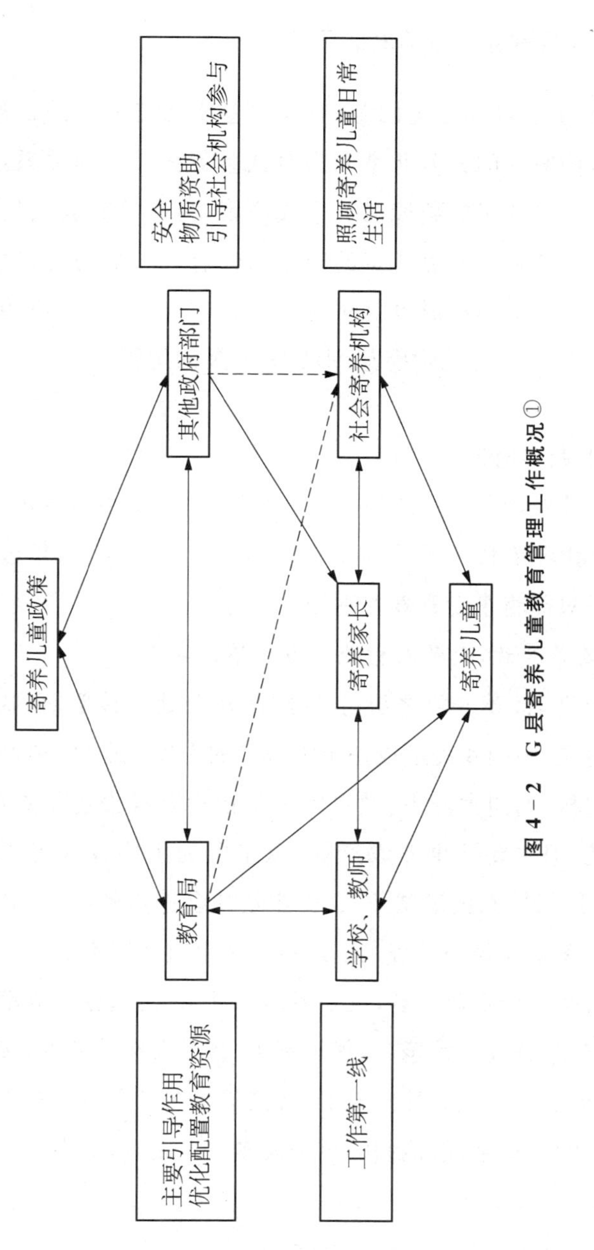

图4-2　G县寄养儿童教育管理工作概况①

① 注:图中双向箭头代表双向联系,单向箭头代表单向联系;粗实线代表较强的联系,细实线代表有联系,虚实线表示没有发现明显联系。

一、G 县寄养儿童的发展历程

研究 G 县寄养儿童问题，首先要基于历史研究的视角，解释清楚不同时期的寄养儿童和当时社会历史背景的关系，厘清不同阶段寄养儿童的处境以及形成原因，为改善其成长处境提供历史事实依据。寄养儿童的产生已经有很长的历史，但是寄养儿童群体大规模形成也就在近四十年。本研究所讨论的是近四十年来 G 县寄养儿童萌芽、形成和发展的历程。

（一）萌芽时期

寄养儿童萌芽的主要原因是：大量农村劳动力向城市转移，由于条件限制农民工无法在工作地养育孩子，而祖辈年迈无力监护孩子只能将子女寄养在别处。

1. 改革开放，大量农村劳动力迁移到城市

1978 年，改革开放之初，我国经济社会处于转型期，城乡对比悬殊过大，中国农民汇成一个大规模的农民工群体，离开资源匮乏的农村，涌向大城市。“农民工是指户籍身份还是农民、有承包土地，但主要从事非农产业、以工资为主要收入来源的人员”。① 可以说，农民进城务工、就业是社会进步的必然趋势，也是近三十多年来我国经济飞速发展的一个重要因素。

G 县是一个农业大县，也是劳动力资源大县，更是劳动力输出大县，改革开放开始至今，每年有 40 多万人在外务工，多数为青壮年，他们为了生计外出务工，将孩子留在了家乡。对于有未成年子女的家庭来说，他们的孩子大多留在农村，相当一部分由

---

① 国务院研究室课题组：《中国农民工调研报告》. 北京：中国言实出版社，2006：1.

社会寄养机构或其他亲戚照顾，也有寄宿在学校里的，成为寄养儿童。

西阳镇镇长说：一直以来，西阳镇都存在着生活比较艰苦、家庭非常困难的贫困户。改革开放以来，许多农民工因为家庭需要更多经济来源，而在家乡又找不到收入高一点或稳定的工作。为了改善家庭经济状况，他们背井离乡，到发达城市务工，期望在大城市就业机会多一点，工资收入高一点，改变贫困现象。许多外出务工的农民年富力强，上有老人，下有孩子，他们的离乡造成了“留守老人”、“留守儿童”现象。留守儿童中相当一部分被寄养在别处。

2. 条件限制，农民工无法在务工城市养育孩子

在新时期中国社会转型的背景下，农民工这一群体逐渐庞大，流动性也越来越强。通过深入实际的调查发现，农民工进城不能享受“国民待遇”，制度上得不到有效保护，政策上备受歧视，大部分农民工被排斥到了一个与城市居民不同的“次属劳动力市场”。① 由于条件限制，农民工无法在务工城市养育自己的孩子。这些问题在G县外出务工人员中表现的尤为明显，原因主要有以下几个方面。

一是由于经济原因。正如曾经轰动一时的电视剧《打工妹》中所反映的进城务工人员的遭遇一样，G县的外出务工人员一线工人中熟练工人、技术工人所占比例不大，大多数外出务工人员文化水平低，整体业务素质不高，多从事基建工程、重体力活

① 李萌．中国转型时期农民工就业歧视问题研究[D]．华中科技大学，2005：16.

或手工劳动等工作，这些工作累、苦、脏且危险，但收入不高。

二是由于户籍制度的限制。80 年代，农民工外出务工时，户籍在原居住地，他们虽然生活在城市，但是由于户口的原因，在医疗保险、子女入学、就业、住房等方面无法享受城市居民的待遇。G 县也面临着同样的问题，虽然父母在外经商或务工，因为国家的户籍政策限制，很难把孩子户口迁到务工城市。也因为学校入学限制，农民工不能把孩子带到务工城市公办学校就近入学，民办学校费用又高，只好把孩子留在家中或寄养场所里。

三是由于工作、收入不稳定造成的。与很多外出务工人员一样，G 县的农民工在外地没有稳定的工作，也没有固定的经商场所，从事的工作工资较低，对收入的不满成为他们奔向新工作的主要原因。找到了一份工作，但看到有工资待遇更好的岗位，便会跳槽。如果在工作中发现自己不适合岗位或达不到岗位需要，就会再次寻找工作，导致工作的流动性很大，就业不稳定，没有条件把子女带在身边养育。

3. 祖辈年迈，无力监护孩子

随着社会的发展，经济的转型，农村外出务工的人口也是越来越多。G 县的情况也是如此，农村的年轻夫妇为了打拼流向大城市，而农民工子女在城市的生活学习问题不能得到很好的解决，孩子不能跟随在自己的父母身边生活、学习。于是很多农民工外出务工，大都把孩子留给祖辈来照顾。

通过梳理已有文献发现社会转型背景下青壮年劳动力向城市转移和户籍制度等条件的限制导致了留守老人的出现。① 但留守老人隔代监护，利少弊多。一是由于祖辈不在或者身患疾

① 贺聪志．叶敬忠．农村留守老人研究综述[J]．中国农业大学学报(社会科学版)，2009(02)：24—34．

病，无暇顾及孩子，安全事故频出。频繁发生的寄养儿童交通安全事故、校园安全事故以及各种各样的意外安全事故，越来越引起政府部门和社会组织的关注。二是由于祖辈负担重，在寄养儿童家庭中，监护人的劳动量相对较大，于是寄养儿童就要更多地承担一些任务，虽然这些任务主要是农活和家务活，但还是不可避免的会对未成年人的学习、身体和心理带来一些影响。农忙时，家里的家务事儿也需要孩子来承担。三是由于祖辈年老、体弱、文化水平低、见识少而且和孩子之间存在代沟。除了给孩子煮煮饭、洗洗衣以外，不知如何教育孩子，不关心孩子心里想什么、需要什么、有什么感受，对于“听话”的孩子很满意，对不听话的孩子也束手无策。出于对生活、学习、安全考虑，父母外出务工时，只能将孩子寄养在学校或其他寄养场所，致使这些孩子成为寄养儿童。

(二) 形成时期

寄养儿童形成的主要原因，一是计划外生育子女数量增加导致寄养儿童增加。二是外出务工人员对子女教育越来越重视，家乡教育条件改善使得他们愿意将孩子送回老家接受教育，在这方面 G 县同样具有代表性。

1. 计划生育政策实施，计划外生育子女数量增加

为有效控制我国人口增长过快，缓解国家经济快速增长和环境、资源不足之间的矛盾，我国实行了严格的计划生育政策。从 1971 年开始全面实行计划生育，1978 年在全国范围内实施一孩化，1980 年中央以“公开信”的方式号召“一对夫妇只生一个孩子”，1982 年又将其作为一项基本国策，把国家有关政策、公民相关义务写入了宪法。但是与推行计划生育相比，只生一

个孩子更加让很多人不能接受。于是1984年根据实际情况、结合群众意愿出台了更加灵活的计划生育政策和"晚婚、晚育、少生、优生"等一系列比较完善的人口政策。①

1985年到1996年间,对超生的处罚相当严格。黄宏、宋丹丹的小品代表作——《超生游击队》就是当时生育政策和群众意愿之间矛盾的一个缩影。1996年在对计生工作提出了更加人性化的要求后,又规定了公职人员违反计生政策要被开除党籍、开除公职。人们在恐惧处罚的同时,受"多子多福"、"养儿防老"等传统思想的影响,固守着传宗接代的观念,选择了违法生育,这就不可避免地导致不少孩子被计划外生育。而迫于政策束缚,常常是不得不把这些孩子交给亲戚朋友代养,致使很多孩子成为寄养儿童。

2. 父母重视教育,与时俱进更新理念

1986年,《中华人民共和国义务教育法》正式颁布,要求保障适龄人口接受义务教育的权利,并且在第九条对义务教育阶段学校配置作了规定。② 1993年颁布实施的《中国教育改革和发展纲要》指出,在20世纪要实现我国85%以上的人口"基本普及九年义务教育"、"基本扫除青壮年文盲"。

教育行政部门和学校加大了宣传力度,让家长认识到知识改变命运、知识改变人生,校园是青少年成长的第二场所,能为学生提供快乐、健康成长的环境。伴随着时代的进步、社会的发展,外出务工人员对自己处境不满足、不满意,进一步认识到教

---

① 位秀平,吴瑞君.中国计划生育政策反思[J].哈尔滨工业大学学报(社会科学版),2013(06):32—36.

② 教育部.中国人民共和国义务教育法[EB/OL].2006.http://www.edu.cn/20060303/3176577.shtml-3-3.

育的重要性,知识的必要性,也渴望通过教育能够改变子女的未来。

3. 学校布局调整,办学条件有所改善

1998 年教育部发布《关于认真做好“两基”验收巩固提高工作的若干意见》,正式将农村学校布局调整纳入国家政策议程。2001 年国务院《关于基础教育改革与发展的决定》中又指出,“因地制宜调整农村义务教育学校布局。按照小学就近入学、初中相对集中、优化教育资源配置的原则,合理规划和调整学校布局。农村小学和教学点要在方便学生就近入学的前提下适当合并,在交通不便的地区仍需保留必要的教学点,防止因布局调整造成学生辍学,在有需要又有条件的地方,可举办寄宿制学校”。因此,过去学校布局分散、办学规模过小的问题就成为改革的重点之一。①

近年来,G 县撤并了教育资源利用率较低、硬件设施较差、学生数量较少的农村中小学,进行重新布局调整,改善学校办学条件,不断提高办学水平和教育教学质量。父母让寄养儿童在家乡就近入学,既降低了孩子的教育成本和安全风险,也解决了家庭经济负担过重的问题,在解决了孩子学习生活问题的同时,也解放了家长。

(三) 发展时期

随着“70 后”“80 后”独生子女父母时代的到来,G 县寄养儿童数量越来越多,加上国家对儿童保护政策的完善及 G 县学校和社会寄养场所对寄养儿童接纳能力和看护质量的提高,许多

① 邬志辉,史宁中. 农村学校布局调整的十年走势与政策议题[J]. 教育研究,2011(07):22—30.

留守儿童被父母送到了寄养场所，成为寄养儿童。可以预期，今后一段时间内G县寄养儿童数量将呈继续增加趋势。寄养是当前中国社会渐渐凸显的不可回避的问题，在G县的农村这种现象更为普遍。

1. 加大投入，农村中心校设施完善

2001年6月，国务院出台了《关于基础教育改革与发展的决定》（以下简称《决定》），2002年5月，国务院办公厅又发出了《关于完善农村义务教育管理体制的通知》（以下简称《通知》）。根据《决定》和《通知》精神，全国农村就义务教育管理体制进行了的改革，乡（镇）教育管理机构基本撤销，在各乡（镇）设立中心学校。①

按照省"以县为主的农村义务教育管理体制改革"有关文件精神，2005年4月，G县撤销了乡镇教办室，成立了28个学区中心校，中心学校为副科级建制，设校长一名，副校长两名（大的学区可配三人），中心学校设三处一室（教务处、总务处、政教处和办公室）主任、副主任各一名。

中心学校成立以前是由教办室业务上指导辖区内各校的工作，人财物的权力在乡镇党委政府。中心学校成立以后，一是将学校所有经费集中在县财政核算中心教育专户，统筹管理，提高了教育经费的使用效益；二是中心学校管理实行中心学校校长负责制，将学校管理权限，即办学、管理、分配、用人等方面交给校长，赋予校长更多的管理权限；三是加强教师队伍建设，按照规定对教职工编制进行核定。学校根据编制设岗，采取民主测评、综合考核等形式，坚持公开公正、平等竞争和择优聘用的原

---

① 李兵.农村中心学校的设置和管理[J].教学与管理，2003(19)：12—14.

则聘用中心学校教师。

G县农村中心校在各乡镇原有中学的基础上，依托自身优势，进行资源整合、扩建。2001年以来，G县陆续实施了农村中小学危房改造、中小学校舍安全工程、农村寄宿制学校建设、义务教育均衡发展、标准化学校建设、班班通工程、信息现代化建设等工程，硬件设施实现了硬化、绿化、净化、亮化、美化，软件设施更加优化，农村中小学校校容校貌焕然一新，教育教学质量不断提升，得到了当地人民群众的认可。

2. 寄宿制学校发展，解决后顾之忧

《国家中长期教育改革和发展规划纲要(2010—2020年)》中指出要加快农村寄宿制学校建设，将其列为农村教育实施的重大项目，优先满足寄养儿童或留守儿童的住宿需求。[①] 越来越多的实践研究也证明，农村寄宿制学校是解决当前农村寄养儿童数量锐增问题、改善寄养儿童教育现状的重要有效途径之一。[②] G县在这一方面也做了很多工作，在每个乡镇都合理布局建设寄宿制学校。

此外，十四大以来，受到国家有关政策的影响，G县的民办幼儿园和中小学，也得到了蓬勃的发展。但开始之时，由于办学管理经验和资金投入的差异，学校软硬件设施也存在重大差异。近年来在激烈的教育竞争中，G县有些实力较差的民办学校逐渐被淘汰掉，而有些实力较强的学校却在竞争中闯了出来，形成规模，并向集团化方向发展。由于最近几年民办学校学生开始

---

① 刘晓霞，周全. 对农村留守儿童教育的再思考——对《国家中长期教育改革和发展规划纲要》的部分解读[J]. 教育探索，2011(12)：106—107.

② 乔虹. 农村留守儿童教育中推行寄宿制学校的实施探究[J]. 现代中小学教育，2014(11)：10—13.

享受义务教育保障经费，民办学校教育教学管理更加自主化。由于大部分民办学校实行寄宿制，进行封闭式的管理，并用校车接送学生，更受到外出务工家长的青睐，这也是寄养儿童队伍不断壮大的重要原因。

3. 寄养场所应运而生

G 县各种各样的寄养场所也随之产生，其服务内容涵盖了对学生教育和管理的各个方面，但是很多寄养场所的服务差强人意。寄养场所不是民办教育机构，因为它提供的服务不仅仅属于教育范畴。

寄养场所根据家长的不同需要，分为全托、日托或午托，收费不等，会依据寄养的时间和寄养场所的条件来确定。G 县除了公办的儿童福利机构，近年来出现了更多的民办的“儿童之家”、“小餐桌”、“寄养机构”，寄养场所负责人会定期收取一定的管理费用，管理员每天负责孩子上学的接送，照顾孩子的日常生活。

4. 离婚率居高不下

改革开放以来，伴随着我国经济的飞速发展，人们的交往方式、交往范围也随之发生了重大改变，从而导致生活方式、生活理念、家庭婚姻观念的改变。近年来，离婚率逐年升高。据民政部网站消息，民政部发布 2014 年社会服务发展统计公报上的数据显示，2014 年依法办理离婚 363.7 万对，比上年增长 3.9%，粗离婚率为 2.7‰，比上年增加 0.1 个千分点。[①] 这意味着自 2003 年以来，我国离婚率已经连续 12 年呈上升趋势。

---

① 中国新闻网. 民政部：2014 年办理离婚 363.7 万对比上年增 3.9%. http://www.chinanews.com/gn/2015/06-10/7335667.shtml. 2015-06-10.

父母离婚以后，最大的受害者就是孩子，有些父母组建了新家庭，双方谁都不愿对孩子承担抚养义务；有些父母成为单亲家庭，为了工作生活忙碌奔波，很多父母选择把孩子寄养在别人家里、社会寄养机构或学校里，这样就导致了寄养儿童人数的增加。G县情况同样如此，越来越多的孩子因为父母离异被寄养，而且这些孩子的成长处境也更加特殊。

> G县陈大中心学校九年级(4)班就有一位这样的同学。该生叫李海云(化名)，家在G县陈大镇，在她4周岁的时候，父母因为感情不合离婚，两地分居，父亲很快再婚。但是，无论是李海云的生身父母，还是继母，都不情愿对孩子履行抚养义务。一位善良的亲友出于同情，就把可怜的李海云接到自己家里。但是因为亲友家人比较多，怕照顾不好她，就把李海云送到了寄宿制学校，希望通过学校来完成对孩子的监护与管理，于是，学校就成了李海云的寄养场所。据调查，这种情况还不只一例。

还有一种情况是由家庭暴力造成的，父母有一方在家中有暴力行为，导致孩子叛逆，不愿生活在家中或者亲友家里，宁愿生活在学校或寄养机构，甚至是陌生人家里。

改革开放以来，伴随着经济的快速发展，G县的农民工群体数量也在持续增长，加上人们思想观念的转变以及传统思想与计划生育政策的对抗等方面的原因，留守儿童包括寄养儿童开始大量出现，寄养成为越来越多的家长和孩子的需求，因此寄养儿童群体的出现也是一定社会阶段的必然产物。

二、寄养儿童的现实处境

访谈以学业表现为依据，对30名寄养儿童进行了抽样，学业表现优异、中等和较差的儿童各占10名。结合对其他利益关切者的访谈结果分析发现：

一方面，部分寄养儿童有独立意识，学习习惯较好，交流沟通顺畅，成绩也名列前茅。而且学校的集体生活对孩子成长的有利作用非常明显，与教师有相对较多的接触、与一部分同学的朝夕相处，都对他们个体的健康成长发挥着一些积极作用，因此寄养在学校的孩子中成绩优秀、表现良好的不在少数。尽管寄养儿童面临的各种困境给他们带来了不少的问题，但个体自身内在成长的力量也是不容小觑的。同时，个体差异的研究也为我们的干预提供了内在依据。[①]

以G县GX学校为例，GX是一所民办寄宿制学校，4—9年级共有1746名学生，其中寄养儿童393人。该校参加2015年中考的学生中有60名寄养儿童，平均成绩为449.42分，非留守儿童95人，平均成绩411.46分(见表3-30)。整体看来该校寄养儿童的学业成绩表现并不弱于非留守儿童。

主动学习是有效学习的基础，“知情学习”是学生主动学习的重要基础。[②] 这也给寄养儿童的教育管理提供了一定的启示。学业表现优异的寄养儿童刘恩恩同学写的《内动力是我学习的源泉》，道出了很多寄养儿童的心声。

---

① 罗静，王薇，高文斌. 中国留守儿童研究述评[J]. 心理科学进展，2009(05)：990—995.

② 冯大鸣. “知情学习”：主动学习的基础——美国的学生版教学大纲解读[J]. 中小学管理，2009(07)：35—36.

内动力是我学习的源泉

我是九年级五班的学生刘恩恩，我的父母长年外出打工，我家离学校非常远，所以我寄宿在学校中，我拥有更多的时间去学习，在学校的第一次月考之中取得优异的成绩，荣获班级第六名。

每个人都有自己的学习方法，我也不例外。一是课前老师没有上课的时候，把书拿出来看一遍要学习的知识，预习一下，尽量多看几遍，争取在老师讲课之前看懂，之后，老师再讲课的时候听起来就更容易理解了，听课效果也会事半功倍，学起来也就很轻松了。二是上课的时候要全神贯注，聚精会神地听老师讲课，绝不放过老师讲的每一句话，不遗漏老师讲的任何一个知识点，老师讲过之后立马记在自己的笔记本上。三是下课后也不放松。一定要明白每一个问题！当然，做大量的练习题也是非常重要、非常关键的，只有做的题目多了会的才能多。知识是慢慢积累下来的，并不是一朝一夕就能够全部学会的。

我成绩之所以会这么优秀，不仅仅是因为我有一套好的学习方法这一个原因，还有很多其他的原因：家长虽然没有时间陪我，但是生活中对我的悉心照料，对我成长的呵护令我感动！我暗下决心好好学习出人头地，报答他们。社会和政府行政部门也给了我许多的关爱。学校给我提供了良好的学习环境；老师对我悉心指导、呵护和关爱，像父母一样教导我，无微不至地关怀着我，让我得到了父母一样的爱。受教育是每个公民的基本权利也是基本义务，当然也是我的责任，所以我必须履行这个责任，好好学习。

因为责任，这份担子我一直挑着，即使它再沉，我也不会放下！所以我会如此的优异。

每个人都不可能是十全十美的，谁都会有一些缺点和坏习惯，即使是圣贤之人也都不可能没有缺点，更何况我并非圣贤之人，又怎会例外呢？我知道自己有许多缺点，所以我厚颜无耻地问我的同学，并把自己的缺点写在了一张纸上，我努力去改正他们。我最大的缺点就是上课的时候太活跃了，这个缺点一直伴随着我到中学，我还是依然如故。经过老师多次教育，我意识到这样下去不行，我要改正这个缺点，我相信我能做到，因为我不希望自己是老师眼中的坏孩子，结果我真的做到了！

我会树立更远大的理想，努力学习，严格约束自己，让自己做的更好，使自己更优异。加油！相信自己！

另外一方面，通过分析访谈调查结果，寄养儿童面临的困境不容忽视，具体表现在：亲情缺失导致心理健康问题，监护不力造成行为失范问题，支持不足使得教学效果差、辍学率高，安全防护不够导致事故频发，下面对这四点分别讨论。

(一) 亲情缺失导致心理健康问题

有学者认为，“家庭才是将文化标准传给下一代的主要输送带”。① 寄养儿童的父母长时间不在身边，他们与监护人沟通往往存在着问题，效果明显不佳；与教师交流有时也会因时间方面和其他方面的原因产生不便。久而久之，因为亲情的缺失，严重影响寄养儿童心理的健康成长。

---

① 罗伯特·K. 默顿. 社会理论和社会结构[M]. 唐少杰等译. 南京：译林出版社，2006：297—298.

1. 没有安全感和归属感

寄养儿童与父母亲远离，长期得不到亲人的关爱和呵护，他们往往会焦虑紧张，缺乏安全感和归属感，如果心理上不能及时得到疏导，会给教育和管理带来很大的不便。“范兴华、方晓义、刘勤学、刘杨采用自尊、生活满意度、孤独感、抑郁、社交焦虑和问题行为问卷调查了五省4—9年级寄养儿童的社会适应性，以考察留守与流动对农村儿童社会适应的影响。他们发现，寄养经历可使儿童自尊下降、孤独感加强，抑郁增加。”①童年的寄养生活经历，早期的亲子分离，对寄养儿童的延迟影响，会让他们的人格和心理健康出现问题。

楠是六年级学生，在县城民办寄宿制学校就读。2015年暑期回到家里，只有年迈的奶奶相伴。奶奶说已经头晕好些日子了，让楠陪着去医院看看。11岁的楠排队、挂号、找医生。医生问：“你一个人带奶奶来看病，爸爸妈妈没来吗？”“没有”，楠落寞的回答说，这不知道是第几次被问到这个问题了，每次有人这样问的时候，楠心里就很想爸爸妈妈。“爸爸妈妈，你们到底什么时候能回来呀？爸爸，你让我种植的绿萝，我照顾得还挺好。妈妈，你从邻居家找来的看门的小狗，奶奶和我也把它喂养大了，可是你们什么时候回来呀？”楠在陪奶奶等候拍片的时候，听奶奶和别人聊天，奶奶说：“你看现在，都是这样，年轻人都出去打工了，就剩我们这些老人和小孩子了。孙女在家的时候，我们娘儿俩个还有个照应，万一哪天孙女不在家，我死了都没有人知

① 范兴华，方晓义，刘勤学，刘杨. 流动儿童、留守儿童与一般儿童社会适应比较[J]. 北京师范大学学报(社会科学版)，2009(05)：33—40.

道。”听到这话，楠心里很难过，眼中噙着泪花。晚上回去以后躺在床上，给爸爸打了个电话。爸爸问：“最近家里还好吧？”“不好。”“你这孩子，今天说话怎么这么冲呢？”“可我说的是实话，我今天带奶奶去看病了。”“多亏你在家照顾奶奶了，等我们回家一定给你买衣服，带你去吃肯德基。”“可你们过年出去就没回来过。”“那也是为了你好啊，不就是想多挣些钱吗？”楠不再说话了，蜷缩在床上抱着自己，她并不恨爸爸妈妈，可是对失去奶奶的恐惧让楠感觉像浮萍一样，没有归属感，也没有安全感。

2. 过度自我关注

寄养儿童生活中缺乏关爱，长期处于被忽视的状态，心理与生理需求处于饥饿状态，不能很好地得到满足。寄养儿童存在的自我认同问题主要表现为在生活中不能形成内在的一致性，由于父母不在身边，他们又迫切希望见到父母，于是就会以叛逆、撒娇等极端手段来获得父母的关注，吸引父母回到自己的身边。① 只有三岁大的孩子，面对母亲不能陪在自己身边的处境，常常会惊恐不安且焦虑烦躁。当这些情绪凝聚、积淀、扩大、固着，便很容易造成孩子过度自我关注，自我关注对他们来说是一种本能的心理需要，但过度的自我关注正是社交恐惧症的一个主因。大部分寄养儿童心理是亚健康的，不喜欢与人接触，很少参加集体活动。

军的父亲是一名公务员，母亲是一位教师。他有两个

---

① 任苇. 留守儿童心理健康教育[M]. 北京：开明出版社，2012：14.

姐姐，但是受传统观念的影响，父母还是克服困难、想方设法生下了他。这个家庭的特别之处在于：大女儿出生后因为是女儿被寄养在外婆家，这是一些公职人员为了生二胎采用较多的一种做法，也就是瞒报；没想到的是，虽然顺利地生了二胎，还是一个女儿，于是父母自己带着；似乎是功夫不负有心人，过了两年，军成为了这个家庭的新成员，也让他的父母觉得终于心想事成，但迫于无奈，军被寄养在了姑姑家里。孩子在一天天长大，从幼儿园到小学，军是一个聪明的孩子，学习成绩并不差，但他很少与同学一起玩耍，表现的很冷傲，并且自以为是、以自我为中心。只要他稍不如意，就大发脾气。他对父母爱理不理，对自己的二姐十分痛恨，从懂事起除了老师，就只听姑姑和大姐的话，她们是军心中最亲的人。尽管是自己的亲人，但毕竟不是自己的孩子，而且军还担负着传宗接代的"重要使命"，这种特殊情况下，军的姑姑对他自是宠爱有加，而且和很多监护人一样，她在保证军吃饱穿暖的基础上，对军亦是纵容的多、管教的少，凡事顺着军。

六年级的一个课间，军与班里的一个同学磊发生了一点冲突，磊平时就是班级里的小霸王，很少有同学敢招惹他。冲突其实并不严重，也及时被老师和其他同学发现并制止了，事后老师还分别找他们谈心，做了两人的思想工作，本以为事情到此为止了。两天后的一个下午刚放学，大家都收拾书包准备回家，军突然从书包里掏出一把水果刀向磊捅去，惊惶失措的同学们乱成了一锅粥，幸好下课后刚走不远的老师及时赶回来才避免了更加严重的后果，但磊的后背还是被刀子划伤了几处，好在没有生命危险。事情发生后，老师问其原因，军说：他居然敢惹我，是不想活了！军的父母和姑姑闻讯赶来后，父亲批评他，他对着父亲大吼："你凭什么管我，你有什么资格管我，有什么话你去跟燕（军的二姐）说，我和大姐才不听你的。"

事情发生后，双方心照不宣，父母来接军回家，望着挣扎着抗拒着呼喊着她的军，姑姑心内五味杂陈，满含热泪地目送军和他的父母渐渐远去。回到家中后，换了新的环境、新的学校、新的老师、新的同学，加上自己感觉姑姑的"背叛"，让军变得更加孤僻，少言寡语，别人跟他说话，高兴就说一句，不高兴就嗯一声，甚至完全不答理，学习成绩更是一落千丈。逐渐地，由厌学到逃学，甚至抽烟、喝酒、打架斗殴……家长痛心但又无奈，但军的今天是谁造成的呢？

3．敏感而脆弱

访谈中发现，部分寄养儿童在与教师和同学谈及父母时不像非留守儿童那样激动和兴奋，但当老师与他们深入沟通时，就会发现在他们的漠视下隐藏的却是深深的在意，他们试图用自己表面的强大和独立来掩盖自己内心的落寞和无助。寄养儿童如果被寄养在亲戚家，与寄主家中的孩子相比，常常被冷落，在人生的初期就强烈感到自己的无助；早期的亲子分离使他们变得敏感而脆弱，当他们看到其他孩子生活在父母身边，被父母关爱，就会产生被父母遗弃的感觉。"总体来看，城市农民工子女存在不同程度的人际关系紧张与敏感。"①

无论是把孩子寄养在学校还是亲戚朋友家中或者是社会寄

① 熊猛，叶一舵．中国城市农民工子女心理健康研究述评[J]．心理科学进展，2011(12)：1798—1813.

养机构，家长对孩子生活上的照顾都鞭长莫及。有些家长还能够通过自己力所能及的途径及时通过电话和网络与学校、孩子联系，沟通交流孩子的情况；有些家长干脆就把责任全部推给别人，置身事外。

“寄养儿童缺少与父母交流的机会，他们遇到问题时多半自己解决，但由于缺乏家长的正确引导，很容易产生一些违纪和违规行为，包括上课乱说话、抄袭作业、撒谎、旷课等。我们发现，与攻击行为和退缩行为相比，违纪行为是寄养儿童群体中发生率较高的问题行为。”①缺少家庭这个重要的环节，孩子在生活中就容易出现问题。“他走之前，我一直很听话。最爱我的人走了，没人管我，我就很叛逆。我承认，我都认，我是很不听话……可是，我多想有个人照顾我。”②下面的案例中，涛是楚店中心小学四(1)班的学生。

> 涛父母离异，父亲外出务工，母亲再嫁。涛周末回家的时候，看着躺在床上活动都很困难的奶奶，看着在门口忙着农活的爷爷，鼻子酸酸的，觉得自己很无助，就算周末回来写完作业以后帮爷爷做农活，就算每天饭后扶奶奶下床走走，他还是觉得自己做的太少太少了。涛听邻居议论，说父母狠心，不负责，不孝顺，总是低着头从他们的议论声中走过；老师知道涛的情况后，给他贫困生补助，涛觉得同学们的眼光中都含着同情。同学辉拿来全家福和漂亮的风景

① 刘霞，赵景欣，申继亮．农村留守儿童的情绪与行为适应特点[J]．中国教育学刊，2007(06)：6—8+20．

② 袁岳．爱我，请理解我—中国留守儿童书信访谈录[M]．江苏：江苏凤凰科学技术出版社，2015：69．

照，涛忍不住留了两张，没事儿的时候就拿出来看看，心里默默的呼唤："爸爸妈妈，爸爸妈妈，要是你们都还在我身边，要是你们没有分开，要是爸爸还记得这个家，要是妈妈没有再嫁，要是他们心里有我、有爷爷奶奶，我是不是会像辉一样幸福呢？"

家庭生活会为培养孩子良好性格提供许多好机会。[①] 家庭情感教育是以血缘及亲情为纽带，在家庭生活和交往的基础上进行的，在嬉笑、玩耍、逗闹的过程中，尽享天伦之乐，拉近心理距离，增强亲子关系，寄养儿童却感受不到家庭的温暖，无法享受到来自父母的亲近与关爱，亲情感严重不足。[②] 由于长时间缺少亲情呵护，寄养儿童遇到问题时，没有办法向父母倾诉，也得不到亲人及时、准确的鼓励和引导，久而久之，寄养儿童的心理健康会受到严重的影响。

崔老师说：我从 2000 年开始关注寄养儿童，2013 年开始做童年的寄养生活经历对高中生的延迟影响的课堂研究。寄养经历会让寄养儿童产生寄人篱下的自卑感，以致嫉妒敌视别的孩子、怨恨仇视父母，对生活失去信心，感到颓废、迷茫。监护人溺爱孩子，也会使其形成偏执和自我中心的性格，管教不力，使其不良行为不能得到及时指正。

---

① 许拓，王德勇．家庭教育误区[M]．北京：科学出版社，2001：261．

② 魏亦军，高智军．农民工子女心理健康与家庭教育调查研究[J]．中国教育学刊，2014(07)：19—23．

(二)监护不力造成行为失范

寄养儿童没有父母的陪伴,寄养家庭或者社会寄养机构一般都无法给予正确的引导和教育,既不能够适时监督他们的日常行为,又不能够及时制止他们的出格举动,致使这些孩子因为缺乏管教出现行为失范问题。

1. 家庭教育缺失,父母鞭长莫及

"家庭教育是奠定人生之路的基础教育,它对一个人的成长至关重要。"①良好的家庭教育最直接作用于儿童的健康成长,对孩子有持久性和潜移默化的作用,如果缺失,会使他们的生活习惯和品行修养出现偏差。寄养儿童的家庭教育几乎是空白的,父母亲将孩子寄养在亲友家里、学校或寄养机构以后,不大关心孩子的学习和生活,简单粗暴地对待孩子的要求。"寄养儿童经常性遇到困难和问题未被及时发现或未能及时得到有效解决,使他们的发展方向变得不可控制。家庭教育对儿童顺利实现社会化具有重要的奠基作用,而寄养儿童却处于家庭教育真空的状态,这对其社会化进程会造成十分消极的影响。"②

> 刚,某初中八年级(2)班学生,出生在一个普通的农村家庭,父母均外出务工,家中还有一个姐姐在县城的一所重点中学读高中,刚被寄养在姨妈家,姨父也外出打工,姨妈要照看自己的两个孩子和刚,刚晚上和小他四岁的表弟同住。刚在班级里被认为是一个品学兼优的好孩子,不仅成绩在班级里名列前茅,而且能够严格遵守纪律,话语不多,

① 张桂敏,李群李,连英.现代家庭教育导读[M].济南:山东教育出版社,2009:4.

② 郭晓霞.农村留守儿童家庭教育缺失的社会学思考[J].教育探索,2012(02):22—23.

但从不惹事生非，是个懂事的好孩子，在老师的心目中既是学生中的楷模，又是寄养儿童中的成功范例。八年级第二学期开学不久，老师发现刚上课期间总是打盹，不仅注意力不集中，还时常在上课期间睡觉。老师细问之下才了解到，孩子新学期开学后，家长外出打工，寄养的生活还得继续。内向的刚通过不断地自我调整还没能够完全适应，还没有从寒假的甜蜜生活中完全走出来的他平时隐藏在内心深处对表弟的羡慕甚至嫉妒也开始萌芽，而就在这个时候，表弟常抱怨他新学期的“回归”影响了自己，诸如刚读初中晚上睡得晚、早晨起的早、夜里睡觉不老实、说梦话影响他休息，脚臭鞋臭，吃他零食等等。孩子往往是爱憎分明的，他们对人和事的理解很多时候只有“是”与“非”、“好”与“不好”。觉得好的时候，一切都好；但觉得不好的时候，做什么都不好。表弟对刚现在就是这样，所有的烦恼、委屈都源于这个表哥介入了自己的生活，影响了自己，不满在两个人单独相处的时候表现的尤为明显。一次、两次……，刚选择了沉默，他的沉默也让表弟更加变本加厉。于是刚陷入了深深的痛苦之中，寄人篱下的感觉越来越强烈。终于，他鼓起勇气给妈妈打了个电话，妈妈简单地劝慰之后便是说教：表弟年幼，你多让着他，姨妈照顾你们很辛苦，别给姨妈添麻烦，住校吃住条件都不如姨妈家好，而且还要多花钱。妈妈回去给你买衣服、买吃的……。似乎是唯一的希望破灭了，无奈、无助、孤独笼罩着这个未满 14 周岁的孩子，寝食难安的他在课堂上心神不宁、昏昏欲睡也就自然而然了。

2. 监护人放松管理尺度，寄养儿童行为习惯不良

一方面父母亲觉得陪孩子少，心里愧疚，常常会通过金钱来弥补；另一方面多数监护人持有“不求有功、但求无过”的态度，使得寄养儿童养成了一些陋习。“监护人对寄养儿童几乎都持有物质保障加放任自由的态度，这种成长环境常常会使他们变得偏执，以自我为中心。”主要体现在以下方面。

一是寄养儿童学习态度不端正。农村寄养儿童由于缺乏父母的有效监管，学习上缺少计划，缺乏兴趣，不按时交作业现象时有发生。都说“梅花香自苦寒来”，对未来的迷茫让部分寄养儿童不愿意在学习上付出过多的精力和时间，不愿意用今日的汗水换来更上一层楼的明天。

二是寄养儿童行为习惯存在问题。比如说在衣着方面：穿衣不整洁，带有随意性，甚至有的寄养儿童喜欢穿一些显得另类的衣服，目的是吸引别人的注意；在个人卫生方面：早上起来不刷牙不洗脸不叠被，晚上睡觉前不漱口不洗脚不换衣服；在饮食方面：比较偏食，只吃自己喜欢吃的东西，而且喜欢吃一些垃圾食品，究其原因，主要是由于这些寄养儿童较为任性，不懂营养的均衡性，喜欢就行，而且垃圾食品价格稍便宜；在遵守校纪校规方面：漠视学校制定的规章制度，有抽烟、喝酒、打架、赌博、上网、谈恋爱的行为，有的还出现了性行为。还有的学生形成攀比之风，不知道心疼父母亲辛苦劳作挣来的钱。也有的学生用钱来拉拢自己的所谓“小弟”，整天在学校晃来晃去闹事，让其他的学生望而生畏，成为了学校的蛀虫、学生心目中的渣滓，无人敢碰没人敢问，而他们自己反而沾沾自喜，认为自己有能力，吃得开。这样的学生令老师束手无策。

访谈中还发现，寄养儿童对自己的居住场所条件要求不是

太高,问其原因,部分寄养儿童认为自己是住在别人家里,所以对住宿条件要求不高,在校住宿的学生还能把被子叠整齐,可是在其他地方,住宿用品的摆放就不是那么整齐了。调查发现寄宿在学校的儿童行为习惯较好,这可能和平时学校的要求、评比以及教师的正确引导有关系。

3. 情感鸿沟深过代沟,叛逆行为屡现

通过访谈调查发现,许多寄养儿童与父母之间有着“情感鸿沟”,比代沟更深,他们对父母有更多的牵挂,也比许多孩子更盼望团圆,但是因为父母长期不在家,一次次的失望后,他们与父母之间的隔离感越来越强,不愿意沟通交流,通过放纵自己引起父母注意,甚至通过故意伤害自己达到让父母伤心的目的。“父母外出打工对他们的物质生活和精神世界产生了很大影响,不同年龄段的寄养儿童对父母外出打工有着不同的情感体验。”①

虽然大部分家长还是希望孩子学习成绩优异,但现实情况是在孩子的学习问题上他们有心无力,孩子学习中遇到困难他们也爱莫能助,父母进城务工对孩子的学习确实造成了一定的影响。② 因此父母对学校抱有很高的期望,完全依靠学校和教师保证和提高孩子的学习成绩。而学校也是力不从心。

有些寄养儿童在出现问题苗头的时候,监护人不愿意过问,父母远在外地一时也无法管教,失去了早期纠正儿童错误行为的时机,久而久之导致寄养儿童自暴自弃,行为叛逆。一旦孩子形成这样的心理和行为,就很难扭转。要想步入正轨需要学校、

---

① 叶敬忠,王伊欢,张克云,陆继霞.父母外出务工对留守儿童情感生活的影响[J].农业经济问题,2006(04):19—24+79.

② 陈安丽,佐斌.走进义务教育新时代[M].武汉:华中师范大学出版社,2007:61.

老师和家长共同付出很大的努力。G县闸北中心学校王老师讲述了班级里几个寄养儿童的故事。

> 我们班上几个学生，父母都在外面打工。原来是跟着父母在外地上学，上了几年之后发现民工学校里什么都不教，孩子学习成绩没上去，坏毛病学了一大堆。父母没法管教，就托人带回到老家来我们学校寄宿。说实话，这几个孩子送过来插班的时候，我跟给他们报名的人了解情况，发现这几小孩都转过好几次学，这种情况下我不想也不敢收，因为不了解这些孩子以前都做过些什么，也担心有事的时候联系不到人。他们的亲戚就保证有问题他们随时过来，孩子在学校出了事他们负责。进班之后，这几个寄养儿童开始的时候还比较收敛，没看出来多大问题。时间一长，他们的表现就不太好了。上课的时候自己不遵守课堂纪律，还影响旁边的学生，作业也不好好写。批评他们的时候也一副无所谓的样子，说了也不改。一批评他们就说："我爸妈都不问我，我想干啥就干啥，你问我干嘛？"你说有这些不好的行为习惯也就算了，我还可以慢慢教育。最担心的事还不是这些，上学期有个女生周末被亲戚接回去，周一早上就没见她回学校来。赶紧打电话给她亲戚，结果两头不见人，跟亲戚说去上学了，又没进学校。星期一下午她自己回来了，怎么问都不告诉我们她去做什么了。这要是出了事谁能担得起责任，学校还是我？还有另外一个孩子，周末去打群架，也不知道害怕。看了一学期，刚有些起色。

(三) 支持不足导致高辍学率和较差的教学效果

访谈中发现,整体来说,G县寄养儿童学业表现两极分化现象严重,而且中途放弃学业的不在少数。这是由以下四个方面的原因导致的。

1. 监护人难以给予有效地监管和辅导

寄养儿童缺乏正确的管教和引导,这可能是个普遍的问题。在G县基本上没有小班教学,因此教师没有足够的时间和精力去和每个学生沟通交流和管理,课余时间里,部分寄养儿童更是没有足够的约束和有效地监督,加上自我约束能力和自我管理能力差,把老师的叮嘱放在一边,爱玩的天性往往容易发挥主导作用,有些孩子就会将学习放在一边,做一些与学习无关的事情。由于监护人受教育水平低,大多没有能力也没有时间辅导寄养儿童学习,导致在课余时间里寄养儿童遇到问题无人帮助,问题积累多了,学习自信心受到打击,兴趣自然就会下降,学业成绩也会受到较大的影响。在很多孩子的亲属或邻居监护人看来,他们的监护职责只是照顾好孩子的吃穿而已,且不说他们有没有辅导的能力和辅导的时间,即便是有,也很少有人愿意主动承担孩子学习的辅导任务。①

2. 寄养的处境造成寄养儿童受教育的不稳定性

孩子在成长过程中难免会遇到各种各样的困惑和问题,非留守儿童在遇到问题时由于有家庭和学校的共同努力,无论是发现还是解决起来都相对容易。但是寄养儿童在学习和生活中出现各种各样的问题时,有时得不到及时有效解决,小问题逐渐累积起来,就会对他们造成大影响,很多家长和寄养儿童会选择

---

① 叶敬忠,王伊欢,张克云,陆继霞.父母外出务工对农村留守儿童学习的影响[J].农村经济,2006(07):119—123.

转学，但是转学之后的适应和调节状况也不是尽如人意的，在新的环境仍然不能够解决问题的情况下，再次转学甚至辍学就变得不可避免，寄养儿童转学的次数以及辍学率远高于非留守儿童。

3. 寄养儿童的学习兴趣没有得到鼓励

注意是心理活动的“门户”，一切心理活动都开始于对某事物的注意。同样，兴趣的激发或产生也常常派生于对事物的有意注意。[①] 因为父母不在身边，寄养儿童得不到学习上的鼓励和帮助，常常处于一种无人问津的状态，学好了，没人夸；学坏了，无人骂。另外，由于任课教师繁重的教学任务和负担，也不可能关注到每个寄养儿童的学习状况。长此以往，一些寄养儿童对学习也抱着无所谓的态度，学业表现变差。

> 陈老师说：我知道班上有不少学生的父母都出去打工了，但是班上学生很多[②]，上完课、改完作业之后，哪还有时间和精力去搞清楚每个学生的状况，只有碰到刺头的时候会特意过问，联系一下家长什么的。

4. 任课教师和社会支持的马太效应

无论是寄养在学校、社会寄养机构或亲戚朋友家中，寄养儿童的学习都要更多地依靠自己和老师，父母与监护人在寄养儿童学习方面发挥的作用几乎可以忽略不计，教师由于时间精力有限，加上功利色彩等多方面的因素，难免会对成绩较好的孩子

---

① 乔建中.知情交融教学模式的理论探析[J].南京师大学报(社会科学版)，2006(01)：89—95.

② 注：G县义务教育阶段班级极少有小班教学，绝大多数班级的人数在50人以上。

给予更多的关照，对成绩较差的孩子则会有所忽略。加之大部分寄养儿童较其他儿童群体相比呆在学校的时间更多，自己可支配的时间更多，由此带来的后果是学习兴趣高、学业成绩好的孩子成绩越来越好，学习兴趣不高、学业成绩较差的孩子成绩也越来越差，两极分化的局面也就自然而然形成了。

(四) 安全缺失保护致使事故频发

“所有去学校上学的孩子都需要一个安全的环境，学校不仅要保护固有财产，更应该为每一个学生提供安全和受保护的氛围。”①寄养儿童不只是生活在学校，他们还有更多时间待在家里，也正是这样的时间和空间留给寄养儿童出现安全事故的机会。“当前我国寄养儿童安全问题主要涉及以下几个方面：从时空范围看，可以划分为校园安全、家居安全、户外安全等问题；从类别属性来看，可以划分为交通安全、消防安全、饮食安全、娱乐安全等问题。”②

家人不在，无人看守这些寄养儿童，导致了对儿童的安全监管不力，寄养儿童的安全难以得到保障，安全事故频发。

> 2013 年 6 月 14 日中午，G 县吴桥中学八年级寄养儿童蔡子强在中午 1 点多与同学王振振、哥哥蔡子轩一起去距吴桥中学约 3 公里的丁集窑厂水塘游泳时失踪。2014 年 2 月 20 日上午 9 点半，楚店镇张高小学寄养儿童高梦杰

---

① James S. Vacca, Louisa Kramer-Vida, Preventing the bullying of foster children in our schools, Children and Youth Services Review, September 2012, 34(9): 1805 - 1809.

② 李新，张静. 农村留守儿童安全问题刍议[J]. 人民论坛，2012(08)：82—83.

> 放学后玩“彩虹荡船”不慎被夹，双腿骨裂。2014 年 10 月 14 日上午 9 时，老子精武学校部分学生在早餐后出现疑似食物中毒现象。

寄养儿童为什么安全事故频出，访谈分析有以下几方面原因。

1. 寄养场所没有行政部门监管

目前 G 县出现大量的社会寄养机构[①]，这些寄养机构没有政府部门监管，不知道属于哪个部门监管，大部分寄养机构都是利用民房举办，有些条件很差。一个 20 多平方的房间都能住上十多个甚至二十多个孩子，房间里阴暗潮湿，通道狭窄，就连最基本的消防灭火器都没有一个，卫生更是不用再说，每天用专门的电动三轮接送，存在安全隐患。

> 崔老师说：我所在的地方，G 县一中老校区、G 县五中和 G 县城关五小三所学校相距很近，三家学校均没有宿舍和食堂，学生全部为走读。附近有三家民办寄养机构。他们租下成套的房子，每间卧室住六到八人，寄养规模都在百人左右，男女生都有，寄养孩子年龄层从幼儿园的孩子到高中。因为课题研究需要，本人曾经前往调查情况，这些寄养机构只是保证寄养孩子的基本吃住需求，对于学业成绩、行为习惯、成长处境、心理健康、社会交往等需求关注还是不够。

---

① 注：粗略估计 G 县寄养机构有 50 余处，走访的 5 家寄养机构（只有 1 家接收详细的访谈）人数在 30—150 人，G 县 4—9 年级寄养儿童有 1853 人，按比例估算 1—3 年级寄养儿童人数有 900 人，按寄养机构平均人数 50，约有 55 家。

寄养场所具有教育性与社会服务性的双重性质，模糊的界定导致其处在了“家长无奈、学校无力、社会无视”的尴尬处境，没有形成规范化的良性发展。寄养场所是应该由教育局监督管理？还是由工商局、卫生局监督检查呢？寄养场所出了问题谁负责？有哪些规范性要求和标准？这些问题都没有明确的规定。①

这种托管机构，多数未经过县级以上地方人民政府民政部门批准，规模都比较小，管理还不够规范，容易出现一些管理安全问题，这些都需要政府行政部门的规范、引导、扶助和监督管理。

2. 流动摊点隐患较大

前期，G县二中几个学生在校外食用了流动摊点上的食物后，出现亚硝酸盐中毒现象，流动摊点一直是让各学校头痛的问题，它的存在不仅仅是食品卫生方面存在重大安全隐患，还严重堵塞交通，造成拥挤，每个摊点的三轮车上都挂有液化气罐，如果发生爆炸，后果将不堪设想。

3. 黑校车超速超载现象严重

G县拥入城镇寄宿制学校就读的农村学生越来越多，据统计，2014年，全县约有48000名中小学生及幼儿需乘车上下学，其中约有3万名中小学生通过城乡公交等交通工具上下学，12000多名中小学生乘专用接送学生车辆上下学，5700多名幼儿乘坐幼儿园自备车辆上下学。因此，有些学校为了节约成本，租用“黑校车”，这些车以面包车为主，超速超员接送学生，教育、公安、交通部门多次联合进行打击，但是只是治标不治本。

---

① 张娟妮，李赐平. 教育社会学视角下城市小学“托管”问题的思考[J]. 教学与管理，2014(17)：7—9.

近几年来，伴随着大量青壮年农民工涌入城镇打工经商等，诸如上述农村寄养儿童遭受意外伤害、侵害等安全问题，甚至因违法走上犯罪道路的问题都日益突出。① 凡此种种，只有在教育行政部门牵头下，多方协作，共同努力，才能有效克服难题、解决问题，才能给农村寄养儿童营造一个安全、健康成长的良好环境。

寄养儿童的特殊处境容易导致他们出现心理偏差，也使他们的自身安全得不到应有的保障，还使他们的学业受到影响，可能对其思想、性格、习惯发挥负面作用，这些问题都需要高度关注、认真思考并设法解决。

三、寄养儿童教育管理的主要措施

通过对访谈调查结果的分析，本书总结了从政策制定到寄养场所各个层面在寄养儿童教育管理上采取的主要措施。

（一）政策层面

寄养儿童不仅仅是家庭问题、学校问题，也是一个不可忽视的社会问题，寄养儿童问题的处理是否得当，是国家民生工程的一个重要体现，也反映出地方政府的问题处理能力。

1. 完善政策，保障寄养儿童教育权利

《AH省人民政府关于进一步做好为农民工服务工作的实施意见》第十四条对保障随父母外出务工的孩子受教育的权利作了规定，并提出尽可能为义务教育阶段的适龄儿童提供公办学校的学额，要求将他们与其他孩子同等对待。意见还就结合

① 钟昭会，余文盛.农村留守儿童安全问题研究[J].继续教育研究，2008(04)：29—31.

随父母外出务工孩子的实际需要、增加公办学校资金投入、扩大城市教育资源等方面提出了切实可行的具体措施。①

“只有各级政府进一步完善进城务工农民工子弟在工作地接受教育的制度和机制，保证农民工子弟在工作地享有同等受教育权益，使农民工子弟在其父母工作地真正享有同当地儿童同等的受教育权益。”②各级政府需要结合地方实际，落实好已有政策，并在政策实施过程中加强监督，从源头上减少或消除寄养儿童群体数量。

2. 加快发展，吸引外出务工人员回乡

近年来，G 县在努力开创发展的新局面，加快推进新型工业化、农业产业化和城镇化进程，也正以大开放的胸怀，形成招商、亲商、安商的良好氛围，成为投资者的热土。G 县一方面加快经济发展，一方面加大宣传力度，通过每年“致外出务工人员的一封信”、宣传短片等形式，吸引外出务工人员情系家乡发展，回乡贡献自己的一份力量，支持 G 县建设。

G 县依据上级政策和精神，采取了一系列有效的措施，加强对儿童的保护和教育工作，维护他们的权利。一是协调教育局、共青团、妇联、民政局就寄养儿童教育管理问题提出具体关爱意见、措施，并落实实施。二是加大资金投入力度，由教育局规划加快农村寄宿制学校的建设，努力解决部分寄养儿童的学习和生活问题。三是教育局牵头联合其他行政部门构建政府、学校、家庭、社区共同参与的支持网络，探索长效工作机制。四是加大宣传力度，指导和培训寄养儿童的监护人，加强家庭教育的指导

---

① 安徽省人民政府. 安徽省人民政府关于进一步做好为农民工服务工作的实施意见. http://www.ahedu.gov.cn/163/view/15815. 2015－06－10.

② 罗静，王薇，高文斌. 中国留守儿童述评[J]. 心理科学进展，2009(17)：990—995.

和服务工作。

(二) 教育行政部门层面

G县教育局加强农村寄养儿童教育,并建立了管理机制,努力营造寄养儿童健康成长的良好氛围,大力完善公共服务体系,促进社会化服务体系建设,为寄养儿童的良好发展提供必要保障。

1. 加强组织领导

教育局安排各学区中心校成立以中心校校长为第一责任人的"关爱寄养儿童"工作领导小组,制订具体计划,实施寄养儿童教育管理工作方案,确保各项工作要求全面认真落实到位。

2. 构建关爱农村寄养儿童的工作网络

由教育行政部门牵头,建立各职能部门、镇村、学校、志愿者和寄养儿童亲属等各方共同参与的关爱寄养儿童工作网络,督促临时监护人履行相应的责任,畅通学校和关爱寄养儿童其他各方的沟通渠道,共同保证寄养儿童的安全,关注他们的身心健康,关心他们的生活质量,解决他们成长中的问题,保障他们的合法权益。

建设乡村少年宫及"留守儿童之家"。G县近几年投入了200多万元,建立了近二十所乡村少年宫,让乡村少年宫成为寄养儿童思想道德建设阵地、文化活动平台、社会实践基地。利用乡村少年宫开展活动,让每个孩子在拥有一项专长的同时,学习更多的知识,在活动中进步、成长。自2010年开始,G县安排农村义务教育阶段学校提供场地和设备、配备图书和仪器、安装亲情电话,建立留守儿童之家。并要求学校完善寄养儿童档案,加强对寄养儿童的关心、关注、引导和教育,让儿童在课内能得到针对性帮助，课外有活动场所，丰富他们的课余生活。

3．支持寄宿制学校建设

“寄养作为一种经历，它从一方面可能对寄养子女造成某些不利影响，同时也可能为造就发展机会利用寄养进行教育方面提供新的可能。”①在学校这样一个集体环境中生活和成长，对于寄养儿童来说也有自身的优势，寄养在学校的儿童与教师相处的时间更长，相互了解的程度更深，沟通交流也就更方便，与其他群体儿童相比，与教师交流的勇气更足，交流的能力更强，既有利于孩子在学习生活中遇到问题时与老师探讨，也有利于教师掌握他们的学习生活情况。集体生活本身也有利于孩子的全面发展和成长，既能够扩大孩子的交往空间，也能够提高孩子的凝聚力、合作精神和团队意识，还可以纠正孩子的一些不良习惯。因此，本研究认为，在这些方面，寄养在学校的儿童处境反而是有利的，较其他儿童群体有其自身的优势。

近年来，G 县教育局在各级各部门的支持下，加大了寄宿制学校配套设施的建设力度，解决寄养儿童在校寄宿、饮食问题。

《关于 G 县农村义务教育学校改造和寄宿制学校建设项目的立项批复》[发改社会(2012)127 号]，同意曹市中心学校等十四所农村中小学义务教育学校改造和寄宿制学校建设项目，该批项目建设面积 6335 平方米，新建教学楼、学生食堂、学生宿舍及购置食堂宿舍配套设备，总投资 660 万元，资金来源为中央及县级配套资金，建设地点均在学校院内。

《关于 G 县农村初中校舍改造工程 2014 年中央预算内投资项目的立项批复》[发改社会(2013)235 号]，同意石弓学区大

① 罗国芬，邓喜芬．农村初中寄养子女寄养情况调查报告[J]．当代青年研究，2002(03)：21—25．

寺中学、花沟学区信辛中学、丹城学区齐山中学农村初中校舍改造工程立项建设，总投资 700 万元。

《关于 G 县 2013 年农村义务教育阶段学生食堂建设项目的立项批复》[发改社会(2014)26 号]，该批项目建设总面积 10452 平方米，总投资 1390 万元，资金全部为中央财政专项资金。

《关于 G 县 2014 年农村义务教育阶段学生食堂建设项目的立项批复》[发改社会(2014)74 号]，经研究同意标里学区标里二小等 108 所农村义务教育阶段学校食堂立项建设，该批项目建设总面积 24644 平方米，总投资 3134 万元。

《关于下达中西部农村初中校舍改造工程 2015 年中央预算内投资计划的通知》[发改社会(2015)131 号]，投资 840 万元改造农村初中校舍，要求教育局抓紧安排落实。

4. 营造寄养儿童健康成长的社会环境

G 县教育局安全办协同市场监督管理局、公安局等相关部门集中整治学校周边环境。对中小学校周边环境加大监督、管理和查处力度，关闭中小学校园 200 米以内的网吧和电子游戏厅等娱乐场所。禁止未成年人进入营业性网吧，坚决打击利欲熏心、屡教不改和触犯法律的网吧和电子游戏厅的经营者。

寄养儿童和其他儿童一样，都承载着民族的希望，他们不仅关系到现实社会的安宁与和谐，还关系到祖国下一代的整体素质。尤其对于那些处于不利环境条件下的儿童，社会支持更是一个重要的应对资源，既可以提高个体的自我评价水平，增强其应对不良环境的心理能力，也可以直接缓冲外在压力事件的消极影响，对心理和行为适应具有一定的保护性作用。① 教育行政部

---

① 刘霞，范兴华，申继亮. 初中留守儿童社会支持与问题行为的关系[J]. 心理发展与教育，2007(03)：98—102.

门应该努力为寄养儿童营造良好环境，促使他们快乐健康成长。

（三）其他行政部门层面

G县教育局、妇女联合会、团县委、民政局等相关机构牵头设立寄养儿童工作小组，联合其他相关部门，引导并配合社会机构组织开展关爱寄养儿童活动，开展关爱帮扶寄养儿童工作，取得了很好的效果。G县教育局联合团县委采取措施加强思想组织领导，建立健全寄养儿童思想道德建设领导体制和工作机制；联合政法委等单位，成立了寄养儿童思想道德建设领导小组、预防青少年违法犯罪领导小组，完善了维护寄养儿童合法权益考评细则，开展了“共青团与人大代表、政协委员面对面”活动，确保G县维护寄养儿童合法权益工作常态化、制度化。下面梳理G县其他行政部门过去两年在寄养儿童工作中所采取的措施和实际行动。

1. 县直行政部门

县直行政部门结合自身工作特点，发挥自身工作优势，积极主动地为寄养儿童管理做了一些切实可行的工作。

（1）关注寄养儿童安全

G县妇联组织了一支由老党员、老法官、老检察官为主的义务宣讲员队伍，定期向寄养儿童宣讲思想道德规范和革命优良传统，加强他们的思想道德建设，增强自我保护意识，在防止寄养儿童群体出现违法犯罪和其他意外事件上起到了积极作用。

2015年，G县团县委集中开展了法制进校园、交通安全知识讲座、消防安全自护自救演练、心理辅导讲座等二十余次，开展暑期寄养儿童防溺水安全宣传教育、团员青年暑期“三下乡”社会实践、“青春自护·暑期安全”等活动十余次。

(2) 关心寄养儿童生理和心理健康

G县妇联在组织G县心理咨询师到学校开展心理咨询活动的同时,还不定期联合县镇医院开展义诊活动,为寄养儿童免费健康体检。今年县人民医院及各卫生院就对全县寄养儿童进行了近万人次的免费体检。

(3) 为寄养儿童监护人提供培训

针对寄养儿童监护人家庭教育理念和育儿知识缺乏等问题,G县妇联邀请北京昊月教育集团总裁叶建灵、李理等专家,深入中心校举办家庭教育讲座,更新了他们的教育理念和育儿知识,受到了家长的一致好评。

(4) 物质资助

G县教育局协同新华书店及妇联、共青团等单位为寄养儿童和留守儿童捐赠了20000余册图书,丰富了寄养儿童的业余学习生活。

团县委联合县关工委组织县信用联社、六中、爱心者协会等青年志愿者,深入县儿童福利院、特教学校等,累计开展关爱活动10余次;累计帮扶孙亮等20名贫困寄养儿童;捐赠了衣物、书籍、体育用品、洗衣机、消毒柜等价值3万余元的物品。

G县团县委积极联合明日之星、旭日金榜等公司争取了多媒体学习机、眼保仪、教学视频卡、书籍、字帖等教辅用品,合计价值为40余万元;建立完善了县希望工程救助长效机制,协调县农商行出资创设了初始规模为20万元人民币的G县农商行爱心基金。2015年,积极从省希望工程办为G县12位贫困少年争取了助学金5700元,并递交了2015年2所希望小学的申请报告。2015年7至9月份,团县委募集各类希望工程捐款60余万元,其中一部分指定捐助给了中小学校的寄养儿童。

G县团县委创新整合了县扶贫办、教育局、民政局、妇联、工会、卫计委等多个部门和企业，形成工作合力，建立起“多层次、多方位、全覆盖”的救助网络，几年来全县共筹集了各类助学资金共计625.6727万元，共计资助10468名贫困大学新生和中小学生，其中包括多名贫困寄养儿童。

2014年春节前和“六一”前，G县关工委和民政局配合县妇联、团县委，组织县直部分单位到所包镇(场)的学校看望慰问农村寄养儿童，其中，县关工委还资助了70多名困难寄养儿童，县法院两次到公吉寺中心校为100多名儿童送去学习用具，并为100多名儿童每人解决200元的助学金。县邮政局到曹市中心学校慰问寄养儿童，送去1000多套贺年卡，寄给在外务工的学生父母。据统计，全县各级关工委一起资助困难寄养儿童1500多人。高炉镇大呼村关工委领导小组组长先后帮助本村6名寄养儿童解决生活、学习上的困难。

2015年元月份，高公镇团委联合中心校发起了“为寄养儿童送温暖活动”，在此次活动中，镇团委将募集到的100余册儿童读物交到寄养儿童手中，并为寄养儿童送去文具盒、笔记本、铅笔等学习用品100套。此次活动得到镇党委政府及学校领导的大力支持，也受到了家长、社会的一致好评。充分体现了高公镇对寄养儿童工作的重视，同时让寄养儿童感受到政府、学校的关爱，感受到冬日的温暖。2015年5月31日上午，在六一儿童节到来之际，高公镇团委、妇联一行数人来到高公镇希望之星小学慰问了贫困寄养儿童，与他们交流谈心，并资助了10名品学兼优的儿童。

2. 乡镇行政机构层面

镇村两级利用自己的工作便利，结合寄养儿童的实际需要，针对性地开展了一些帮扶工作。

（1）建立健全寄养儿童工作机制

寄养儿童的管理不仅是学校的事情，还是家庭的责任，更是社会的任务，需要有关方面的密切配合。为此，西阳镇葛楼村成立了“关爱留守（寄养）儿童工作”领导小组，按照属地管理的工作思路，村干部进行一对一帮扶。实现了村居委会、学校和家庭的共同协作，开创了关爱寄养儿童工作的新局面。

葛楼村坐落在省道307线两侧，16个自然村，842户，人口3590人，留守儿童182名，其中寄养儿童46名（32名寄养在校）。寄养学校主要分布在县城和蒙城等地。

> 葛楼村支部书记说：“作为村这一级，资金是比较紧张的，我们积极发动党员干部和致富带头人对寄养儿童实行包保责任制，对其校内外生活给予特别关注，在上级有救助资金的情况下，优先考虑寄养儿童，让他们感受到党委政府的关怀和关心。下一步，我们将对寄养儿童建立专门台账，实行动态管理，积极联系学校、家长、监护人共同关心寄养儿童的成长，把他们培养成为对社会有用的人才！”

（2）落实政策，保障寄养儿童利益

关爱寄养儿童，还要制定和落实有关政策，形成工作制度，积极创造条件，对他们力所能及的提供各种帮助，细致耐心的进行正确引导。

刘庙村位于西阳镇河北，紧临涡河，交通不便，在西阳镇属于比较贫困的村，外出打工的人员较多，导致寄宿在学校的寄养儿童数量逐年增加。全村人口3285人，留守儿童142人，其中寄养儿童51人(寄养在校的45人)。

> 刘庙村支部书记说:“作为村支部书记,关心帮扶留守儿童,特别是寄养儿童责无旁贷。但是在这方面工作做的还是欠缺,只是在逢年过节和儿童节的时候象征性地关心一下。下一步我们针对寄养儿童逐个进行登记,村两委干部和党员代表进行一对一包保,不仅关心他们的生活,还要关注他们的成长,周六周日把他们请到农家书屋、文化娱乐室,接受积极健康的社会教育,让他们健康快乐成长!”

(3) 着力构建寄养儿童成长的良好氛围

随着经济的持续发展,更多的社会矛盾开始凸显和暴露,孩子生活的社会氛围也是每况愈下。因此不少乡镇从细处着眼,着力营造孩子成长的良好氛围,对于破坏这种良好氛围的现象更是重拳出击。以关爱孩子尤其是寄养儿童为题材,借助各种媒介从理想信念、道德修养等方面对孩子进行正面引导,传播正能量,从而对他们产生积极的影响。这些做法对优化孩子的生活环境,培养孩子明辨是非的能力、促进良好品格的养成都发挥着重要作用。不仅如此,不管是政府部门、农村社区、非政府组织还是专业社会工作者在面对他们时,应淡化寄养儿童特殊的身份,采用平等、接纳的态度看待寄养儿童,不要因为他们留守的特殊身份而排斥这些儿童。只有这样才能够保证对寄养儿童的干预、教育工作有效进行。①

---

① 王玉花.从心理弹性理论视角看留守儿童的社会支持网络[J].教育学术月刊,2010(10):6—7+16.

（四）学校层面

访谈的寄养儿童中有部分心理状态不佳，表现为对自己寄养所在的家庭存在偏见，对自己的亲人存在偏见，甚至有个别寄养儿童对社会抱有仇视态度，对一些自己不愿接受的事情或现象能忍度比较低，这需要教育工作者努力，帮助这些寄养儿童改变自己的消极思想。① 不过，多数寄养儿童对所在学校老师评价挺高。以 G 县 GX 学校为例，91.21％的寄养儿童认为学校和学校老师给他们提供了所需的关心和帮助，他们对此也心存感激。绝大部分孩子身心健康，没有突出的心理问题，这是很值得欣慰的事实。在校的寄养儿童心理状态处于正常的比例比较高，这也为解决寄养儿童心理问题提供了一个方向。农村寄宿生管理工作，一直以来都是学校管理工作的重中之重，它对培养学生形成良好生活习惯起着至关重要的作用，在提倡素质教育的社会环境里，培养学生的养成习惯是基础，而农村寄宿生管理，既存在机遇，也面临着挑战。②

近年来，由于地方经济发展相对落后，就业机会较少，待遇又相对较低，更多的农民还是选择外出务工，所以各校的寄养儿童数量均呈明显的上升趋势，基于寄养儿童情况的特殊性，学校也意识到寄养儿童的处境与普通留守儿童的处境有着一定的区别，也需要学校给予这个群体更多的关心和爱护，因此学校也在更多地探索有效的寄养儿童的教育和管理方法。因为各校情况有所不同，因校治宜，每个学校有不同的管理方式。

---

① 注：数据来源于 2014 年 YC 中学内部做的一次摸底调查。

② 焦正国，胡延俊，杨昌华，付铁铮．改进中小学寄宿制学校管理和学生资助的探索与实践[M]．云南：云南大学出版社，2011：73.

1. GX 学校的“手拉手”活动

开展“手拉手”活动，一名教师与一名寄养儿童、一名非留守儿童手拉手，搭建寄养儿童与老师、非留守儿童交流的平台，老师既要时刻关注寄养儿童的心理状态、学习情况和生活状况，又要加强与家长和监护人的联系和沟通，并与非留守儿童进行对比，查找寄养儿童在这些方面出现的问题，及时给予指导和纠正。引导寄养儿童和非留守儿童充分交流，实现两者相互学习、互相帮助、共同促进。学校对“手拉手”活动的效果进行监测，并以此作为考核教师的重要依据。

学校发挥主导作用，充分调动全体师生的力量，通过各种形式的关爱来培养寄养儿童的爱心和对生活的热心、对社会的信心。学校作为寄养儿童相对比较集中的场所，可以直接、方便地掌握寄养儿童概况，从而有针对性地对寄养儿童进行知识传播、行为引导和心理疏导，还能为寄宿生提供基本生活照料，这是学校作为寄养儿童关爱主体的便利之处。①

2. 西阳学区的互助机制

西阳学区一是依托留守儿童之家，开展课外活动，例如各种形式的竞赛、集体生日等，丰富他们的课余生活。二是建立互助机制，班主任为寄养儿童活动的主要组织者，课任老师具体与学生结对帮扶，多与他们交流，了解生活状况和心理状态，努力做到像父母一样生活上关心、成长中教育、学习上引导他们。三是开展定期家访（主要采用电话联系方式），多与家长沟通，取得他们的帮助和支持。四是要求教师付出更多的爱心、耐心、细心。教师此时扮演的角色不是单纯的知识传授者角色，更像保姆一

---

① 李磊，徐杨. 农村留守儿童的“学校代行式”社会工作——基于对皖北 M 校“关爱留守儿童工作”的调研[J]. 宿州学院学报，2013(04)：21—25.

样，照顾好他们的日常生活，成为他们生活中的朋友，进入他们的内心世界，与他们同欢乐同忧伤。

另外西阳学区还聘请法制宣讲团、报告团，专门给寄养儿童进行法律宣传，对那些行为意识确实存在严重问题的寄养儿童，必要的情况下，采取强制规范的办法，但前提是一定对孩子有正确的引导和启发。

3. 曹市中学的导师制

曹市中学采取教师导师制，例如：七年级二班有 48 个寄养儿童，语文老师崔忠翠辅导 10 个，数学老师贾辉辅导 10 个，英语老师刘成辅导 10 个，班主任张会军辅导 18 个；所有寄养儿童的学习和生活都由老师和班主任负责。导师的主要工作包括：培养寄养儿童的独立自主生活能力；培养寄养儿童的社会实践能力；陪伴学生吃饭；关心日常起居；和家长或监护人沟通等。七年级一班教师包干到人，实行导师制，老师和学生之间不是一种冷冰冰的师生关系，学生乐于向老师倾诉，老师也乐意倾听并帮助孩子们解决实际问题，师生之间的关系相当融洽。走上讲台是老师，走下讲台是父母，老师爱生如子，赢得了社会一致好评，让家长放心、满意。学校将关爱寄养儿童问题作为师德建设的一个重要组成部分，在班级内、共青团或少先队中关注寄养儿童的学习、生活，尽力满足他们对爱的需求。

4. 组织活动，丰富寄养儿童生活

学校与班级活动是德育的最佳载体，这是因为品德的养成是在学生丰富的生活与多元的实践活动中慢慢陶冶出来的。①利用节假日和重大纪念日等，教育局联合妇联、共青团等有关部

---

① 吴希红. 我要长成自己——初中生自主教育实践探索[M]. 北京：社会科学文献出版社，2012：96.

门开展国学经典演讲、讲故事、征文、艺术比赛等丰富多彩的活动，丰富文化生活，全县各学校积极参与活动，组织万余人次参加。在最近的一次国学经典演讲比赛中，G 县二中寄养儿童周泓同学作为 G 县学生代表，到亳州市参赛取得了一等奖，并被推荐参加全省比赛，取得了优异成绩。

> 徐校长认为：问题孩子存在的问题，其实就出现在孩子们课余时间的问题上。[①] 在课外活动方面，学校应为寄养儿童安排丰富的内容，根据每个儿童的个性心理特点，引导寄养儿童培养积极健康的兴趣爱好。学校组织有相关爱好和特长的师生为寄养儿童提供指导，帮助他们选择，带动他们入门，让每一个孩子都有适合自己的业余爱好。课余时间，学校心理咨询室和女生处配备心理咨询师可以为寄养儿童解决心理问题，各班班主任和任课教师也可以随时给予寄养儿童相应的帮助。为了激励寄养儿童，学校每周例会都对学习和生活中有进步的寄养儿童进行奖励和鼓励。经过学校和老师的长期努力，寄养儿童的情况已经有了一定程度的好转，但也有一部分很难转变的寄养儿童，这和家长的文化素质低有关。

可以说，一系列举措对于寄养儿童的健康成长、学业进步还是有着较为明显的促进作用。但是由于农村寄养儿童管理工作评价体系未建立或不完善，导致关爱农村寄养儿童工作有关各方没有具体的任务和责任，也没有详细的要求，关爱工作变成了

---

① 谭中长，谭小林，郑明．留守儿童教育石柱模式[M]．北京：社会科学文献出版社，2011：180.

道德层面的事情。所以，要调动各方力量关爱农村寄养儿童并确保工作实效，就要出台相关的制度和政策，分解任务、落实责任、明确要求，并对关爱工作情况进行绩效评估。[①] 一方面学校工作并不能完全弥补寄养儿童父母关爱和家庭教育的缺失，另一方面学校的上述措施要真正实现设定的目的、达到既定的效果还有不小的难度，因此目前学校在关爱寄养儿童方面还面临着不少难题。

（五）寄养场所层面

父母常年在外，造成了寄养儿童亲情和家庭教育的缺失。很多父母担心孩子在学校寄宿得不到更多的照顾和关注，就把孩子寄养在可以全托的机构里或亲戚朋友家，从而大量民办的家庭似的托管机构在G县应运而生。联系到五家寄养机构愿意接受参观，这几所寄养机构条件参差不齐。愿意接受深入访谈并详细的介绍自己日常管理的寄养机构只有1家。[②] 这家寄养机构里基本上都是寄养儿童，其负责人说：

> 我们现有寄养儿童112人，小学生65人，初中生47人，覆盖了一年级（平均年龄六周岁）到九年级学生（平均年龄十五周岁），绝大多数学生的父母长年在外，个别学生的家长是本地生意人，无暇照顾孩子，就把孩子寄养在这里。

---

① 王正惠.规划纲要视域下农村留守儿童教育关爱服务体系的构建[J].教育理论与实践，2011(35)：27—29.

② 注：这所寄养机构是一所办的较成功，住宿、食堂、各种课外活动开展的都不错，这是他们愿意接受访谈的主要原因。通过教育局和当地派出所联系了多家寄养机构，他们多不愿意接受访谈。无从得知真正的原因，作者猜测是因为寄养条件不够好不愿意让教育局了解或者是担心作者借访谈的名义做其他的事情。

访谈中了解到，在生活条件上，每个寝室（约 50 平米）住 20 多名学生，能保证一人一床一柜，每个寝室至少有一名教师 24 小时看护值班，如孩子生病，不管任何时间都会第一时间送到医院，如需住院再通知家人，以确保寄养儿童人身安全。饮食上，每天所有饭菜都是上午新鲜购买，从来不吃剩饭剩菜，保证饭菜营养丰富，保障学生身体健康成长。

在学习上，聘请有丰富教育教学经验，甚至有高级教师职称的在校老师辅导孩子功课。老师们除了每天辅导孩子们完成作业外，还会定时开展一些益智类、运动型的游戏。如：组织学生下象棋、五子棋、走迷宫、搭积木、踢毽子、跳皮筋、打羽毛球等，让他们动静结合，健康成长。孩子们生活丰富了，心情自然就愉快了，学习劲头更大了，成绩一般很快就会提高。

这家机构很注意培养行为习惯，尤其是卫生习惯。夏天勤洗澡、换衣服；冬天也要至少每周洗一次澡、换两次衣服。每个寝室每天都有值日生，值日生负责打扫室内卫生，督促学生整理自己的床铺，开窗通风、到点准时熄灯等，保证寝室环境干净整洁。为了督促学生保持环境卫生，负责寝室的教师每天午饭后组织寝室长到各个寝室检查，然后进行评比，评出文明寝室给予奖励。

从访谈和实地考察来看，这所寄养机构的运作良好，但是住宿和消防安全尚待改善。但是这家寄养机构的收费也比较贵，比所了解到的其他寄养机构收费每个月贵几百块，这在县城是一笔不小的花费。

可以看出，无论是政策层面，还是执行层面；不管是教育行政部门还是学校，包括其他从事寄养儿童管理工作的有关各方都对寄养儿童给予了一定的关注，出台并落实了一些文件政策，做了一些扎实有效的工作，为有效改善寄养儿童成长处境发挥了重要的作用。但由于多方面的原因，要从根本上改变寄养儿童成长中面临的种种问题，教育行政部门和学校还有很多工作要做。

四、寄养儿童教育管理存在的问题

寄养儿童往往生活在缺少关注的角落里，甚至有些没有户口，没有明确的身份，由于家庭社会经济地位普遍偏低以及寄养给儿童带来的不利影响，寄养儿童的教育管理需要政府行政部门和社会方方面面投入更多的资源和关注。访谈中发现许多访谈对象对关爱寄养儿童的政策和大型活动比较熟悉，但对于寄养儿童的处境不是真正了解或者也没有发自内心的想去了解。许多访谈对象对寄养儿童教育管理工作没有新的思路。

从G县访谈调查了解到的现状来看，寄养儿童的教育管理工作还存在各种问题。下面从教育行政部门层面、其他行政部门层面、学校层面、寄养场所层面阐述寄养儿童教育管理上存在的问题。

(一) 教育行政部门层面

有别于其他行政部门，教育局在寄养儿童教育中还担负更多重要而特殊的责任。教育行政部门作为政府管理教育的行政部门，不仅要为政府关爱寄养儿童当好参谋和助手，还要充分发挥自身的能动作用，从政策制定层面、对学校的管理层面和对学校的评价层面为寄养儿童的健康成长提供支持。无论是制定教育规划时多大程度上考虑到寄养儿童的因素，还是指导学校完善关爱寄养儿童的方案和措施、督促和考核学校关爱寄养儿童工作的落实，教育行政部门的作用都至关重要。G县教育行政部门为此已经做了一些扎实有效的工作，但很明显还不够。

1. 教育资源布局调整不合理

“在教育部门看来，撤并学校整合优化了教育资源，是实现教育规模效益和教育现代化的必由之路。”①但是由于多方面的原因，G县的学校，特别是农村学校撤并力度不够，布局明显不合理，学校数量过多，导致多年来学校在师资力量分配、项目资金投入等方面过于分散，影响学校办学条件的改善和师资水平的提高。由此带来的负面作用是一系列的。由于学校硬件建设不足，大部分学校校舍等条件仅仅能够满足教学的需要，无法为学生提供食宿等学校寄养必备的条件；由于师资力量不强，寄养儿童管理在人力上难以得到保障，学校不仅没有富余的人员专门从事寄养儿童管理工作，而且教师教育教学等方面的工作任务也很繁重，受时间精力的限制，从事关爱寄养儿童工作的积极性、主动性必然大打折扣。这种学校数量过多的现状不但会导致学校无法上规模，而且会使得从事学校管理的人员增多，影响学校管理人员队伍的整体素养，学校的管理水平也难以保证。

随着危房改造、校舍维修改造、校舍安全工程和薄弱学校改造等项目建设的不断深入，几年来各校在学校建设中都投入了一定的资金，目前，G县的学校布局已经陷入了这样的困境，有些学校生源数量明显不足，但撤并这部分学校和处理这些学校的校产都有一定的难度，保留他们又会使教育的发展受到制约。

2. 不能有效考核学校寄养儿童工作情况

在关爱寄养儿童工作中，教育行政部门做了大量工作，从文

---

① 张雪艳. 农村小规模学校发展政策研究[D]. 华中师范大学，2012：8.

件的印发到措施的落实，从政策的制定到监督执行，都层层盯紧跟进。比如切实加强学校寄养儿童心理健康教育，基本实现寄养儿童在校有校领导包到班，在班有老师包到人。但是虽然G县教育行政部门下发了许多相应的配套文件，也制定了相应的制度措施，但在考核机制的落实上，却显得有些滞后，没有配套的监督考核措施。制度出台后，落实情况如何谁来监督？落实不力该追究谁的责任？这些问题都需要得到最好的回答。

为了切实保证这一工作的有效性和长期性，教育行政部门应建立健全督导考核机制，比如对学校师生的结对情况过程进行跟踪，并考核结果；促使学校形成合理的评价办法，建立和完善工作考评制度并认真落实；按时对学校和教师进行考评，并将结果作为奖优罚劣的依据。

3. 没有和寄养儿童沟通的便捷通道

与寄养儿童密切相关的几个系统之间缺乏交流、信息共享困难对寄养儿童的教育会产生不利的影响。[①] 现实中，寄养儿童的境况有以下三种：一是住在学校，二是在社会寄养机构，三是在亲戚朋友家里。无论寄养儿童处于哪种情况，监护人多关注他们的安全和吃穿住行，加上外出打工的父母和孩子的交流不频繁，所以，教育和关怀双重缺失下造成了很多寄养儿童内心无助。因此，让父母意识到与孩子沟通和亲子陪伴的重要性是十分必要的，现在通信技术已经很发达，父母可以通过打电话、视频聊天等方式弥补不能陪伴孩子的缺憾，让孩子觉得父母并没有把他们遗忘了。然而，寄养儿童心中的与父母进行沟通和

① Allen B, Vacaa J S. Frequent moving has a negative affect on the school achievement of foster children makes the case for reform. Children and Youth Services Review. 2010, (32):829 - 832.

情感诉求的渴望，也往往因为父母“太忙”而被有意或无意忽略了。

学生诉求指学生为保证他们成长过程中的权益，使自己的价值取向得到接受和认可，提请学校的管理层和决策者考虑的自己的陈诉及请求。① 在G县，教育局与寄养儿童的联系几乎是单向地从教育局向寄养儿童(图4.1)，从寄养儿童到教育局基本上没有信息传递的通道，教育局对学校和教师关于寄养儿童教育工作的情况可以说是通过学校的汇报和资料来了解的。如果寄养儿童在学校和教师那里也缺少诉求的路径，学习和生活就会陷入困境。教育局编制少，人手有限，面对数量如此多的寄养儿童不可能面面俱到，但是教育行政部门应充分认识到寄养儿童在封闭、孤立的处境中成长会带来的一系列问题。

(二) 其他行政部门层面

寄养儿童因长期不能与自己的父母生活在一起，长期缺乏亲情关爱，致使寄养儿童在生活、教育、心理等诸多方面存在问题，所以关爱寄养儿童应该是全社会关注的问题，只有创造优良的环境，才能让寄养儿童健康成长。就关爱寄养儿童工作，G县的措施已取得一定的成效，但也存在一些不足之处。政府行政部门在寄养儿童教育工作中普遍存在以下三个问题。

1. 重物质帮助轻精神支持

政府行政部门目前对寄养儿童采取的主要措施是物质帮助，为寄养儿童提供生活学习费用或者生活学习物品这种方式最简单直接，但是效果并不好。政府行政部门在对寄养儿童的

---

① 刘国庚．学生诉求关注：人本教育理念的彰显与进路[J]．中国成人教育，2013(15)：8—10.

心理健康、安全、监护人的培训上做的工作还远远不够。

寄养儿童应该引起社会各方面的关注与关爱。G县政府行政部门一直在为积极改善寄养儿童的生活和学习条件作出努力，提供更多的物质帮助。他们认为寄养儿童的产生是由于其父母外出打工导致，父母不在身边，物质方面必然匮乏，关爱寄养儿童工作，就要给寄养儿童一些物质上的保障。所以，他们往往只是给寄养儿童送去书包、文具、衣物等，却忽略了寄养儿童精神层面的需求。

寄养儿童真正需要的是什么？其实，很多寄养儿童并不是想象中那样缺吃少穿，现在国家富裕了，农民经济收入提高了，孩子们也吃穿不愁了，物质上也就不再有那么多的需求。反观其精神上却是相对空虚，父母不在身边，爷爷奶奶外公外婆毕竟不能代替父母的关心呵护；老师的心理辅导，也不能完全掩盖寄养儿童内心深处的自卑和空虚。随着越来越多的寄养儿童的心理问题被发现报道出来，政府行政部门开始意识到寄养儿童更需要精神关爱和支持，比起寄养儿童物质上的不足，更应该关注精神上的匮乏。

2. 重政策制定轻落实监督

各部门制定了有关留守儿童的一些政策，如：《关于做好关爱留守儿童工作的意见》（皖发［2009］32号）《农村留守儿童之家建设实施办法》《安徽省校内留守儿童之家建设和管理办法》以及2016年2月4日国务院印发的《关于加强农村留守儿童关爱保护工作的意见》等，均强化了留守儿童关爱保护工作的保障措施，为留守儿童提供了更多的物质及精神帮扶，致力于从根本上逐步解决儿童留守问题，为儿童身心健康发展提供保障。寄养儿童是留守儿童的一个亚群体，关心、爱护寄养儿童，使他们的权利得到充分保障，不仅需要政府的不懈努力，还离不开家长和社会的积极配合。

但遗憾的是，政府行政部门对寄养儿童的政策落实监督还不尽人意，使得寄养儿童的问题没有明显改观，有的变得更加突出。改善寄养儿童成长处境是一项持久且见效慢的工作。而有的乡镇政府没有外出务工家庭的任何专门资料，也没有对寄养儿童家庭数字做过详细统计。俗话说，一分部署，九分落实监督，政府行政部门应依据相关政策做到对寄养儿童关爱保护的全覆盖，做到不留死角，必须采取切实可行的办法落实监督，使得关注寄养儿童工作有序开展。他们需要建立一个常态化的督导检查机制，才能确保一些针对寄养儿童的政策文件能够起到一个良好的效果，才能有效地改善寄养儿童成长处境。

3. 重理论指导轻具体措施

要为寄养儿童健康成长办实事，加大经费投入，努力提高对农村寄养儿童关注程度，不仅停留在居高临下的理论指导层面，更应在具体措施上下工夫，缺少实实在在的具体措施，再好的理论也只能是空中楼阁。

对于寄养儿童，政府行政部门只有做到精神上关爱支持，制定相关政策、完善管理制度、采取切实有效的措施，并监督各有关方面执行到位，才能确保寄养儿童管理工作的实效。

（三）学校层面

学校作为寄养儿童教育的主体，理所当然应发挥主渠道作用，并将教育工作向社会和家庭延伸。但是一方面学校受自身条件和教师资源的限制，很多学校食宿条件不能满足孩子的实际需要，而且人力资源明显不足，缺少生活、心理教师，因此在关心和照顾寄养儿童的生活方面常常会陷入有心无力的局面。另一方面由于重视程度不高、管理经验不足、缺乏监护人的配合、教育渠道单一等原因，很难达到教育的目的。

1. 对寄养儿童重视程度不高

多数学校更多关注的是学生的学业成绩，并没有过多关注寄养儿童的需要和发展，尤其是心理健康发展的需要。

一方面是师资力量有限。因为没有招考专职教师，G县农村中小学校想开设心理教育、生存教育、安全教育和法制教育等课程是不现实的，但这是寄养儿童成长过程中不可缺少的教育。

二是教师积极主动性不高。给寄养儿童更多的关爱是每个老师需要做到的，但是学校教师从事寄养儿童心理疏导工作的积极性不高，尽管学校把这项工作纳入对教师的绩效考核，以此提高他们进行心理疏导工作的积极性，但还是有部分老师消极应对，对寄养儿童只是批评再批评，结果使得孩子更加叛逆。还有教师对寄养儿童心理疏导工作的重要性、必要性认识不到位，因此热情不高、兴趣不大，认为学校要求他们做与本职工作无关的、没有什么意义的事情。让教师在思想认识上与学校保持一致、真正重视这项工作是学校首先要解决的问题，也是确保心理疏导工作效果的前提和基础。

心理疏导工作是寄养儿童教育管理的一个难点，想要解决这个问题，需要家长、监护人、学校和每一位一线教师共同努力。“不要用可怜的眼光看他们，要用赞赏的眼神为他们加油！”①

---

① 杨元松. 中国留守儿童日记[M]. 江苏：江苏文艺出版社，2012：265.

2. 对寄养儿童管理经验不足

农村学校师资力量相对薄弱，人员比较紧张，要想不打折扣地按照学校的措施对寄养儿童实施关爱，人力明显不足，而且学校和教师在工作中必须把握好分寸，稍有不慎，一旦触碰寄养儿童脆弱的那根神经，反而容易产生负面的效果，导致寄养儿童产生在学校低人一等的感觉，形成自卑的心理。所以教师在工作中既要关爱，又要把握尺度，但由于教师工作繁忙，而且每个教师工作中方法不同，加上寄养儿童的个性各不相同，因此工作中还会出现一些弄巧成拙的情况，出现这种情况后，教师觉得自己一片好心学生不领情、学生觉得老师不当的言行伤害了自己的自尊，反而影响了师生关系，不仅违背了关爱寄养儿童的初衷，而且对寄养儿童的成长造成了不良影响。

因此学校要加强对教师关爱寄养儿童工作的管理和引导，定期组织教师就关爱寄养儿童工作进行交流研讨，总结经验教训，探讨方式方法，不断积累教师关爱工作的经验，纠正工作中出现的偏差和存在的问题，提高他们从事这项工作的实践能力。

3. 和寄养儿童沟通交流不够

“监护人和寄养儿童之间的互动质量与行为问题关系密切，比如说高质量的互动可以使寄养儿童存在较少的外在和内在问题。”①而访谈中发现学校、教师与寄养儿童监护人沟通交流不够，难以形成“三位一体”的教育网络。由于寄养儿童的父母均不在孩子身边，学校与他们沟通的机会很少，监护人与孩子的关

① Karine Dubois-Comtois, Annie Bernier, George M. Tarabulsy, Chantal Cyr, Diane St-Laurent, Anne-Sophie Lanctôt, Janie St-Onge, Ellen Moss, Marie-Julie Béliveau, Behavior problems of children in foster care: Associations with foster mothers' representations, commitment, and the quality of mother-child interaction, Child Abuse & Neglect, October 2015, 48: 119 – 130.

系又使得他们对寄养儿童的教育情况关心不够，学校与他们探讨孩子的学习生活情况时他们也往往以难以做主为由推托，与教师配合的效果也很不理想，使得在寄养儿童的教育这个系统中出现了明显的薄弱环节，严重影响教育的效果。纵然学校和教师全力引导寄养儿童，纠正他们的问题，但因为缺少家庭的配合，教育效果有时候不能完全实现。

由于寄养儿童成长处境特殊，对他们的教育和引导基本上完全依靠学校，只有学校对寄养儿童管理工作高度重视，投入相应的人力，采取孩子乐于接受的方式方法，与家长和监护人形成合力，才能保证寄养儿童的身心健康。

（四）寄养场所层面

孤儿和弱势儿童失去了他们的第一道保护防线——父母。有的原因是暂时的，有的则是永远的。虽然原因各不相同，但与父母及家庭的分离通常会损害儿童的总体利益，不利于儿童的成长发育。此外，对于离开父母的儿童，机构式养护通常并非是最好的方法。① 研究中共走访了五家寄养机构，其中一家条件较好的接受了访谈，其管理有好的方面也存在着一些问题。同时也通过对校长和教师的访谈调查，侧面了解了一些寄养家庭的状况。寄养场所的问题归根结底是寄养家庭和社会寄养机构普遍存在着责任意识不强的问题，对家长把孩子交给自己后应该履行的职责认识不清，很多时候还存在着得过且过的思想，受这种想法、心态的影响和支配，寄养场所层面产生了很多问题，主要体现在以下三个方面。

---

① 孤儿和弱势儿童. UNICEF. http://www.unicef.org/chinese/protection/index_orphans.html.

1. 监护态度随意

访谈中发现，许多寄养家庭监护人或寄养机构的负责人持有敷衍搪塞的态度。主要原因如下：一是寄养家庭接受亲戚朋友家的孩子，可能是碍于情面、迫于无奈，也是一种额外的负担，这种心不甘情不愿的心态注定他们对寄养儿童生活中的照顾要降低标准和要求，只要孩子安全的底线不突破，安全方面不出现问题，其他方面则大而化之，能做多少是多少。二是因为寄养儿童不是自己的孩子，往往自己在教育引导中难以承担责任，不好把握分寸，管理太严格，怕孩子会怀恨在心，不利于关系的维持，出力不讨好。索性不如放任自流，任其发展，好了最好，不好也是孩子自己的事情。如孩子的爷爷奶奶一般年纪偏大，和监护对象之间存在巨大的“代沟”，其他类型的监护人在管教孩子上也会遇到困难，对别人的孩子在管教上“只能有所为，有所不为”，对孩子的不妥当行为“有的不好管，有的管不住”。[①] 三是社会寄养机构持相同的态度，让孩子吃好穿暖，别出现安全事故，至于孩子的成长、发展、习惯养成则顺其自然。他们认为：你的孩子心理、学习和生活习惯等各方面出现问题是你孩子自己的事情，为什么人家的孩子就没出现这方面的问题？

2. 监护能力不足

父母不能陪伴在孩子身边，监护人多专注学生衣食住行，他们认为学业成绩、行为习惯、心理疏导应该是学校的工作，与他们无关。这一方面是监护人态度的问题。另外一方面是受自身文化水平的限制，没有能力去辅导孩子的学习、疏导孩子的心理、让孩子养成良好的生活、行为和学习习惯。社会寄养机构为

---

① 周宗奎，孙晓军，刘亚，周东明. 农村留守儿童心理发展与教育问题[J]. 北京师范大学学报(社会科学版)，2005(01)：71—79.

了降低成本，聘用的后勤管理人员多是文化程度不高的农村老年人，他们对寄养儿童的照顾与寄养场所相差无几，能够发挥的作用与寄养场所也是大同小异。

很多被访谈者普遍认为，孩子还是寄养在学校更让人放心，因为在学校有老师陪护，有同学相伴。另外，学校还经常举行一些有意义的活动，有利于培养寄养儿童的社会交往能力，引导其积极、乐观、健康成长。

3. 监护监督松弛

由于寄养儿童所在的寄养家庭或托管机构，往往只关注孩子的衣食住行，忽略了对孩子其他方面的教育和引导，他们把责任都推给学校，这让老师和学校感到很孤立。在寄养儿童的学习问题中，学校和教师几乎承担了寄养儿童学习的全部责任，当寄养儿童教育管理的压力都集中在他们身上时，学校的委屈和无助、教师的不解和抱怨，都对寄养儿童学习积极性和学业成绩产生至关重要的影响。

> 林场中心校校长认为生活环境对孩子的影响非常重要，在对 50 名寄养儿童成长环境进行调查的时候，得到了这样一个数据：这 50 名寄养儿童中，有 16 名住在父母的同学或朋友家，28 名平时寄宿在学校，还有 6 名住在社会寄养机构。住在父母朋友家的孩子，有 60.5% 的孩子不愿和别人交往，寄宿在学校的基本正常，这可能和平时老师的正确引导有关系。他们的监护人似乎对寄养儿童还有偏见，这对孩子的身心健康发展极易造成不良影响。

对于寄养的留守儿童，其所寄养家庭环境对孩子的身心发展影响就更大。[1] 社会寄养场所必须改善自身条件，为孩子提供安全舒适的成长环境；规范管理和操作，提高管理人员素质；加强沟通交流，与学校和家长通力合作，才能够为寄养儿童的健康成长保驾护航。由此可见，寄养儿童教育管理工作中还有很多问题亟待解决，需要通过教育行政部门和学校的努力，才能履行关爱寄养儿童的责任、完成关爱寄养儿童的任务、实现关爱寄养儿童的目标，改善寄养儿童成长处境和教育管理现状。

本章通过梳理访谈结果，阐述了寄养儿童的发展历程、客观描述了寄养儿童的教育管理面临的困难、总结了寄养儿童教育管理已采取的主要措施，并从不同层面梳理了 G 县在寄养儿童教育管理上存在的主要问题。对寄养儿童教育管理现状的分析不但为教育行政管理指出了痛点，为教育行政管理政策的制定提供了依据，同时也为改善其他儿童群体的处境提供了借鉴。

---

① 潘小娟.中国农村留守群体生存状况研究[M].北京：社会科学文献出版社，2013：66.

第五章　对策与建议

任何社会问题,无论是它的发展还是它的解决都需要一个过程。即使提出了相应的对策,也很难确保这个社会问题的顺利解决,但是必须着手去做。本研究通过对 G 县 4—9 年级全部在校学生的问卷调查,结合对寄养儿童相关利益者的访谈,分析了 G 县寄养儿童成长处境及其教育管理现状。从访谈结果分析来看,G 县当前的做法主要是在关爱留守儿童工作的基础上,对寄养儿童给予一定的关注,针对关爱寄养儿童的政策和措施还相对较少,而且由于多种原因,在寄养儿童教育管理工作中,很多环节存在问题。针对研究发现,作为一名教育管理者,本章从县域教育管理的角度出发,以教育局和学校两级行政单位为措施实施主体,提出以下对策与建议来改善寄养儿童成长处境及其教育管理现状。

第一节　建立寄养儿童管理考核机制,强化督导问责

访谈中发现 G 县行政部门都各自或联合做了不少关爱寄养儿童的工作,但是这些临时的、不系统的帮扶工作对寄养儿童教育所能够起到的效果有限。教育局作为在校寄养儿童的直接管理者,应当肩负起责任,协调其他各行政部门,充分发挥考核

和评价的导向作用，通过制度建设督促各方在寄养儿童教育管理工作中尽职尽责，以确保寄养儿童教育管理工作任务的落实和工作目标的实现。

一、建立寄养儿童工作联席会议制度

由县教育局建议并联合其他行政部门[①]，建立“寄养儿童教育管理工作联席会议制度”，成立关爱寄养儿童工作委员会。联席会议办公室设在教育局，联席会议召集人由教育局局长担任，各单位分管负责同志为联席会议成员和关爱寄养儿童工作委员会成员，并确定1名工作人员作为联络员。由教育局确定寄养儿童教育管理工作的目标任务和具体措施，明确各个部门的职责和任务。

联席会议主要运作机制是教育局协调、部门联动，在需要的场合调动其他行政部门发挥自身的指挥、组织和协调作用，共同关注寄养儿童。构建以教育局为主体、相关部门联合、全社会共同参与的关爱体系。工作内容包括：摸排各乡镇、各村寄养儿童的情况、去向和现状，建立寄养儿童信息档案；计划并实施关爱寄养儿童的工作方案，重点从寄养儿童的心理辅导、文化市场和食品市场的管理整顿、社会寄养场所的规范和社会寄养场所人员素质的提高、关爱寄养儿童基金和奖励资金的落实和使用、举办专题讲座和培训等方面对寄养儿童实施关爱等方面落实。

为了确保关爱寄养儿童工作的常态化，加强相关部门的合作，寄养儿童管理工作联席会议原则上每年召开1—2次，如有需要也可不定期召开，研究如何落实工作，如何通过有效的制度

---

① 注：其他行政部门主要包括宣传部、公安局、发改委、民政局、工会、团委、妇联、广播电视台、关工委。

有序推动寄养儿童管理工作的开展。各成员单位要对寄养儿童教育管理工作中的职责有清楚的认识，并认真落实联席会议安排的各项任务，实现信息共享、加强相互配合、形成工作合力，确保联席会议的作用得到更充分的发挥。寄养儿童管理工作联席会议要以会议纪要的形式明确会议形成的决议，各成员单位对于会议形成的决议应各司其职，遵照落实，并将落实情况及时通报联席会议办公室。

二、考核学校寄养儿童教育管理工作

要让学校真正重视寄养儿童的教育管理工作，把寄养儿童的安全、学习、生活和身心健康放在突出位置，就要将寄养儿童教育管理工作纳入对学校工作的考核，提高这项工作在督导考核中的分值和权重，由教育行政部门制定科学合理的考核方案，把关爱寄养儿童在校生活和学习状况以及寄养儿童心理疏导和成长指引工作纳入考核评估指标体系之中，从而保证寄养儿童能有更好的成长环境。考核从学校关爱寄养儿童的组织机构成立情况、制度建立健全情况、方案制定实施情况、活动开展情况等方面进行量化评比，组织人员定期对学校工作开展情况进行检查、指导和评比，详细考核学校在关爱寄养儿童方面做了哪些工作、开展了哪些活动、取得了哪些成效、还存在哪些问题。学校有没有做到"三知、三多、三沟通"，即知寄养儿童自身的情况、监护人的情况及其父母的动向；与寄养儿童多交流谈心，多开展人文关怀集体活动，多到寄养儿童家中走访；教师与寄养儿童父母沟通，学校与监护人沟通，与校外辅导员沟通。

对于寄养儿童教育管理工作得力、措施得当、寄养儿童关爱工作成效明显的学校和个人，给予表彰和奖励；对于管理工作不力，关爱工作问题突出的学校也要追究责任，实施问责。引导学校和教育工作者将寄养儿童管理工作放在更重要的位置，提高他们关爱寄养儿童工作的积极性、主动性和自觉性。通过充分发挥督导考核的职能，保证寄养儿童管理工作目标任务的落实。

三、形成对寄养家庭、代理监护人评估机制

在访谈中发现社会寄养机构基本上处于无监督状态，教育行政部门和其他行政部门都没有监督这些寄养机构（图 4.1）。不可否认接受访谈的一家寄养机构运转良好，但是其他众多寄养机构情况无从得知。不过从一些校长和教师的反馈中得知这些寄养机构存在很多的问题。教育局在了解这些寄养机构情况方面有天然的优势，调查研究表明 G 县住在校外的寄养儿童有 1853 人，占寄养儿童总数的 15.8%，通过教师去详细了解他们居住的环境、监护的状况，这个工作量在教师可以承受的范围内。《家庭寄养管理办法》第二十六条规定县级以上地方人民政府民政部门对家庭寄养工作负有以下监督管理职责：①

（一）制定本地区家庭寄养工作政策；

（二）指导、检查本地区家庭寄养工作；

（三）负责寄养协议的备案，监督寄养协议的履行；

（四）协调解决儿童福利机构与寄养家庭之间的争议；

（五）与有关部门协商，及时处理家庭寄养工作中存在的问题。

因此教育行政部门要逐步建立寄养儿童代理监护机构的评估制度，专门制定评估寄养儿童代理监护水平和监护质量的指

---

① 中华人民共和国民政部. 家庭寄养管理办法. 2014－09－14. http://www.mca.gov.cn/article/zwgk/fvfg/shflhshsw/201409/20140900706005.shtml.

标体系。在对学校关爱寄养儿童工作考核评估的同时，建立对寄养家庭和代理监护人的评估机制，在充分调查了解寄养儿童家庭情况和寄养情况的基础上，针对每一个寄养家庭和代理监护人对孩子的关心、教育的现状进行评估，找出存在的问题，及时与家长及监护人进行沟通。

对于寄养在亲戚朋友家中的寄养儿童，要了解和控制每个家庭寄养儿童的数量，有一个孩子的家庭寄养儿童的人数不能超过 2 人，有两个孩子的家庭寄养儿童的人数只能有 1 人。要评估社会寄养机构，对他们的基本条件、日常运营管理和聘用的社会工作人员、心理辅导人员和医务人员专业化程度进行评估。“要确定完善的评估程序和适当的评估组织机构，使评估结果具有科学性、权威性，建议专门成立一个负责评估的部门，来承担专业的评估工作。只有这样才能保证评估的连续性和稳定性，使评估过程专门化、科学化和全程化。”①对于存在严重安全隐患的寄养机构要坚决取缔，并做好与家长的沟通工作。对于基本条件较好，运营管理不够规范或聘用人员不符合条件的机构，要督促其整改和规范，促进社会寄养机构管理和服务的人性化、规范化、专业化。确保这些寄养机构能够守住安全的底线，培养好孩子的习惯，疏导好孩子的心理，引导好孩子的学习，照顾好孩子的生活，使寄养场所里的孩子更安全、更健康、更快乐，提高他们的幸福指数。

“寄养儿童的依恋安全性研究主要集中在寄养安置一年后，寄养儿童的依恋性形成及其影响因素。研究选择的样本包括 55 名儿童(1 名 6 岁)和他们的主要寄养照顾者。分析显示，寄

---

① 吴鲁平，韩小雷，高鑫. 家庭寄养动机与绩效对“北京模式”的深度分析[M]. 北京：社会科学文献出版社，2005：211.

养儿童的依恋安全性显著增加，因为开始离开父母会降低依恋安全性，但与寄养监护人培养感情会促进依恋性形成。”[①]通过协调调动各方力量，形成在教育局推动下，各部门各司其职、各负其责地改善寄养儿童教育管理现状。完善寄养儿童教育管理的考核评价体系，加强对学校寄养儿童教育管理工作的考核和对寄养儿童代理监护人的评估，发挥考核评估的导向和促进作用，保证学校和监护人从事关爱寄养儿童工作的自觉性。

第二节 加快学校布局调整，合理调配教育资源

G 县由于农村人口密度较小，而且近几年部分学校生源快速减少，许多农村学校在校生不足 50 人，出现了 10 名教师教 2 个学生的情况，有的学校甚至没有学生，“麻雀学校”和“空巢学校”大量出现，教学点更是难以为继。[②] 因此调整学校布局势在必行，基于目前 G 县的实际情况，需要从以下方面整合教育资源。

一、盘活教育资源存量

设法盘活现有教育资源，采取积极有效的措施改进现有教育资源在寄养儿童管理工作中的效果。

一是大力实施培训工作。严格按照上级教师培训工作的要求，对教育管理干部和教师进行培训，培训中渗透更多关于关爱

① Katrin Lang, Ina Bovenschen, Sandra Gabler, Janin Zimmermann, Katja Nowacki, Josephine Kliewer, Gottfried Spangler, Foster children's attachment security in the first year after placement: A longitudinal study of predictors, Early Childhood Research Quarterly, 3rd Quarter 2016, 36: 269 – 280.

② 邬志辉，史宁中. 农村学校布局调整的十年走势与政策议题[J]. 教育研究，2011(07)：22—30.

寄养儿童方面的知识，满足广大中小学教师从事寄养儿童管理工作的需求。

二是充分发挥评先评优的激励作用。在评选先进单位和个人时，向农村学校和教师倾斜，优先考虑在寄养儿童管理工作中做出突出贡献的单位和个人，充分发挥先进评选的引领作用，带动广大教师关心寄养儿童，在教师队伍中形成关爱寄养儿童的良好氛围。

三是推进职务（职称）制度改革。职务（职称）晋升向农村专任教师倾斜，优先考虑在寄养儿童管理工作中做出突出贡献的教师，改变原来中小学教师职称评审过分强调论文和学历的倾向，坚持重师德、重能力、重实绩、重贡献。

四是牢牢抓住校长队伍。在考核学校寄养儿童教育管理工作的基础上，把考核结果作为校长交流的依据之一，增强他们关爱寄养儿童工作的紧迫性，充分发挥校长队伍的作用，促使他们更加注重寄养儿童的管理。

通过创新方法，调动教育资源，充分发挥现有资源在关爱寄养儿童工作中上的效益。

二、规范学校布局调整

根据布局调整规划，加快学校撤并力度，不断加快各级各类学校软、硬件建设，提升学校的软硬件条件和师资力量，通过促进学校上规模来实现学校上水平。

一是要优化农村学校资源，集中资源办好学校，及时撤并规模小、布局不合理的村级小学，原则上人口在 5000 人以上的行政村，保留一所小学，确保保留学校具备一定的规模；坚持初中教育向县级和镇所在地集中办学，有计划、分步骤调整，原则上每乡镇保留 1 所初中，较大的乡镇保留 2 所初中。通过调整促进农村学校在资金投入、项目管理、教师资源统筹等方面进一步集中，效率进一步提升。

二是要扩大城区教育资源，根据城市发展规划和人口分布情况，有序安排、合理布局中小学校，建设的小区必须要有幼儿园配套。从而保证城市教育进入良性循环的轨道。

三是要适度发展民办教育，鼓励发展监护寄养儿童的民办学校。在 G 县这样的欠发达地区，公立学校在初中以上才有寄宿制学校，总体上数量有限床位不足，而且设施设备简陋，也没有管理儿童课余生活的教师编制。而从 G 县的实际情况来看，在监护寄养儿童上取得较好效果并受到家长欢迎的也多半是民办的寄宿制学校。可见，教育行政部门在加紧新建、扩建公办寄宿制学校的同时，还应充分调动民间办学积极性，鼓励发展代行寄养儿童监护人职责的民办寄宿制学校。加快发展民办教育，对公办教育形成有效补充，努力促成公民办并举的办学格局。

通过一系列举措，减少农村学校数量，缓解城市教育资源的不足，让学校布局趋于科学合理，推进教育资源优化，改善学校办学条件，提高学校的管理水平。让更多学校具备寄养必须的食宿条件，让学校寄养更安全，更有保障，家长更放心，从而让更多的寄养儿童选择寄养在学校。

三、优化教师资源配置

比起一般学校来，寄宿制学校多出了"生活管理服务"的任务，需要新增一部分员工。① 根据寄养儿童管理工作的需要，基

① 周林，青永红.农村留守儿童教育问题研究[M].北京：社会科学文献出版社，2007：213.

于大部分寄养儿童集中在农村的现状，教育行政部门应采取积极有效的措施推进教师资源的优化配置，不断充实农村教师队伍力量，人力、物力和财力大力向农村学校倾斜。

一是及时补充新教师。按教职工编制，根据缺编情况，逐年招聘补充教师，促进教师资源优化配置，确保学校具有充足的师资力量，才能保证学校在寄养儿童管理方面所需要的人力，尤其是要向农村薄弱学校倾斜，引导教师由超编学校向缺编学校流动。

二是实施无校籍管理。教育行政部门统一调配县域内教师，调配过程中充分考虑寄养儿童的因素和需求，根据学校的实际需要科学合理安排。

三是实施教师交流轮岗制度。在县域内推行城区内校际之间、城乡之间、学区内校际之间教师定期交流，建立城乡教师交流制度，不断加大城镇教师支教力度，使城镇教师有更多机会到农村支教。同时采取手拉手结对帮扶、名师讲师团、听评课等多种形式，把优质教育资源送到寄养儿童相对较多的农村学校，切实解决一些学校教师不足和师资队伍水平整体不高的问题，让农村孩子尤其是寄养儿童享受更加优质的教育资源。

四是落实乡镇工作补贴。由于大部分寄养儿童集中在农村，而由于多方面原因，农村教师尤其是优秀教师流动比较频繁，往往很难长期留在农村工作，因此要促使农村教职工在校安稳工作，扎根农村学校，保持农村教师队伍的稳定，必须让农村教师与城市教师在工资待遇方面反方向拉开差距，让农村的教师待遇水平明显高于城市，因此要落实乡镇教师工作补贴，帮助农村学校留住人才，才能保证农村教师队伍的素质。

一方面通过整合教育资源、规范学校管理提高教育资源的使用效益，另一方面通过扩大学校办学规模、提高学校管理水平、改善孩子的生活条件和优化师资队伍配置，为寄养儿童成长提供更好的环境。

第三节 鼓励发展寄宿制学校，切实加强内部管理

虽然寄养儿童面临着各种各样的问题，但研究发现非留守儿童群体在学业成绩和生活习惯方面表现优势并不明显，与寄养儿童相比差异不大。对于寄养在学校的儿童来说，集体生活、友情互助对他们的成长以及良好行为习惯的养成有很大帮助。因此要把寄宿制学校建设和管理作为重点，满足寄养儿童的需求，通过加大寄宿制学校建设力度，提高寄养儿童学校寄养的比例，让更多的寄养儿童生活在学校这个集体中，给他们提供更安全、更有利于成长的环境。

一、稳步改善公立学校寄宿条件

要大力发展寄宿制学校，让更多的学校尤其是公办学校具备寄宿条件。在G县现有的48所义务教育阶段的寄宿制学校中，民办26所，所占比例达54.17%，但在公办学校，义务教育阶段仅有初中具备寄宿条件，小学均不具备寄宿条件。虽然近年来，寄宿制学校的投资和建设力度在不断加大，但仍有很多学校设施简陋，床位供不应求。因此，教育行政部门应根据实际需要，结合寄养儿童群体的分布特点，利用近年来上级投入大量资金用于农村中小学食堂宿舍项目建设的契机，统筹建设发展寄宿制学校，逐步提高覆盖率。由于寄养儿童中的大多数都寄养在学校，政府行政部门应进一步加大资金投入力度，改善学校的办学条件，让孩子们拥有更好的学习生活环境，可以在一定程度

上避免他们因为被寄养而容易形成的自卑心理，弥补他们的心理落差。

近年来，G县加快了对寄宿制学校的财政支持，加快了建设步伐，逐步实现每个学区的中心中学和中心小学都具备寄宿条件，并不断扩大寄宿规模，提高接纳能力，基本满足了农村寄养儿童的寄宿需求。

在大力发展寄宿制学校的同时，还要注意稳步推进，在不断改善住宿条件的同时，还要从学校管理、人员配备、设施设备完善等方面督促学校完成向寄宿制的转型。在无法做到让家长不再外出打工，也无法做到让他们外出时将孩子带在身边的情况下，只有采取其他应对措施，如在寄养儿童所在学校开展寄宿制，使学校的集体生活和同辈群体之间的交流在一定程度上预防或缓解寄养儿童可能存在的内心孤独无助等心理问题，实行代理家长制！①

二、增强师资力量提高管理能力

研究发现，寄宿制学校存在学校缺少生活教师，对儿童的照顾、关爱不够；不注重学生行为习惯的养成教育；学校菜品单一，营养搭配不合理；寝室卫生条件差，打扫不及时；没有澡堂，儿童洗澡困难等问题。而且学校的服务理念需要改进，管理水平需要提高。

美国学生之所以比我们的学生更“懂小节”，在很大程度上得益于美国学校一以贯之的行为要求和渗透于学校生活方方面面的小节教育。美国学校的行为规范教育和管理并不以灌输为

---

① 李新.新世纪文学中的底层叙事[D].东北师范大学，2009.50.

主，而是主张让学生在做中学。有时候，他们在行为规范的教育和管理上，还很讲究艺术。①

加强寄宿制学校管理，实现管理的精细化，也是既要按照标准，也要讲究艺术。学校要设身处地的考虑寄养儿童的处境、了解他们的需要、掌握他们的身心状态。学校如果能够做到充分考虑他们学校寄养处境中存在的优势和劣势，在学校管理中提高针对性，从如何发挥他们的优势和弥补他们的劣势入手，时时监测他们的心理发展状况和学习情况，注重成长过程中的引导和鼓励，及时纠正孩子各方面出现的偏差和问题，确保他们沿着正确的方向成长和前进，学校可以在一定程度上弥补寄养儿童家庭教育的缺失、替代家庭教育的功能。

三、监督投入资金的使用效益

加大对投入物力和财力使用情况的监督力度，确保有限的资源能够发挥应有的作用。在经济方面为寄养儿童提供力所能及的帮助，在住宿费用的收取方面对家庭经济相对困难的孩子进行减免，尽量不因为学校寄养增加他们的经济负担，学校的贫困寄宿生指标也可以优先考虑寄养儿童，在家庭经济条件相当的情况下，更多地向寄养儿童倾斜。

教育行政部门应严格对寄宿制学校的监管，尤其是对那些缺乏管理经验的寄宿制学校，要督促他们借鉴其他学校在寄宿生管理方面的成功经验，在设备购置、食宿条件和人员配备等方面为学校制定统一的标准，规范学校后勤管理方面的行为，提高学校后勤保障方面的能力，为寄宿生，尤其是寄养在学校的孩子

---

① 冯大鸣．送去特殊优惠养成文明习惯——品味美国学校行为规范教育与管理的艺术[J]．中小学管理，2006(09)：40—41．

提供安全、方便和舒适的环境。

第四节　建设校际寄养儿童教育管理交流平台，示范引领

在大部分学校，寄养儿童的管理工作还很不成熟，也没有多少现成的经验可以借鉴，只是在摸索中前进，这就需要政府各行政部门，尤其是教育行政部门采取积极有效的措施为各方搭建沟通交流的平台，使从事寄养儿童教育管理工作的人员有更多机会在一起探讨工作中的心得体会、问题困难、经验做法，共同研讨关爱寄养儿童工作的办法，在学校推广好的经验，推行好的做法。

一、定期召开寄养儿童教育管理交流现场会

关爱寄养儿童工作委员会要形成寄养儿童教育管理工作会议制度，定期召开寄养儿童教育管理工作现场会。选择在关爱寄养儿童工作方面取得成效的学校轮流提供现场，从侧重学校对寄养儿童的关爱、班级对寄养儿童的管理、心理辅导老师对寄养儿童的疏导、生活老师对寄养儿童的帮助等不同层面，要求学校相关人员参加现场会，通过会议的形式提高学校和教育工作者对关爱寄养儿童工作重要性的认识。

会议应每月召开一次，会议现场的选择和参会人员的确定由关爱寄养儿童工作委员会依据会议重点确定，侧重学校对寄养儿童教育管理工作的会议，由学校管理人员参加，关爱工作委员会会前确定代表就学校对寄养儿童的管理工作交流发言，谈现状、谈经验、谈困惑；以此类推，以班级管理、心理辅导和生活服务为主题的现场会，采取同样的方式，交流寄养儿童管理工作的做法，探讨关爱寄养儿童工作中存在的问题。通过会议的形

式展示学校在关爱寄养儿童工作中的亮点，研讨学校关爱寄养儿童工作中的难点。通过召开现场会既可以集中大家的智慧，总结出一些切实可行的经验；又能够提高从事关爱寄养儿童工作人员的素养和能力，引发他们对关爱寄养儿童工作更多的思考，为寄养儿童管理工作提供借鉴。

二、推行切实有效的寄养儿童管理模式

通过集思广益，形成一套切实可行的寄养儿童教育管理模式，并在学校推行这种管理模式，以此作为学校关爱寄养儿童工作的蓝本，用于指导学校的寄养儿童教育管理工作，使学校在这项工作中有更明确的目标、更清晰的思路和更有效的措施。

教育行政部门要采取行之有效的举措确保管理模式的顺利推行，对于学校寄养，教育行政部门要指导、规范和约束学校按照既定的模式做好规定动作，从人员配备、制度保障、任务落实等方面入手，确保学校在关爱寄养儿童工作中有必要的人力、健全的制度、必需的条件，实现寄养儿童在学习上的优先辅导、生活上的优先照顾、活动上的优先安排。支持鼓励学校做好自选动作，围绕关爱寄养儿童的主题开展各种活动，让寄养儿童的课余生活更加丰富多彩。

对于寄养家庭和社会寄养机构，教育行政部门应利用行政和教育两个方面的优势，牵头建立寄养儿童代理监护人培训平台，让寄养儿童代理监护人尤其是那些文化程度偏低的代理监护人能获得相应的基础培训，使他们能真正担负起监护职责。同时，也可通过QQ、微信等新媒体手段建立代理监护人之间、代理监护人与家长之间的交流平台，分享监护经验，改进监护质量。

三、线上线下多措并举

由于缺乏父母关爱和情感满足，网络媒体成为不少寄养儿童的情感寄托或者感情慰藉的对象，影响着他们对事物、对社会、对世界的认知，也成为他们表达自己内心感受和诉求的手段。在所有的大众传播媒介中，书籍、电视、网络对青少年成长的影响是最大的，特别是在电视普及、网络发展迅速的今天，电视和网络的作用更是不可小觑。[①] 但是很多时候，电视和网络并没有成为孩子了解社会、了解世界的窗口，也没有发挥应有的增长知识、开阔眼界的作用。儿童探究网络世界，形成自己对网络世界的理解与认识，从而建立网络世界与现实生活的联系；儿童在网络世界中探究生活，弥补现实生活中无法获得的生活体验；儿童在网络空间与他人交往，分享自己的观点，说出内心世界的秘密，这一过程是儿童探究自我，获得自我认同与他人理解，与他人对话中建构人际交往及对人与人之间关系理解的过程。[②] 所以在当下，为了让寄养儿童健康发展，树立远大的理想、坚定崇高的信念、形成正确的观念，引导寄养儿童合理有效地利用媒介，通过媒介获得对学习和生活有用的信息，理性地解决遇到的困难，是需要解决的问题。

因此一方面要引导孩子选择对他们健康成长有帮助的电视节目，同时帮助他们甄别电视节目中的“有益元素”和“有害元素”、“正能量”和“负能量”，使他们从电视中多接受一些有利于培养他们正确的思想和观念的知识。另一方面可以通过网络为寄养

---

① 王秋香. 农村留守儿童社会化的困境与对策[M]. 北京：社会科学文献出版社，2008：179.

② 李宝敏. 儿童网络素养研究[D]. 华东师范大学，2012：36.

儿童搭建平台，通过网站和 QQ 建立“寄养儿童之家”，在网络上宣传积极的、健康的内容，让寄养儿童在网上可以沟通交流学习、生活、成长的感受和体会。安排专人及时关注寄养儿童网络舆情，掌握他们的成长处境和心理状况，既可以为寄养儿童的健康成长发挥积极影响，又能够为学校对寄养儿童的管理起到辅助作用。

由于寄养儿童教育管理工作没有太多现成的成功经验可以借鉴，所以对于学校来说，只能在摸索中不断总结，因此通过召开现场会的方式为学校和教师提供交流探讨的机会势在必行，成功经验可以在校际间推广。同样，寄养儿童代理监护人之间和寄养儿童之间、监护人与学校之间的交流互动也能够对寄养儿童教育管理工作起到明显的促进作用。

第五节　多方联动，关爱寄养儿童

要确保关爱寄养儿童工作的实效，就要以教育行政部门和学校为措施实施主体，构建多方共同参与的关爱寄养儿童工作网络，从关爱寄养儿童心理健康、学习、生活、安全等方面做好寄养儿童教育管理工作，这需要政府、社会和教育部门的关注和重视，也需要家长与监护人的参与和配合。

一、关注寄养儿童心理健康，破除对寄养儿童的偏见

与非留守儿童相比，寄养儿童群体还是存在着一些突出问题，需要高度关注和妥善解决。寄养儿童的心理问题是导致他们各种问题的根源，没有健康的心理，特别是在性格方面存在缺陷的学生，很难形成良好的品德，[①]所以关爱寄养儿童要从重视

① 周林，青永红．农村留守儿童教育问题研究[M]．北京：社会科学文献出版社，2007：183．

他们的心理教育开始，通过各方的工作和努力，保证寄养儿童的心理健康，净化寄养儿童的成长环境，教育寄养儿童抵制各种不良诱惑。但是从调查的情况和研究的结论看，寄养儿童问题虽然需要全社会的关注和重视，但问题本身也并不是像有些文献中所说的那么危言耸听，而且如果措施方法得当，就可以有效地避免寄养儿童的很多不利成长处境。

（一）高度重视，适当淡化

“可怜”是社会对待弱势群体的一般态度，在这种态度的影响下，社会大众所作出的行为就是一种“施舍”。但是，这种态度和行为体现的是主体间的不平等地位。然而，因为可怜而“施舍”可能会让可怜的人变得更可怜。[①] 所以无论是教育行政部门领导，还是学校里的教育工作者，在关爱寄养儿童工作中“淡化”和“重视”同样重要。值得注意的是，在关于寄养儿童的一些问题上，学生调查问卷和访谈的结果有着一定的出入，对寄养儿童的访谈结果与对其他利益关切者的访谈结果也有着不同。需要考虑的是，很多时候在对待寄养儿童的问题上，有没有先入为主地认为他们就会如何？有没有理所当然地认为他们就会怎样？有没有思维定势地认为他们由于自身面临的不利处境，就将自然而然的出现生理、心理、学习和习惯等方面的问题？如果在对寄养儿童的认识上存在这些模式化的思路，那么这无疑也是一种可怕的偏见。从某种意义上说，其实所有人身上都存在着问题，只是程度和对生存的影响不同罢了。如果说，留守儿童出现了硬性的问题，那么问题肯定和留守岁月有关，但是这不等

① 吕方方. 寄养儿童家庭寄养经验研究[D]. 华东理工大学，2015：75.

于说经过了留守岁月的儿童就有问题。艰苦的条件创造优秀的人，这本来就是很常见的，在留守儿童这个群体里更常见。[①] 在关爱寄养儿童的工作中，社会和学校如果带有偏见，那么他们有时在不经意中表现出来的言行，反而有可能伤害孩子，甚至可能因此导致他们产生悲观、失望、孤独和自卑等不良情绪。教师也要关心寄养儿童的教育状况，不能因为寄养儿童的身心特征或特殊身份，给他们"贴上标签"，认为他们不可能取得好成绩，要采取正确的方法来教育他们，激励他们。[②]

在实施对寄养儿童的关爱时，既要高度重视，也要适当淡化。要避免出现孩子自己浑然不觉、学校和社会却如临大敌的局面，在对每一个孩子个体充分了解和准确认识的基础上，把握好工作分寸，既要避免过分强调其处境给他们的心理造成不必要的伤害，又要在他们出现问题时给予及时纠正，实现润物细无声式的引导和帮助。

（二）教育行政部门应促进关爱寄养儿童心理健康工作常态化

教育行政部门要加强对学校在关爱寄养儿童心理健康方面的关注、指导和评价。对寄养儿童心理健康工作成绩突出的单位和个人，给予应有的鼓励和表彰；对在关爱寄养儿童心理健康工作中做得较差的单位，也要适当的给予批评和惩戒。教育行政部门还可以通过搭建平台，让学校之间交流经验和做法，以此

---

① 聂茂，厉雷，李华军. 伤村中国农村留守儿童忧思录[M]. 北京：社会科学文献出版社，2008：228.

② 谌小猛，钱志亮. 美国寄养儿童教育问题对我国的启示[J]. 中国特殊教育，2010(07)：16—22.

提升学校寄养儿童心理健康工作的整体水平，通过管理层面的侧重带动学校层面的重视。教育行政部门还可以通过定期对学校管理人员、班主任和教师的培训，使他们加强认识、加深理解、提高工作能力。通过积极的宣传和有效的措施让关爱寄养儿童心理健康工作的必要性家喻户晓，让关爱寄养儿童心理健康工作的紧迫性深入人心，让关爱寄养儿童心理健康工作的重要性广为人知。

关注寄养儿童的心理和生理健康。教育行政部门还要在农村中小学加强对心理教师进行心理知识培训，对寄养儿童定期进行心理健康辅导。

（三）学校应配备心理辅导人员，开展心理咨询活动

心理问题是学校关爱寄养儿童工作应该注意的首要问题。学校应配备心理辅导教师或者邀请心理咨询师，来学校定期开展心理咨询活动，及时化解寄养儿童心中的困惑、烦恼、矛盾。对寄养儿童的教育主要依靠学校，学校要更多的和监护人沟通，对于学生的德行和心理方面出现的问题，及时进行纠正。[①] 学校要重视对寄养儿童心理状况的把握和心理健康的引导，应结合寄养儿童的心理特点设计出心理辅导方案，并定期按照方案与他们沟通交流，随时掌握其心理状态。一个成功的游戏，要赛过教师的千言万语劝说；一次愉快的谈话，要胜过教师不厌其烦的灌输。[②]

---

① 殷世东，朱明山. 农村留守儿童教育社会支持体系的构建——基于皖北农村留守儿童教育问题的调查与思考[J]. 中国教育学刊，2006(02)：14—16.

② 谭中长，谭小林，郑明. 留守儿童教育石柱模式[M]. 北京社会科学文献出版社，2011：98.

学校应该要求班主任把寄养儿童的教育问题作为班级管理工作的重点，在工作中给予寄养儿童更多的关注。从源头上防止寄养儿童在心理方面可能形成的偏差，出现的问题。而一旦发现寄养儿童在心理上出现波动，要第一时间调查了解原因，分析孩子的处境和出现问题的原因，然后由班主任针对性地对他们进行思想疏导，力争第一时间化解问题。个别寄养儿童心理问题相对比较突出，如果班主任工作效果不理想，难以解决时，则由学校牵头安排相关人员共同“会诊”，制定“治疗”方案，确保思想工作落到实处，能够帮助寄养儿童调整好心理状态。对于不住在学校的寄养儿童，学校要加强和监护人的沟通，了解他们的成长处境，掌握他们的心理状态，留意他们的发展动向，引导他们的成长方向，想方设法确保他们心理健康。

尽管寄养儿童成长面临不少的不利处境，可能引发心理问题，但只要做细做实关爱寄养儿童的各项工作，就可以减少甚至避免寄养经历给他们带来的心理问题，保证他们的心理健康。

二、关心寄养儿童学习，加强对寄养儿童学习的管理

寄养儿童大多数时间都在学校度过，教育行政部门和学校对寄养儿童的关爱和教育发挥着关键性作用，但是这项工作也存在着很多困难，不是一件轻松的事情，需要教育行政部门和学校共同采取有效措施，加强对寄养儿童学习的管理。

（一）高度重视防辍控流

教育行政部门要高度重视义务教育阶段寄养儿童辍学问题，组织人员调查分析原因，制定对策。把生源稳固情况作为考核学校的重要指标之一，督促学校采取积极措施做好防辍控流

工作，指导学校认真做好后进生的转化工作。针对寄养儿童这一特殊群体，教育行政部门除了要求学校认真做好寄养儿童档案建立、心理咨询引导、实施结对帮扶等关爱措施外，还要加强对学校寄养儿童流动情况的监测，对于寄养儿童转学频繁、流失严重的学校，要帮助他们查找原因，分析工作中存在的缺点和不足，及时纠正工作中的问题和偏差，必要时教育行政部门可以提供一定的支持，帮助他们提高学业成绩，防止寄养儿童出现学困但又无助的状况。关爱寄养儿童，要抓住关乎他们健康成长的关键因素，防止影响他们心理健康、学业成绩和习惯养成的主要环节出现偏差。才能真正确保寄养儿童受教育情况的稳定性，有效解决他们频繁转学甚至辍学的问题。

（二）学校、任课教师要齐抓共管

儿童在学校时间的不断延长，教育重要性的不断增加，教育本身的发展，都使得人们对学校有强烈的依赖性。在农村，这种依赖性更加明显。[①] 学校要在重视关爱寄养儿童工作的基础上，通过组织协调相关处室和人员，充分发挥他们各自的作用，在关爱寄养儿童学习上形成全校齐抓共管的局面。

1. 分工明确，责任到人

学校应要求教务处在课程设置和校本教材的开发上充分考虑到寄养儿童的需求，结合他们的身心发展特点，让教学内容更加符合他们的需要；还要给班主任和教师明确好关爱寄养儿童工作的任务和分工，确定好职责，组织好考评；总务处要为关爱寄养儿童工作提供后勤保障，在公用经费开支、设施设备购置、

---

① 朱卫红. 留守儿童心理发展研究[M]. 北京：社会科学文献出版社，2010：174.

后勤日常管理等方面要充分考虑和顾及寄养儿童；政教处应结合自身工作特点，在学生思想道德教育、心理辅导咨询、活动开展举办等方面下功夫，帮助寄养儿童形成正确的思想观念，纠正他们在成长道路上出现的偏差、解决他们在心理方面出现的问题、活跃他们的课余文化生活，为关爱寄养儿童做好自己职责范围内的事情。学校教育对于中小学儿童的发展起着重要的作用。①

2. 充分发挥班主任的作用，架起桥梁和纽带

班主任作为联系学校、其他课任教师和孩子之间的桥梁和纽带，是寄养儿童关爱中的重要环节，班主任对待寄养儿童问题的态度决定着工作的效果，也影响着寄养儿童成长处境。因此在关爱寄养儿童工作中，班主任应该充当执行学校工作思路的领头雁，充分发挥应有的示范带动作用，从充分了解每一位寄养儿童出发，通过对其他教师和学生施加影响，在班级内形成更加有利于寄养儿童成长的和谐氛围。在日常的班级管理中，给予寄养儿童更多的关注、关心和理解，力所能及地为他们学习、生活提供帮助。对于其他教师在这方面的工作情况，既要指导和监督，又要及时向学校反馈情况，为学校的工作提出建议。班级内的集体活动开展情况是影响学生全面发展的重要因素，也是丰富寄养儿童课余生活的有效手段，班主任应在这方面花费更多心思、安排更多内容，让寄养儿童的学校生活更充实，填补他们在家庭中缺失的快乐和爱护。

班级里要实施结对帮扶，因人因地制宜。对于寄养儿童中的学困生，班主任要选择合适的同学与他们结对帮扶，教师在引

① 赵富才.农村留守儿童问题研究[D].中国海洋大学，2009.

导好学优生与寄养儿童中的学困生“一对一”帮扶的同时，也要利用课余时间给他们进行学业辅导。注意发现他们在学业上一点一滴的进步，多给予肯定和鼓励，激发他们的学习动力，让成绩相对较差的寄养儿童逐步赶上。

3. 调动教师的积极性，落实好对寄养儿童学习的管理

教师是学校教学任务的执行者，他们教学的水平、教学中运用的模式和采取的方法以及教学的效果对孩子的学业成绩影响巨大。教师要引导寄养儿童把自我教育和管理贯穿于自己心理活动的全过程。[①] 对于学习成绩相对较差的寄养儿童来说，老师的作用尤为关键，教师的态度是喜欢还是讨厌，平时是关心还是漠视，对孩子的学习兴趣都至关重要。因此教师既要对这些孩子充满信心，又要了解和理解这些孩子，走进他们的内心世界，站在寄养儿童的角度，考虑他们的处境，在学习中多单独辅导，课堂上多给他们机会，让寄养儿童有被重视的感觉，有更多的成功体验，从而有更大的学习兴趣。

4. 建立寄养儿童学习档案，因材施教

由于寄养的缘故，寄养儿童时常变换家庭，并同时转换学校，完善其档案能够了解并及时调整他们的个人信息，关爱寄养儿童的有关各方也能够借此及时掌握他们的学习生活状况。[②] 为寄养儿童建立学习档案，每次考试后单独关注寄养儿童，实时了解其学习情况，因人而异的帮助其制定学习目标、选择有针对性的学习方法，由教师进行监督，并根据情况不断的进行调整。

---

① 段宝霞.农村留守儿童教育和管理探析[J].河南师范大学学报(哲学社会科学版)，2006(03)：192—194.

② 谌小猛，钱志亮.美国寄养儿童教育问题对我国的启示[J].中国特殊教育，2010(07)：16—22.

把寄养儿童中的学困生根据学困学科分配给任课教师和班主任，要求老师在授课过程中加强对寄养儿童中的学困生的单独辅导和关注，使帮扶寄养儿童中的学困生成为每一位任课教师的责任，并将帮扶的情况纳入教师的绩效考核。

三、关心寄养儿童生活，加强与寄养儿童监护人和家长的联系

由于寄养儿童处境特殊，特别是寄养在学校的孩子，他们生活中很多本应由家长和监护人所做的工作大部分被转移到学校，学校在承担这些工作的同时，要加强与寄养儿童家长和监护人的沟通，这样做既可以征得他们的理解与支持，也能够使他们在各方面与学校保持一致。借助这种方式可以加强学校对寄养儿童的了解，便于学校和其监护人及家长的沟通，学校还可以更多地督促他们承担起教育和管理孩子的责任与义务。

（一）教育行政部门要制度约束，要求各学校配备生活教师

教育行政部门要制定出关爱寄养儿童的指导性方案，并要求学校把关爱寄养儿童工作纳入学校工作重点，督促学校结合自身情况制定切实可行的计划，将关爱寄养儿童工作作为教育行政部门对学校考核评价的重要内容，指导学校拿出切实可行的措施，建立相应机制，落实相关人员，细化有关工作，确保学校将这项工作落到实处。在教育行政部门组织的各种校长和教师培训中，充分考虑到寄养儿童教育管理问题，增加这方面内容，强化教育工作者关爱寄养儿童的工作意识，提高他们关爱寄养儿童的工作能力。教育主管部门还可以出台关爱寄养儿童工作的奖惩措施，对工作出色的单位和个人进行表彰，提高学校和教师从事关爱工作的积极性和主动性。此外，针对大部分寄养儿

童寄养在学校的现状，教育主管部门应要求学校选择工作认真、责任心强、踏实负责的同志担任专职的生活教师，想方设法填补他们缺少的家庭关爱，极尽细致地用心去爱他们。[①] 引领寄养儿童身心健康成长，丰富其课余生活，保障其安全。生活教师的角色非常重要，他们发挥监护人的作用，代替监护人的职能，不仅应该是孩子生活中的朋友，而且应该是孩子成长中的导师，还应该是孩子学习中的助手。生活老师要做寄养儿童的贴心人，确保在寄养儿童生活中遇到难题时，想方设法帮助他们解决问题，也及时向学校汇报自己了解和掌握的情况。

（二）学校要加强和寄养儿童监护人和家长的联系

寄养儿童作为未成年人，即使按照既定的方案措施实施对他们的管理，但是关爱过程中还是有可能出现问题和偏差，所以要畅通学校与家长和监护人的联系渠道，及时沟通孩子的有关情况，加强学校与家长和监护人在寄养儿童教育管理问题上交流与合作。

1. 学校要让监护人及家长对孩子的教育问题高度重视

选择在农忙季节、春节前后这些外出务工人员返乡的有利时间，举办家长学校，让家长认识到儿童受教育的重要性，让家长更加重视孩子的教育问题。对于家庭而言，要让进城务工的农村家长认识家庭教育的重要性，明确教育子女的职责。[②] 寄养儿童的父母多是迫于生计外出务工，不可否认，他们中有些对

① 刘允明．关爱农村“留守儿童”[J]．中国农业大学学报（社会科学版），2005(03)：29—33.

② 李佳，冯丽婷．影响农村留守儿童心理发展的环境因素[J]．贵州师范大学学报（社会科学版），2008(05)：118—121.

孩子的教育问题也很重视，也力所能及地想为孩子提供更好的学习条件，让自己的孩子享受更加优质的教育资源。但确实也有相当一部分家长对孩子的教育问题不够重视，特别是一些自己受教育水平就较低的家长，对子女读书的期望值也不高，外出打工又有着自认为还不错的收入，更加觉得读书无用，不如打工来得实惠，让孩子混到一定的年龄然后成绩好就升学，成绩不好就出外打工，持这种观点的家长不仅自身对孩子的教育问题重视程度不够，而且他们的观点和表现还会潜移默化地影响孩子。一旦孩子的心理被读书无用的思想主导，孩子的学习难免会受到直接的影响。问题的关键还在于，学习是他们的天职，当孩子把学习不当回事，认为可有可无的时候，他的时间精力就会用到其他方面，面对当今社会形形色色的诱惑，有的时候可能就把握不住自己，偏离正确的轨道，做出不该做的事情，出现问题。

2. 学校应动员监护人或家长主动、及时与学校沟通孩子的情况

由于不在孩子身边，家长对孩子情况的了解可能通过学校、监护人、孩子等渠道，通过学校和教师了解到的情况可信度相对较高，因此家长应积极与学校和老师进行沟通，时时监测和掌握孩子学习和生活情况，真实了解才有准确判断，与孩子交流的时候才能有的放矢，可以针对性地对孩子的优点和可取之处给予肯定和鼓励，对于孩子的不足和问题进行引导和纠正。在孩子被寄养的情况下，保证家校联系，从家庭教育层面减少孩子被寄养可能带来的对成长不利的种种因素，使家长充分了解寄养可能给孩子造成的各种问题，保持家庭教育的稳定，争取父母不要同时外出打工，实在做不到的话也要经常回家看孩子，还可以借助网络、电话和孩子进行交流，从而让子女感受到父母的关怀和

家庭的温暖。监护人或家长要经常向老师了解孩子的生活状况和学习情况，并与监护人、学校共同配合，为寄养儿童提供一个良好的生活环境和学习环境。①

四、关心寄养儿童安全、营造寄养儿童健康成长的环境

安全问题是教育部门高度重视的问题。在当前的社会结构和制度环境中，任何不利于将儿童培养成国家合格公民的社会现象、任何侵犯农村儿童人权的行为，都可以被视为社会问题。② 教育部门应当把寄养儿童的安全问题作为义不容辞的责任，共同营造一个寄养儿童健康成长的环境。

（一）教育行政部门应协调各方共同关注

教育的发展离不开社会的支持，教育政策的实施需要社会的认可，教育工作的开展需要社会的参与。在关爱寄养儿童方面，无论是教育行政部门制定的措施，还是教育行政部门开展的工作，需要社会的肯定、认同和满意，因此在关爱寄养儿童的问题上，社会要与教育行政部门形成共识、统一目标、统一思路。

1. 想方设法减少寄养儿童数量。寄养儿童数量的不断增加与地方经济的发展有着直接联系，前文也分析到，地方经济发展落后，无力提供待遇理想的就业岗位，导致外出务工人员数量不断增加，使得很多孩子留守甚至被寄养。访谈中也有校长谈到，大力发展地方经济，让广大农民能够在本地找到合适的工作，而且有着不错的收入，外出务工的人员数量自然而然就会明显下降，也会有更多的寄养儿童回归正常的生活状态，最大限度

---

① 叶敬忠，王伊欢. 留守儿童的监护现状与特点[J]. 人口学刊，2006(03)：55—59.

② 罗国芬. 农村留守儿童问题的“问题化”机制研究[D]. 华东师范大学，2014：139.

地避免孩子留守甚至被寄养。事实的确是这样，但发展地方经济并非一朝一夕的事情，还需要政府通过自身的不断努力，加快转型和发展，不过这其中还是有问题需要注意。在G县寄养儿童所占的比例在乡镇之间和行政村之间存在明显差异，对于寄养儿童所占比例明显较高的镇村，教育行政部门应协同公安局、民政局、计生局等部门，认真分析查找原因，是经济发展水平的原因还是计划生育政策执行不力的缘故，是镇情村情形成的风气还是其他情况造成的结果。对于因超生严重和特别不重视子女的教育问题、生而不养已成风气而造成寄养儿童数量增长过快的乡镇和行政村，政府行政部门应进行干预，给予正确的教育引导，既要防止这种现象愈演愈烈，又要设法从根本解决这个问题。

2. 联合文化局、公安局加强对文化市场的管理。目前，文化市场监管力量相对薄弱，措施滞后，网吧、电子游戏厅、歌舞厅和音像、书报刊摊店分布广泛，相当一部分昼夜营业，违规经营的现象更是比比皆是。由于法规不健全、法制不完善、不配套，使得一些经营者趁机进行不合法和不正当的经营活动，使文化市场管理出现混乱。① 受利益驱动，网吧接受未成年人的情况不在少数；电子游戏厅也是如此，无论是节假日还是平时，照样接纳未成年人，而且相当一部分电子游戏厅有机种和机型含赌博内容，存在赌博的现象；歌舞厅多是来者不拒，也很可能并不拒绝接纳未成年人；音像及书报刊摊店出售含淫秽色情内容、政治性内容的各种各样的非法出版物。混乱的市场环境提供了各种各样的诱惑，很多成年人亦身陷其中、不能自拔，何况心智尚

---

① 覃美艳. 对加强文化市场管理的思考[J]. 广西社会科学，1995(05)：97—100.

未成熟的未成年人，一旦沾染，更是大多难以抗拒，后果不堪设想。由于相对特殊的处境使得寄养儿童缺少来自家庭的约束和监督，所以接触这些不积极、不健康事物的机会更多，可能性更大，自然而然受其影响的可能性也就更大。因此政府应该彻底净化文化市场，严厉打击各种违规经营行为，给社会和孩子提供一个积极、健康的文化环境和氛围。

3. 联合药监、城管部门强化对食品卫生市场的控制。近年来，国内儿童食品卫生方面的安全事故频发，市场上流通的很多食品不符合国家规定的标准，出现了不少问题。更为可怕的是，一些食品不仅自身存在超标现象，而且为了吸引孩子注意和购买，使用一些带有淫秽色彩的图片和文字进行包装，更是对孩子的双重毒害。同样的情况，没有家长的监管，寄养儿童自身对有毒有害食品的认知能力、抗拒能力不足，也更容易受到伤害。

不难想象，当孩子被有害食品伤了身、被不良文化毒了心之后，他们会成长成什么样的人。而在目前的成长环境中，寄养儿童正是最接近受到这种侵蚀和影响的群体。提高食品安全水平，必须依靠有效的监管体系。① 所以教育局要协同其他行政部门加强学校周边食品卫生监管，这些工作对于寄养儿童的健康成长尤为重要。

4. 协调加强部门联动，共同关注寄养儿童。关爱寄养儿童工作需要多方共同努力，团结协作，教育行政部门应该发挥自身的指挥、组织和协调的作用，调动相关行政部门，明确各部门的职责和任务，加强他们与乡镇政府在关爱寄养儿童工作方面的联系，摸排各乡镇、各村寄养儿童的情况、去向和现状，为他们建

---

① 刘录民. 我国食品安全监管体系研究[D]. 西北农林科技大学，2009：5.

立信息档案。当前，寄养儿童管理工作还须多方齐心协力，调动各方面的力量帮助他们健康成长。教育行政部门应协调各部门研究制定关爱寄养儿童的方案和措施，重点从寄养儿童的心理辅导、文化市场和食品市场的管理整顿、社会寄养机构的规范和社会寄养机构人员素质的提高、关爱寄养儿童基金和奖励资金的落实和使用、举办专题讲座和培训等方面对寄养儿童实施关爱，让寄养儿童享受更好的成长引领、更优的成长环境和更多的成长鼓励，通过实施关爱温暖他们、通过创造氛围影响他们、通过经济支持帮助他们。让寄养儿童成长的更有存在感，更有尊严感，更有幸福感。

5. 教育行政部门要加强督导。教育行政部门要让学校加强对安全工作重要性的认识，要求学校在做好安全方面常规工作的基础上，给予寄养儿童更多安全方面的关注，结合寄养儿童的处境和状况，健全保障寄养儿童安全方面的制度、加强对寄养儿童安全方面的教育、细化寄养儿童安全方面的工作。指导学校将寄养儿童安全纳入学校管理的重要环节，从寄养儿童的校内和校外安全入手，对于寄养在学校、寄养在社会寄养机构和寄养在其他亲友家中的孩子，根据他们的不同情况，学校通过与寄养机构和监护人的及时联系、共同努力，使学校、班主任、生活老师、寄养机构和监护人等共同构筑起寄养儿童的安全网，实现对寄养儿童学习、生活全过程安全保护的全覆盖。

（二）学校要保护好寄养儿童在校的安全

安徽省教育厅总督学李明阳认为，在寄宿制学校里，孩子的安全问题是大事，家长将孩子交到寄宿制学校里，安全责任也就完全落在学校身上，但是现在孩子面临的诱惑实在太多，有时不是一个教育部门能解决的。[①] 学校是寄养儿童的主要生活和学习场所，现在学生较之以前普遍早熟，与外界接触的渠道更多，给学校的管理带来更大的难度。要求学校保障寄养儿童在校外的安全显然是不合适的，但是学校应该做出相应的安排保障他们在校内时的安全。

交通安全方面：对于宿舍在校园外的寄宿制学校，学校要安排专门的教师负责接送学生，防止在上下学的路上发生交通意外等伤害。

住宿安全方面：进出学校特别是宿舍要进行登记，防止随意出入，男女生宿舍要隔离。宿舍管理和学校门岗要有严格的出入登记制度，不允许随意进出。学校要安排检修人员定期检查宿舍内的水、电、火等方面的安全隐患。

防止人身伤害方面：校外社会闲散人员或者是其他学校的学生来寻衅滋事、打架斗殴的现象大多在放学时发生在学校门口附近，因此在放学的时候，学校的保安人员要尽到责任，及时发现状况，防止事态的恶化，在必要的时候及时报警联系 110 赶来处理，避免等伤害已经造成了才发现。

总而言之，政府及其部门要树立服务意识，改进管理方式，但是教育行政机关要对自己的工作提出较为严格而清晰的要求，并以一定的技术手段将这种要求体现出来。[②] “社会支持是他人提供给个体的各种资源，这些支持资源对个体的健康有积极的影响。”[③]作为社会发展过程中产生的一个特殊群体，寄养

---

① 王开玉. 立体社会观察[M]. 北京：社会科学文献出版社，2010：118.

② 冯大鸣. 我国政—校关系改革中须明辨的若干关键词[J]. 教育科学研究，2011(02)：34—37.

③ 范方. 留守儿童焦虑/抑郁情绪的心理社会因素及心理弹性发展方案初步研究[D]. 中南大学，2008：54.

儿童需要更多的关注、关心和关爱，对他们的成长处境进行研究并基于教育管理的角度，提出相应的对策和建议，以教育局和学校两级行政单位为措施实施主体，有助于提高寄养儿童教育管理工作的针对性。研究表明，虽然寄养儿童在某些方面处于不利处境，但只要教育行政部门和学校能够真正重视寄养儿童教育管理工作，完善相关机制，采取有效措施，不仅可以在很大程度上弥补劣势，还能够在一定程度上发挥他们成长过程中的优势，使寄养儿童教育管理工作能够取得很好的效果，寄养儿童的健康快乐成长能够得到保证。

第六章　研究启示与未来展望

前文以非留守儿童为参照对象，通过分析问卷调查的结果、访谈调查的发现总结了寄养儿童成长处境及其教育管理现状，印证了过往的一些研究成果，也发现了一些与过去研究结论不同的地方，这些变化与不同给本研究带来了一些启示。

一是时代的发展。时代在发展，G县寄养儿童成长处境也在变化，教育、食宿、通信成本占家庭收入的比例在下降。现在寄养儿童虽然和父母手拉手、面对面的交流仍然较少，但是通过视频也可以和父母交流，所以就减少了像过去那样一年见不到父母一面，很想见到父母的情况。

二是传统研究仍多着眼于农村寄养儿童。本研究发现G县城区公办、民办寄宿制学校寄养儿童有5762人，占全部寄养儿童总数(11693)的49.28%。如果只着眼于农村寄养儿童，调查乡镇的几所学校。对寄养儿童调查覆盖不完整，结论可能会比较片面。

三是访谈对象对寄养儿童的印象和认识，在有些方面和问卷调查的情况是不一致的。这也说明人们往往有些主观感受，这些感受代表了一个局部观点。有的是受媒体的影响，有的是根据个人的经验进行推断，实际上并不准确。所以在以后的研究中更要注重实证数据，用数据做依据，尤其是在研究这种大面积的现象时，要使用恰当的研究方法，对结果综合起来分析。

本章用问卷调查中其他留守儿童亚群体的数据，通过简单的对比，总结出了对其他留守儿童亚群体的启示。问卷调查和访谈调查的结果在一些方面出现了不完全一致的结论，这也引发本研究的进一步思考。最后本章回顾了研究中存在的局限以及需要在后续的研究中进一步证实、补充和拓展的方面。

第一节　调查结果对改善留守儿童其他亚群体处境的启示

按常理推断，寄养儿童成长处境更可能处于劣势，寄养导致其缺失父爱母爱、缺少监护人引导与辅导，这种状况极易造成寄养儿童出现问题，可能导致他们心理方面出现偏差、发展前景难以预料、学业成绩无法保障。但是从学业成绩的对比数据来看，完全留守儿童和母外留守儿童表现更差。朱科蓉等(2002)的研究就是从父母外出对孩子学习监督产生影响这个角度考察父母双方外出和单方外出的不同效果。他们的研究发现，如果父母一方外出，孩子的实际监护人一般是父母中间未外出的一方，并且多数情况下是母亲，后者往往仍可对孩子学习进行有效监督；而当父母双方都外出时，孩子一般由祖父母或者其他亲戚朋友照看，而这时对孩子学习的监督往往不力。①

在不展开讨论的前提下，本研究仅统计了 2015 年 G 县各儿童群体的中考平均成绩，通过对比分析其他几个儿童群体的

① 陶然，周敏慧.父母外出务工与农村留守儿童学习成绩——基于安徽、江西两省调查实证分析的新发现与政策含义[J].管理世界，2012(08):68—77.

表现。完全留守儿童群体的各科文化课平均成绩表现基本上都是最差的，母外留守儿童的成绩比完全留守儿童稍好，但是弱于父外留守儿童。这5个儿童群体的体育分数是接近的，这在一定程度上反映了留守儿童的生活大都得到了正常的照顾，身体发育健康。

表6－1　2015年G县各儿童群体中考各科平均成绩

科目	非留守儿童 3159 x±s	寄养儿童 1965 x±s	完全留守儿童 2064 x±s	母外留守儿童 301 x±s	父外留守儿童 1804 x±s
语文	97.06±39.27	101.68±37.52	94.89±38.28	98.38±36.04	101.01±34.97
数学	68.09±44.89	72.3±43.58	59.95±43.48	65.38±45.07	67.75±42.92
英语	73.71±45.03	78.63±45.03	66.56±42.68	71.59±43.91	75.11±43.8
物理	38.66±27.24	40.77±26.88	34.1±25.84	36.69±26.38	38.51±25.91
化学	31.48±18.94	33.69±18.84	28.61±18.39	31.15±18.66	32.34±18.17
政治	53.77±22.36	56.61±21.6	52.06±21.67	54.36±20.64	55.81±20.18
历史	35.97±19.85	39.19±19.6	34.08±19.84	37.01±19.77	37.34±18.92
体育	40.87±7.46	40.81±7.27	39.32±9.83	40.18±8.42	40.19±8.54
实验	13.93±2.86	13.97±2.82	13.23±3.67	13.75±2.94	13.77±3.13
国学	8.76±1.68	9.15±1.41	8.75±2.09	8.84±1.84	8.84±1.83
其他加分	0.05±0.51	0.01±0.25	0.01±0.22	0±0	0.01±0.24

从学业成绩分析来看，相对非留守儿童群体，寄养儿童群体的劣势并不明显；与完全留守儿童相比，寄养儿童在一些方面反而处于优势。这主要是因为：

一是祖辈平均文化水平较低，甚至很多是文盲，加上隔代监护，溺爱孩子，也由于年龄大，他们疏于或无力管教孩子，导致完全留守儿童的教育效果最差。①

二是换个角度看，因为寄养儿童父母都在外地，选择和同学一起住在学校或者社会寄养机构反而取得了更好的效果。寄养儿童在学校和朋友一起生活、上课、做作业，碰到不会的问题可以一起讨论，一定程度上反映了友情和互助对寄养儿童适应生活和教育有帮助。另外，很多民办学校会安排任课教师在下午放学后继续看管住校儿童，也可以给他们的学习提供一定的帮助。寄养儿童在学校或社会寄养机构的生活反而有利于他们适应能力的提高。在集体生活中，寄养儿童的心理出现问题、学习遇到困难时，可以得到及时解决，一些不良习惯也能够逐步纠正。从教育管理的角度，加强寄宿制学校的建设和管理是改善寄养儿童成长处境的一个有效途径。

第二节　访谈调查发现和问卷调查结果存在差异的启示

关于寄养儿童处境，有一些访谈对象普遍持有的观点在问卷调查结果中没有得到强烈的支持，甚至有相反的结论。必须承认，访谈对象所提到的寄养儿童面临的困境确实存在，但是通过数据分析，把寄养儿童作为一个整体来和非留守儿童做对比时，问卷调查结果可能与访谈发现并不完全一致。

---

① 范兴华，方晓义，陈锋菊. 留守儿童家庭处境不利的结构及影响：一项质性研究[J]. 湖南社会科学，2012(06)：85—87.

一、访谈对象多认为寄养儿童学业成绩不占优势而调查数据并非如此

对校长和班主任的访谈中，访谈对象普遍认为寄养儿童的学业成绩不占优势。但是分析中考成绩数据，发现寄养儿童群体的平均成绩更好，寄养儿童群体的各科平均成绩都比非留守儿童高，且T检验标明平均成绩的差异显著，见3.3.6，与其他几个留守儿童亚群体相比较，他们的平均分数更高。

二、访谈对象多认为寄养儿童更易辍学而调查数据不支持该观点

大多数访谈对象直观上都认为寄养儿童辍学的可能性更大。通过2015年中考成绩对比这个群体和非留守儿童群体的辍学情况，统计出成绩为零分的学生人数及占比，如表6-1所示。两个群体中各自都有8%多的儿童各科成绩都是0分，假设各科成绩都是0分的学生没有参加中考，可以被认为是已经辍学，不再继续接受高中教育。卡方检验的结果为0.13，P值小于0.01，标明结果在0.01的显著水平上显著，进一步检查列联系数为0.005，远远小于阈值0.15，因此判断在小学毕业之后辍学这一状况上寄养儿童与非留守儿童的状况并没有明显差异。虽然下表中辍学率只反映了初中升高中时的情况，但是本研究认为该结论具有一定的代表性。

表6-2　2015年G县未参加中考人数对比表

儿童群体	总计	参加中考人数	未参加中考人数
寄养儿童	1965	1804(91.81%)	161(8.19%)
非留守儿童	3159	2891(91.52%)	268(8.48%)

三、访谈对象多认为寄养儿童心理不够健康而调查数据并不支持

儿童时期正值身体和心理的迅速发育时期，本身就是产生各种心理问题的敏感期。而就弱势儿童来说，由于所经历的各种不良的生活环境及生活压力，往往更容易出现心理健康问题。① 因此寄养处境可能引发的各种心理问题不容忽视。在访谈调查中，访谈对象多认为多数寄养儿童心理问题比较突出，情绪更不稳定，而且更加孤独、缄默。调查问卷的结果显示，寄养儿童的心理健康问题或许并没有访谈中说的那么严重，也不像有些文献中所说的那么危言耸听。问卷调查的结果显示寄养儿童与同学和任课教师的相处没有显著的问题，也并不必然偏激内向。笔者本人住在一所私立学校附近，学校有几百名寄养儿童，通过日常生活中与这些孩子接触，发现有一些寄养儿童有很大的问题，但是大多数寄养儿童还是积极向上，思想健康的。

四、访谈调查发现和问卷调查结果存在差异的原因分析

本研究认为造成访谈和问卷调查得出结论出现差异的原因主要有以下几点。

（一）负面宣传过多

媒体在报道一些关于儿童负面新闻时，往往强调他们留守儿童或者寄养儿童的身份，这一方面是为了引起社会对寄养儿

---

① 余小鸣．弱势儿童及其心理健康与应对策略[J]．中国儿童保健杂志，2014(06)：563—565．

童的关注，另一方面也给寄养儿童在大家的心目中贴上了“问题儿童”的标签。一听到寄养儿童，容易让人联想起无人管教、没人教养的问题学生形象。

（二）个体负面形象影响了整体印象

前面访谈中发现部分校长、班主任对学校、班级中寄养儿童的状况了解不多，认识不全面，主观有偏见，寄养儿童工作流于形式。而本身寄养儿童群体确实存在家庭社会经济地位普遍不高的事实，在这种情况下，某些寄养儿童表现的很差容易被扩展到整个群体的印象，再加上也确实有一部分寄养儿童学习差，不遵守课堂纪律，让老师产生不好的看法。①

（三）整体与抽样的差异

本研究对寄养儿童的调查是全样本调查，而访谈是抽样调查。从整体来看寄养儿童的不利处境没有传统研究中那么多，且学业表现略好于非留守儿童。但是，有些学校寄养儿童学业表现比非留守儿童好，而有些学校寄养儿童学业表现比非留守儿童差，见表 3－30。由于访谈对象是抽样选取的，因此访谈对象来自寄养儿童表现相对较差的学校或者班级时，会使访谈结果和调查结果产生差异。

第三节 未来展望

“把养育的责任推出去，这种教养方式可能短期内看不到损害，但任何不良的成长过程都会成为影响孩子今后生命质量的

---

① 李晓霞.新疆流浪儿童问题调查——兼论个体行为对族群形象及地区形象的影响[J].西北民族研究，2004(01)：108—115＋172.

一个病灶,同时给整个家庭带来数倍于养育的麻烦。”王开玉说。① 寄养儿童群体是一个亟待全社会关注的群体、寄养儿童的处境也亟需改善,寄养儿童教育管理的效果决定着这些孩子的前途和命运,影响着中国未来人口的素质。因此很有必要基于教育管理的视角,研究他们的成长处境,探索解决其成长问题的路径。本研究对寄养儿童、非留守儿童、2015 年中考成绩,都是做了全样本调查来最大程度避免抽样给研究结果带来的误差。另外,访谈调查的对象覆盖了分管教育的县领导、行政部门负责人、学校校长、班主任、监护人以及表现不同的寄养儿童,访谈对象覆盖面广,访谈结果也从多个层面和角度反映了寄养儿童在生活和教育中的问题,并且发现了一些值得推广的经验。然而由于时间、资源等原因,研究尚有许多不足之处,存在一些局限,需要在后续研究中进一步深入和完善。本书将寄养儿童群体与非留守儿童群体现实处境的异同作了对比,分析了寄养儿童成长处境及其教育管理现状,提出了解决寄养儿童问题的对策与建议,有助于全社会对寄养儿童成长处境及其教育管理现状的了解和对寄养儿童问题的重视。

一、研究局限

尽管本研究对 G 县 4—9 年级学生采取了全样本调查,而且问卷内容涵盖了寄养儿童家庭生活、教育、监护、交往等诸多方面,访谈对象也很具有代表性,但研究不可避免地还存在着局限。

---

① 蔡敏,杨玉华.“寄养儿童”城市新群体[N].新华每日电讯,2009:008.

(一) 调查区域的局限

G县是皖北农业大县,经济发展水平和教育发展水平相对较低,外出务工人员数量多,留守儿童和寄养儿童比例较高,本研究对具有类似经济水平和人口结构的区域有较好的参考价值,但是对于经济发达地区或者更贫困的地区,相同的研究可能会发现不同的结果,本研究并不能描述地域特征与该区域内寄养儿童的状况之间的关系。

(二) 静态的调查数据

寄养儿童自身处境和寄养场所都是动态的,随时可能发生变化。寄养儿童与留守儿童、非留守儿童之间随时可能发生转化,寄养儿童的寄养场所也随时可能发生变化,本研究没有涉及到这些变化对寄养儿童的生活、成长和教育产生的影响。本研究只是基于一个时点下的数据分析了寄养儿童成长处境及其教育管理现状。比如分析寄养儿童辍学率的情况时,研究中所使用的是没有参加中考的学生数据,虽然在一定程度上可以反映寄养儿童辍学情况,但是更科学的方法是使用逐年的数据来判断学业成绩不好的寄养儿童是否更容易在中考之前辍学,这样不但可以更真实地反映寄养儿童辍学率,也可以帮助解释寄养儿童中考成绩更好的事实。在对策中所提到的建立完善寄养儿童档案可以为该项分析提供更有价值的数据。

(三) 学生成绩的对比

本研究中选择使用中考成绩来对9年级寄养儿童的成绩做了分析,原因有以下两点,一是在所能获得的全县统一的义务教育阶段学生成绩中只有中考成绩这一项，义务教育阶段全县考试中使用了统一试题的考试有两个：中考和联考。而联考是各校抽考，且名额并不均等，各校都是抽出学习成绩好的学生参加，结果不具有普遍性。二是各校期中、期末考试并没有使用统一的考卷，因此期中、期末成绩可比性不强。这样做的局限是无法比较其他年级的学生成绩。

(四) 对寄养场所的访谈

对寄养场所的访谈工作很难进行。社会寄养机构普遍不希望被参观，也不愿意让人去了解他们详细的情况。G 县仅城区就有几十所校外社会寄养机构，但是通过中间人介绍，仅有 5 个社会寄养机构负责人愿意接受参观，其中只有 1 个机构负责人愿意接受深入访谈。

二、研究展望

寄养儿童作为一个社会现象的必然产物，他们虽然父母双全，但是亲子关系和家庭教育却明显缺失。[①] 寄养儿童，作为近年来凸显的社会问题，随着城镇化的发展，进城务工人员经济收入的提高，城市教育对外来人口的接纳，寄养儿童问题也会逐渐减少。但是在此之前，改善寄养儿童成长处境及其教育管理现状还需要共同努力来完成。作为以寄养儿童成长处境为主题的研究，虽然对现有的研究做出了补充，但是仍然在有些方面可以继续做出深入研究。

---

① 金英.农村超生寄养儿童研究综述[J].当代教育论坛，2012(03)：118—122.

（一）监护人人格特征对寄养儿童的影响

本研究对寄养儿童家长和监护人的调查不够充分。这主要是因为，一是寄养儿童的家长都不在本地，很难联系到。二是社会寄养机构的负责人或工作人员多不乐意接受访谈调查。监护人在寄养儿童生活中扮演着重要角色，其对寄养儿童发展的影响有时会超过父母。寄养儿童监护人的人格特征对超生寄养儿童有何影响是值得深入研究的一个方向。

（二）寄养经历对寄养儿童的动态影响

研究中对学生的调查结果以及学生的中考成绩都是时点数据，未能动态地反映寄养经历随着时间的变化对寄养儿童心理和生理发展产生的影响。通过完善寄养儿童档案，可以为研究提供更多的方向和意义。比如，在进入高中甚至大学后，按照档案记录找出曾经有寄养经历的儿童再做一次调查，以比较他们和没有这种经历的同学之间有哪些差异，分析童年的寄养经历对他们成年后的影响是很有意义的。

（三）对寄养女童进行专项研究

对于相对更加弱势的寄养女童①，本书只对寄养女童数量和年级分布进行了研究，未对她们的处境进行专门研究。如何营造关爱寄养女童的氛围，引导她们提高自我保护意识，建立更加细化的措施和机制改善她们的不利处境，帮助她们健康成长，仍有待于后续进行深入探究。

---

① 胡枫，李善同. 父母外出务工对农村留守儿童教育的影响——基于5城市农民工调查的实证分析[J]. 管理世界，2009(02)：67—74.

附 录

附录一 G县寄养儿童(4—9年级)成长处境调查问卷

学区________ 学校________ 年级________

姓名________ 考号________

性别:□男 □女

注意事项

1. 答题前,考生先将自己的姓名、学校、准考证号填写清楚并认真填涂考号下方的涂点。
2. 选择题部分必须使用2B铅笔填涂;非选择题部分必须使用0.5毫米的黑色墨水签字笔书写,字体工整,笔迹清楚。
3. 请按照题号顺序在各题目的答题区域内作答,超出答题区域书写的答案无效;在草稿纸、试题卷上答题无效。
4. 保持卡面清洁,不折叠、不破损。

涂填样例

正确填涂 ▬

错误填涂 [✓] [✗] [○] [●] [|] [=]

[0]	[0]	[0]	[0]
[1]	[1]	[1]	[1]
[2]	[2]	[2]	[2]
[3]	[3]	[3]	[3]
[4]	[4]	[4]	[4]
[5]	[5]	[5]	[5]
[6]	[6]	[6]	[6]
[7]	[7]	[7]	[7]
[8]	[8]	[8]	[8]

第Ⅰ卷 选择题(用2B铅填涂)

1 [A] [B] [C] [D]　6 [A] [B] [C] [D]　11 [A] [B] [C] [D]

2 [A] [B] [C] [D]　7 [A] [B] [C] [D]　12 [A] [B] [C] [D]

3 [A] [B] [C] [D]　8 [A] [B] [C] [D]　13 [A] [B] [C] [D]

4	A	B	C	D	9	A	B	C	D	14	A	B	C	D
5	A	B	C	D	10	A	B	C	D	15	A	B	C	D
16	A	B	C	D	21	A	B	C	D					
17	A	B	C	D	22	A	B	C	D					
18	A	B	C	D	23	A	B	C	D					
19	A	B	C	D										
20	A	B	C	D										

要求：本问卷共23题，大约需要20分钟完成问卷调查。填写时请客观地回答每个问题，将符合您实际情况的答案序号写在本题括号里，并将答案序号填涂在答题卡上。本次调查的结果仅供学术研究使用，绝对保密。非常感谢您认真地完成本调查问卷！

(　　)1. 父亲是否在外地上班？

A. 是　　B. 否

(　　)2. 母亲是否在外地上班？

A. 是　　B. 否

(　　)3. 你现在住在哪？

A. 自己家

B. 爷爷奶奶或外公外婆家

C. 学校宿舍

D. 其他

(　　)4. 你父亲的受教育水平是什么？

A. 大学毕业　　B. 高中毕业

C. 初中毕业　　D. 没上过学

(　　)5. 你母亲的受教育水平是什么？

A. 大学毕业　　B. 高中毕业

C. 初中毕业　　　　D. 没上过学

(　　)6. 你有零花钱买需要的学习和生活用品吗?

A. 有　　　B. 没有

(　　)7. 父母经常和你沟通交流吗?

A. 是　　　B. 否

(　　)8. 父母与你交流时,说得最多的是什么?

A. 学习问题

B. 心理问题

C. 饮食、卫生、健康、安全问题

D. 其他

(　　)9. 你曾在几所学校就读过?

A. 0　　　B. 1　　　C. 2　　　D. ≥3

(　　)10. 你认为任课教师了解你的家庭和生活状况吗?

A. 了解　　　B. 不了解　　　C. 不确定

(　　)11. 你需要任课教师更多的和你交流,并对你的学习要求更严格吗?

A. 需要　　　B. 不需要　　　C. 不确定

(　　)12. 你认为任课教师对其他同学比对你好吗?

A. 是　　　B. 不是　　　C. 不确定

(　　)13. 你目前的监护人的受教育水平是什么?

A. 大学毕业　　　　B. 高中毕业

C. 初中毕业　　　　D. 没上过学

(　　)14. 你目前的监护人会向任课教师询问你的在校情况吗?

A. 经常　　　B. 有时　　　C. 偶尔　　　D. 没有

(　　)15. 你目前的监护人会在课余时间辅导你学习吗?

A. 经常 B. 有时 C. 偶尔 D. 没有

( )16. 你目前的监护人会关心你的想法和生活吗?

A. 经常 B. 有时 C. 偶尔 D. 没有

( )17. 你目前的监护人有没有注意培养你的良好行为习惯?

A. 经常 B. 有时 C. 偶尔 D. 没有

( )18. 你喜欢学习吗?

A. 非常喜欢 B. 喜欢 C. 无所谓 D. 讨厌

( )19. 你在家需要承担家务吗?

A. 经常 B. 有时 C. 偶尔 D. 没有

( )20. 你和同学相处的是否融洽?

A. 是 B. 不是 C. 不确定

( )21. 你有烦心事时或者与同伴产生矛盾时,你会怎么做?

A. 闷在心里不说

B. 向父母诉求

C. 向教师诉求

D. 向其他同伴诉求

( )22. 你碰到学业上的困难时,怎么解决?

A. 向监护人询问 B. 向教师询问

C. 向同伴询问 D. 不管不问

( )23. 如果父母都在外地工作,不陪伴在你身边,你会有什么感受?

A. 被遗弃、孤独无助

B. 无奈、痛苦

C. 轻松、自由

D. 其他

附录二　对寄养儿童利益关切者的访谈提纲

一、对分管县长、政府行政部门负责人、校长、班主任、教师关于寄养儿童成长处境及教育管理现状的访谈提纲

1. 学校或学区寄养儿童的情况描述。(学业成绩、行为习惯、成长处境、心理健康、社会交往等方面)

2. 学校或学区寄养儿童的数量是越来越多了吗?造成寄养儿童数量越来越多的原因是什么?

3. 关于寄养儿童,当前学校或学区开展了哪些工作?有哪些经验、采取了哪些帮扶措施有利于寄养儿童的成长和发展?

4. 您认为寄养儿童的教育和管理方面,有哪些重点和难点?

5. 您认为还应该采取哪些措施,有助于寄养儿童的教育和管理?(教育主管部门、学校、班主任、教师、家长等层面)

二、对寄养儿童监护人(除父母、祖辈以外的监护人)关于寄养儿童成长处境及教育管理现状的访谈提纲

1. 您做寄养儿童监护人多长时间了?原因是什么?

2. 除了参加家长会,平时与班主任的联系情况如何?

3. 您对寄养儿童在校的情况是否了解?如上课情况、作业完成情况、学习成绩和同学的关系等。

4. 您对于孩子生活方面的照顾情况如何?如在生活起居、生病、安全、卫生、营养搭配等方面。

5. 您和寄养儿童沟通交流的情况如何?包括交流的时间、频次、内容等。

6.寄养儿童父母是否对您提出过辅导儿童学业和培养儿童良好行为习惯的要求?

7.您认为照顾寄养儿童的困难是什么?

8.在教育和管理寄养儿童方面,您有什么期望?可以从政策、学校、社会、孩子父母等层面谈谈您的期望。

三、对G县4—9年级寄养儿童的访谈提纲

1. 你一年和父母在一起能待多长时间?

2. 你觉得城市好还是农村好?什么原因呢?

3. 如果让你跟父母讲一句话,你会讲什么呢?

4. 你认为生活在你周围的人对你关心吗?

5. 你的好朋友多吗?你都有什么样的朋友?

6. 你是否支持父母外出务工?为什么?

7. 你最开心的事情是什么?为什么?

8. 你觉得自己的学习成绩怎么样?如果成绩下降了,你会怎么做?

9. 当你不高兴时,你会怎么做?

10. 你想随父母一起出去吗?为什么?

11. 平时周围有人会打骂你吗?为什么会打骂你?你会怎么办?

12. 你一天吃几餐?都吃些什么?为什么?

13. 你愿意到寄宿制学校读书吗?(如果已在寄宿制学校读书)你是否喜欢寄宿在学校?学校如何安排课余生活?

14. 父母长期不在家,你觉得安全吗?你有何感想?

15. 你的理想是什么?

16. 你对学校和班主任、教师有什么意见和建议?

附录三　列联表独立性卡方检验和随机性卡方检验(χ^2)简介

卡方检验是一种非参数检验方法,适用于总体分布不明确时,用来检验分类数据的分布是否和理论分布相一致。在实际问题中经常会碰到此类情况,比如检验学生对某个问题的回答是否是随机的(均匀分布)或者实验组和对照组学生对某个问题的回答是否相一致等情况。这两种情况都可以用卡方检验从统计学理论做出判断。卡方检验的一般步骤包括计算样本的卡方值χ^2 和相应的 P 值。P 值的意义是卡方分布大于计算所得卡方值的概率,反映由抽样误差引起的样本差别的概率。当相比较样本的差别是由本身内在因素引起而非抽样误差所致时,卡方值就大,相应的 P 值就越小。通过比较 P 值和选定的显著性水平,可以说两样本差别“有显著性”或“有高度显著性”。反之,卡方值越小,P 值就越大,则称两样本差别“无显著性”。下面简要介绍卡方检验步骤。

一、列联表独立性卡方检验

附表 1　2×4 列联表独立性卡方检验

	调查问卷中的某个问题				
	选 A 人数	选 B 人数	选 C 人数	选 D 人数	总人数
寄养儿童	N_{11}	N_{12}	N_{13}	N_{14}	$N_{1\cdot}$
非留守儿童	N_{21}	N_{22}	N_{23}	N_{24}	$N_{2\cdot}$
总人数	$N_{\cdot 1}$	$N_{\cdot 2}$	$N_{\cdot 3}$	$N_{\cdot 4}$	N

卡方检验的第一步做出独立性假设。

H_0:学生是否为寄养儿童和他们对该问题的选择是相互独立的。根据以上 2×4 列联表计算该问题的统计量χ^2,然后根据该统计的自由度(2－1)×(4－1)计算相应的P值，卡方值的计算按照以下步骤：

$$N_{i\cdot} = \sum_j N_{ij}$$

$$N_{\cdot j} = \sum_i N_{ij}$$

$$N = \sum_i N_{i\cdot}$$

$$\chi^2 = \sum_i \sum_j \frac{(N_{ij} - N_{i\cdot} N_{\cdot j}/N)^2}{N_{i\cdot} N_{\cdot j}/N}$$

如果 P 值小于设定的显著性水平，表明拒绝该假设，说明对于这道问题，一名学生是否是寄养儿童和他们对问题答案的选择是不独立的。换句话说，对该问题的回答，一名学生的寄养儿童身份会影响他对答案的选择；反之，则接受该假设，说明在一定的显著性水平下，可以认为在该问题上寄养儿童和非留守儿童的选择是没有差异的。

一般来说，卡方检验需要样本容量足够大，这样连续型 χ^2 分布作为离散型随机变量的概率分布的逼近将是一种很好的逼近，这一点类似于用连续型的正态分布作为离散型的二项分布的逼近一样。本书中样本量显然满足这一点，但是由于样本含量过大，有时候会导致卡方检验得到的结果失去意义。① 很简单从上面卡方的计算公式可以证明当样本的观测总数扩大 λ 倍，即列联表中每项数值扩大 λ 倍时，观测值之间的比例关系保持不变，但是 χ^2 检验值将扩大 λ 倍。② 这样所导致的后果是一类错误发生的概率会增加，一类错误指原假设是正确的，但是被

① 王书亚，魏玫玫，孙萍，谭颖波．医学科研论文中列联表资料的统计方法及常见问题[J]．中国肿瘤，2005(06)：413—415．

② 郑兵云．非参数 χ～2 检验的两个局限性问题[J]．统计教育，2007(06)：8—9．

错误的拒绝了。由于本书中样本量很大,卡方检验的结果基本上都是显著的。如果卡方检验的结果是显著的,就进一步观察列联系数 Cramer 修正值 V,

$$V = \sqrt{\frac{\sqrt{\chi^2}}{N(k-1)}}$$

其中 N 为样本的总量,k 是列数和行数的较小值。V 值的大小表示的是行列变量之间的相关度,V 值大时才可以拒绝原假设,V 值越小表明行列变量是独立的。

另外,对于多样本的组间对比,可以采用的是各实验组与同一个对照组的比较。比如分析寄养儿童、完全留守儿童和非留守儿童的时候,其中非留守儿童是对照组。现在看以下两组检验(寄养儿童,非留守儿童)和(完全留守儿童、非留守儿童),这种情况下每组新的检验水准计算如下。

$$\alpha' = \frac{\alpha}{2 * (n-1)}$$

其中 n 是总的分组数。

二、随机性卡方检验

附表 2　随机性卡方检验

	调查问卷中的某个问题				
	选 A 人数	选 B 人数	选 C 人数	选 D 人数	总人数
被调查人群	N_1	N_2	N_3	N_4	N

对于随机性检验,实际上是把理论分布当作是均匀分布,然后检验样本分布是否和均匀分布一致,因此做出假设。

H_0:调查对象对该问题的答案是随机(均匀分布)的。

根据以上 1×4 表格计算该问题的统计量 χ^2 以及相应的 P 值(自由度 3)。

$$\chi^2 = \sum_i \frac{(N_i - N/4)^2}{N/4}$$

如果 P 值小于设定的显著性水平,表明拒绝该假设,则可以认为被调查对象在该问题上答案不是随机的;反之,说明可以认为被调查对象对该问题的回答是随机的。

附录四　寄养儿童调查结果分析统计数据和图表

本节附录中列出一些在寄养儿童问卷调查结果分析中有参考价值的统计数据和图表。

表 7-3 列出了各儿童群体占年级总人数比例,男生中各儿童群体占年级男生总数比例以及女生中各儿童群体占年级女生总数比例的统计数据。另外从男生各儿童群体比例随年级变化图(图 7-1)和女生各儿童群体比例随年级变化图(图 7-2)可以看出,无论是男生还是女生,在各年级,非留守儿童、父外留守儿童、母外留守儿童占该年级总人数的比例较为稳定;而寄养儿童所占年级总人数比例随着年级的增加而增长,完全留守儿童(非寄养)所占比例随着年级的增长而减少。

表 7-4 列出了各学区寄养儿童比例,男生人数和女生人数的统计数据。表 7-5 是各学区寄养儿童比例以及统计概要(续一)。表 7-6 是寄养儿童调查问卷题目答案的赋值表,对于问卷答案赋值一般有两种,一种是序变量,比如父母受教育水平、对某个问题的感受等,这种可以按照顺序给答案赋值;还有一种是对某个问题的判断,一般选“是”或“有”赋值为 1,选“否”或“没有”赋值为 0。

(一) 按年级各儿童群体人数分布概况

附表 3 各年级(4—9 年级)儿童群体人数分布概况

		总计	非留守儿童	父外留守儿童	母外留守儿童	完全留守儿童(非寄养)
四年级		15672	4522 (28.85%)	3510 (22.4%)	685 (4.37%)	5789 (36.94%)
	男	8877	2575 (29.01%)	1972 (22.21%)	402 (4.53%)	3160 (35.6%)
	女	6795	1947 (28.65%)	1538 (22.63%)	283 (4.16%)	2629 (38.69%)
五年级		13535	4249 (31.39%)	3135 (23.16%)	547 (4.04%)	4485 (33.14%)
	男	7519	2389 (31.77%)	1708 (22.72%)	305 (4.06%)	2420 (32.19%)
	女	6016	1860 (30.92%)	1427 (23.72%)	242 (4.02%)	2065 (34.33%)
六年级		13940	3821 (27.41%)	3119 (22.37%)	599 (4.3%)	4521 (32.43%)
	男	7939	2183 (27.5%)	1734 (21.84%)	327 (4.12%)	2563 (32.28%)
	女	6001	1638 (27.3%)	1385 (23.08%)	272 (4.53%)	1958 (32.63%)
七年级		14755	4328 (29.33%)	3258 (22.08%)	563 (3.82%)	3771 (25.56%)
	男	8116	2379 (29.31%)	1709 (21.06%)	335 (4.13%)	2128 (26.22%)
	女	6639	1949 (29.36%)	1549 (23.33%)	228 (3.43%)	1643 (24.75%)

续 表

		总计	非留守儿童	父外留守儿童	母外留守儿童	完全留守儿童（非寄养）
		12540	3409 (27.19%)	3032 (24.18%)	604 (4.82%)	3157 (25.18%)
八年级	男	6928	1919 (27.7%)	1624 (23.44%)	324 (4.68%)	1763 (25.45%)
	女	5612	1490 (26.55%)	1408 (25.09%)	280 (4.99%)	1394 (24.84%)
		11224	3552 (31.65%)	2203 (19.63%)	395 (3.52%)	2719 (24.22%)
九年级	男	6315	1974 (31.26%)	1182 (18.72%)	223 (3.53%)	1547 (24.5%)
	女	4909	1578 (32.15%)	1021 (20.8%)	172 (3.5%)	1172 (23.87%)

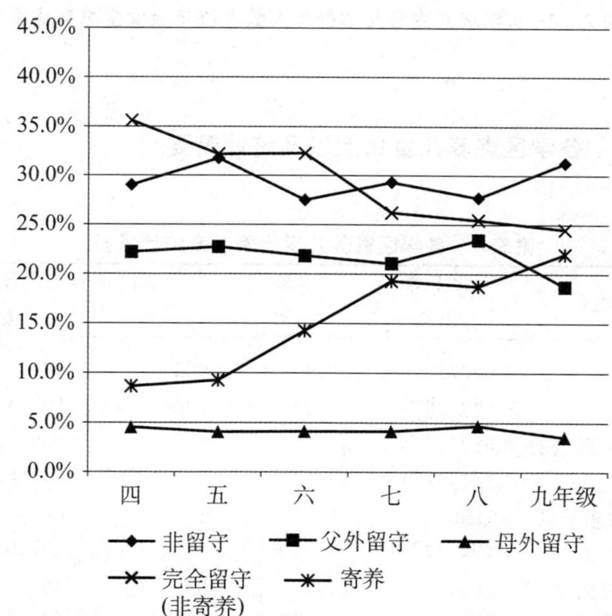

附图 1　4—9 年级男生各儿童群体人数占该年级男生总数比例图

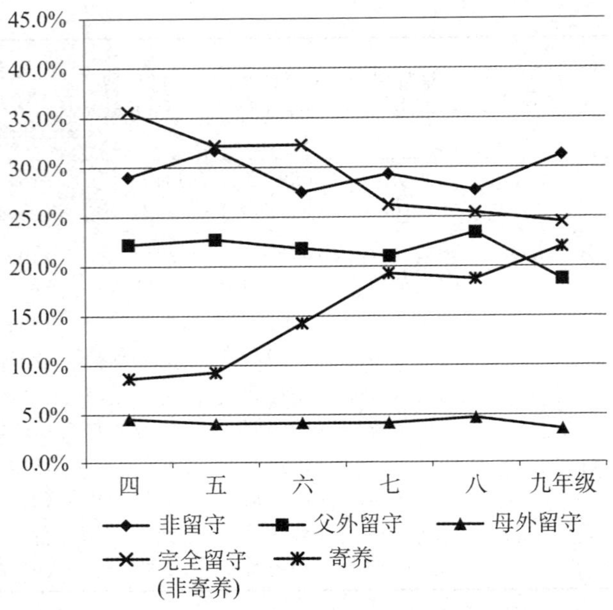

附图 2 4—9 年级女生各儿童群体人数占该年级女生总数比例图

二、各学区寄养儿童比例以及统计概要

附表 4 各学区寄养儿童比例以及统计概要

学区	非寄养儿童	寄养儿童	学区内寄养场所比例 男	女
总计	69973 (85.68%)	11693 (14.32%)	6849 (58.57%)	4844 (41.43%)
G 县县直公办学校	6325 (91.51%)	587 (8.49%)	318 (54.17%)	269 (45.83%)
G 县城东学区	1358 (92.44%)	111 (7.56%)	47 (42.34%)	64 (57.66%)
G 县城关学区公办学校	5894 (97.62%)	144 (2.38%)	95 (65.97%)	49 (34.03%)

续　表

学区	非寄养儿童	寄养儿童	学区内寄养场所比例	
			男	女
G县城关学区民办学校	9246 (73.9%)	3266 (26.1%)	1984 (60.75%)	1282 (39.25%)
G县标里学区	1021 (86.97%)	153 (13.03%)	72 (47.06%)	81 (52.94%)
G县曹市学区	2778 (91.68%)	252 (8.32%)	146 (57.94%)	106 (42.06%)
G县陈大学区	2021 (94%)	129 (6%)	58 (44.96%)	71 (55.04%)
G县城西学区	1376 (96.97%)	43 (3.03%)	17 (39.53%)	26 (60.47%)
G县楚店学区	842 (95.57%)	39 (4.43%)	20 (51.28%)	19 (48.72%)
G县楚中学区	575 (92.89%)	44 (7.11%)	22 (50%)	22 (50%)
G县丹城学区	2278 (96.12%)	92 (3.88%)	51 (55.43%)	41 (44.57%)
G县单集林场学区	730 (74.26%)	253 (25.74%)	135 (53.36%)	118 (46.64%)
G县店集学区	868 (93.64%)	59 (6.36%)	31 (52.54%)	28 (47.46%)
G县高公学区	1281 (90.59%)	133 (9.41%)	72 (54.14%)	61 (45.86%)
G县高炉学区	2506 (56.3%)	1945 (43.7%)	1241 (63.8%)	704 (36.2%)
G县耿皇学区	613 (97.77%)	14 (2.23%)	7 (50%)	7 (50%)
G县公吉寺学区	1268 (87.15%)	187 (12.85%)	95 (50.8%)	92 (49.2%)

附表 5 各学区寄养儿童比例以及统计概要(续一)

学区	非寄养儿童	寄养儿童	学区内寄养场所比例	
			男	女
G 县花沟学区	1191 (96.99%)	37 (3.01%)	24 (64.86%)	13 (35.14%)
G 县临湖学区	1876 (82.35%)	402 (17.65%)	224 (55.72%)	178 (44.28%)
G 县龙山学区	2944 (85.19%)	512 (14.81%)	276 (53.91%)	236 (46.09%)
G 县马店集学区	1658 (92.63%)	132 (7.37%)	69 (52.27%)	63 (47.73%)
G 县牌坊学区	1086 (98.19%)	20 (1.81%)	7 (35%)	13 (65%)
G 县青町学区	2479 (95.46%)	118 (4.54%)	64 (54.24%)	54 (45.76%)
G 县石弓学区	2430 (79.31%)	634 (20.69%)	358 (56.47%)	276 (43.53%)
G 县双庙学区	1866 (97.14%)	55 (2.86%)	27 (49.09%)	28 (50.91%)
G 县西阳学区	1635 (87.95%)	224 (12.05%)	116 (51.79%)	108 (48.21%
G 县新兴学区	2585 (92.03%)	224 (7.97%)	112 (50%)	112 (50%)
G 县义门学区	1790 (97.02%)	55 (2.98%)	25 (45.45%)	30 (54.55%)
G 县闸北学区	6275 (78.05%)	1765 (21.95%)	1102 (62.44%)	663 (37.56%)
G 县张老家学区	1178 (94.85%)	64 (5.15%)	34 (53.12%)	30 (46.88%)

附表 6　寄养儿童调查问卷题目答案赋值表

Q3．你现在住在哪里？			
学校宿舍(1)	其他(0)		
Q4．你父亲的受教育水平是什么？			
大学毕业(16)	高中毕业(12)	初中毕业(9)	没上过学(0)
Q5．你母亲的受教育水平是什么？			
大学毕业(16)	高中毕业(12)	初中毕业(9)	没上过学(0)
Q6．你有零花钱买需要的学习和生活用品吗？			
有(1)	没有(0)		
Q7．父母经常和你沟通交流吗？			
是(1)	否(0)		
Q9．你曾在几所学校就读过？			
0(0)	1(1)	2(2)	≥3(3)
Q10．你认为任课教师了解你的家庭和生活状况吗？			
了解(2)	不了解(0)	不确定(1)	
Q11．你需要任课教师更多的和你交流,并对你的学习要求更严格吗？			
需要(2)	不需要(1)	不确定(0)	
Q12．你认为任课教师对其他同学比对你好吗？			
是(2)	不是(1)	不确定(0)	
Q13．你目前的监护人的受教育水平是什么？			
大学毕业(16)	高中毕业(12)	初中毕业(9)	没上过学(6)
Q14．你目前的监护人会在课余时间辅导你学习吗？			
经常(3)	有时(2)	偶尔(1)	没有(0)
Q15．你目前的监护人会向任课教师询问你的在校情况吗？			
经常(3)	有时(2)	偶尔(1)	没有(0)
Q16．你目前的监护人会关心你的想法和生活吗？			
经常(3)	有时(2)	偶尔(1)	没有(0)
Q17．你目前的监护人有没有注意培养你的良好行为习惯？			
经常(3)	有时(2)	偶尔(1)	没有(0)
Q18．你喜欢学习吗？			
非常喜欢(3)	喜欢(2)	无所谓(1)	讨厌(0)
Q19．你在家需要承担家务吗？			
经常(3)	有时(2)	偶尔(1)	没有(0)
Q20．你和同学相处的是否融洽？			
是(2)	不是(0)	不确定(1)	

注：括号内为该选项的赋值。

附表 7　居民收入与各价格指数表(1995=100)

年份	居民家庭人均可支配收入		居民消费价格指数				
	农村	城镇	指数	城市	农村	食品类	娱乐教育文化用品及
1995	100.00	100.00	100	100	100	100.00	100.00
1996	122.08	112.98	108.3	108.8	107.9	107.60	110.40
1997	132.48	120.48	111.3324	112.1728	110.5975	107.49	111.39
1998	137.03	126.67	110.4417	111.4998	109.4915	104.05	107.61
1999	140.10	136.68	108.8956	110.0503	107.8492	102.60	106.10
2000	142.83	146.63	109.3311	110.9307	107.7413	99.93	103.34
2001	149.99	160.16	110.1293	111.7072	108.6032	99.94	110.18
2002	156.91	179.85	109.3033	110.5901	108.1688	99.34	110.85
2003	166.20	197.81	110.5821	111.6407	109.8563	102.75	112.33
2004	186.12	219.98	114.8727	115.3695	115.1733	112.89	113.78
2005	206.31	244.99	116.9519	117.2039	117.6956	116.17	116.30
2006	227.36	274.56	118.6711	118.9385	119.4139	118.90	115.75
2007	262.43	321.87	124.3317	124.267	125.8265	133.57	114.61
2008	301.74	368.45	131.6176	131.2011	134.0052	152.72	113.84
2009	326.63	401.00	130.7094	130.0858	133.5898	153.86	113.09
2010	375.17	446.17	135.049	134.2486	138.4124	164.95	113.79
2011	442.24	509.22	142.3281	141.2966	146.468	184.42	114.21

续　表

年份	居民家庭人均可支配收入		居民消费价格指数				
	农村	城镇	指数	城市	农村	食品类	娱乐教育文化用品及
2012	501.78	573.54	146.0998	145.0834	150.1736	193.35	114.80
2013	563.85	629.35	149.8984	148.8556	154.3785	202.43	116.86
2014	626.99	685.99	152.8814	151.922	157.1418	208.69	119.06

参考文献

中文文献

一、著作类

[1] 胡东芳.教育研究方法:哲理故事与研究智慧[M].上海:华东师范大学出版社,2009.

[2] 杨小微.教育研究方法[M].北京:人民教育出版社,2005.

[3] 陈安丽,佐斌.走进义务教育新时代[M].武汉:华中师范大学出版社,2007.

[4] 焦正国,胡延俊,杨昌华,付铁铮.改进中小学寄宿制学校管理和学生资助的探索与实践[M].云南:云南大学出版社,2011.

[5] 罗伯特·K.默顿.社会理论和社会结构[M].唐少杰等译.南京:译林出版社,2006.

[6] 茆诗松,周纪芗.概率论和数理统计[M].北京:中国统计出版社,2007.

[7] 聂茂,厉雷,李华军.伤村中国农村留守儿童忧思录[M].北京:社会科学文献出版社,2008.

[8] 潘小娟.中国农村留守群体生存状况研究[M].北京:社会科学文献出版社,2013.

[9] 裴娣娜.教育研究方法导论[M].合肥:安徽教育出版社,2002.

[10] 任苇.留守儿童心理健康教育[M].北京:开明出版社,2012.

[11] 谭中长,谭小林,郑明.留守儿童教育石柱模式[M].北京:社会科学文献出版社,2011.

[12] 朱卫红.留守儿童心理发展研究[M].北京:社会科学文献出版社,2010.

[13] 田学红.教育科学研究方法指导[M].杭州:浙江大学出版社,2006.
[14] 王极盛.心理时代——心理主宰健康[M].北京:中国城市出版社,1998.
[15] 王开玉.立体社会观察[M].北京:社会科学文献出版社,2010.
[16] 王秋香.农村留守儿童社会化的困境与对策[M].北京:社会科学文献出版社,2008.
[17] 吴鲁平,韩小雷,高鑫.家庭寄养动机与绩效对“北京模式”的深度分析[M].北京:社会科学文献出版社,2005.
[18] 吴希红.我要长成自己——初中生自主教育实践探索[M].北京:社会科学文献出版社,2012.
[19] 萧宗六、贺乐凡.中国教育行政学[M].北京:人民教育出版社,1996.
[20] 许拓,王德勇.家庭教育误区[M].北京:科学出版社,2001.
[21] 费孝通.乡土中国[M].上海:上海人民出版社,2006.
[22] 杨晓萍.教育科学研究方法[M].重庆:西南师范大学出版社,2006.
[23] 杨元松.中国留守儿童日记[M].江苏:江苏文艺出版社,2012.
[24] 袁岳.爱我,请理解我——中国留守儿童书信访谈录[M].江苏:江苏凤凰科学技术出版社,2015.
[25] 袁振国.教育研究方法[M].北京:高等教育出版社,2002.
[26] 张桂敏,李群李,连英.现代家庭教育导读[M].济南:山东教育出版社,2009.
[27] 郑金洲等.学校教育研究方法[M].北京:教育科学出版社,2003.
[28] 郑信军.聚焦处境不利学生社会性发展研究的对象关注[M].杭州:浙江大学出版社,2007.
[29] 周林,青永红.农村留守儿童教育问题研究[M].北京:社会科学文献出版社,2007.
[30] 吴恒山.做最好的校长——中小学学校管理实务[M].桂林:漓江出版社,2012.
[31] 王绪池.寄宿制学校管理[M].重庆:重庆大学出版社,2013.
[32] 万增奎.农村留守儿童的精神诉求和社会心理支持研究[M].北京:人民出版社,2015.
[33] 赫尔伯特.A.西蒙,秦裕林等译.我生活的种种模式[M].上海:东方出版中心,2002.
[34] 叶敬忠.关爱留守儿童[M].北京:社会科学文献出版社,2008.
[35] 谢妮,申健强,陈华聪.农村留守儿童教育现状研究[M].北京:经济科学出版社,2010.

二、期刊论文类

[1] 冯大鸣.三度回看:国外基础教育经验借鉴30年[J].中小学管理,2008(11):21—23.

[2] 冯大鸣.我国政—校关系改革中须明辨的若干关键词[J].教育科学研究,2011(02).

[3] 冯大鸣."知情学习":主动学习的基础——美国的学生版教学大纲解读[J].中小学管理,2009(07).

[4] 冯大鸣.送去特殊优惠养成文明习惯——品味美国学校行为规范教育与管理的艺术[J].中小学管理,2006(09).

[5] 高亚兵.农村留守儿童心理健康状况及人格发展特征[J].中国公共卫生,2008(08).

[6] 乔虹.农村留守儿童教育中推行寄宿制学校的实施探究[J].现代中小学教育,2014(11).

[7] 乔东平,谢倩雯.中美家庭寄养的比较及启示[J].中国青年研究,2013(10).

[8] 乔建中.知情交融教学模式的理论探析[J].南京师大学报(社会科学版),2006(01).

[9] 于心彤,李淑莲.针对城市"留守儿童"心理健康状况的调查分析[J].才智,2012(22).

[10] 位秀平,吴瑞君.中国计划生育政策反思[J].哈尔滨工业大学学报(社会科学版),2013(06).

[11] 何水,陈昌文.不利处境儿童教育问题探析[J].当代教育论坛,2003(04).

[12] 余纪东,王幼丽.中国福利机构孤残儿童家庭寄养模式之探讨——以南昌市社会福利院为实证[J].南昌大学学报(人文社会科学版),2007(06).

[13] 余小鸣.弱势儿童及其心理健康与应对策略[J].中国儿童保健杂志,2014(06).

[14] Simms MD 沈晓明.寄养对儿童行为发育的影响[J].国外医学(社会医学分册),1993(04):176—178.

[15] 高歌,何露.多分类有序反应变量logistic回归应用条件的检验[J].中国卫生统计,2003(05).

[16] 乐先莲.致力于更加公平的教育——来自发达国家的经验[J].比较教育研究,2007(02).

[17] 乔娜,张景焕,刘桂荣,林崇德.家庭社会经济地位、父母参与对初中生学业成绩的影响:教师支持的调节作用[J].心理发展与教育,2013(05).

[18] 刘霞,范兴华,申继亮.初中留守儿童社会支持与问题行为的关系[J].心理发展与教育,2007(03).

[19] 刘霞,赵景欣,申继亮.农村留守儿童的情绪与行为适应特点[J].中国教育学刊,2007(6).

[20] 刘辉,许慧,曾海霞.农村留守儿童生活问题的调查与思考——基于102个访谈案例[J].农业经济与管理,2010(03).

[21] 刘欣.农村中小学布局调整与寄宿制学校建设[J].教育与经济,2006(01).

[22] 刘阳.我国留守儿童教育问题研究方法综述[J].基础教育研究,2014(12).

[23] 刘笑飞,卢珂.学生学业成绩与家庭社会经济背景相关性研究[J].天中学刊,2009(01).

[24] 刘国庆.学生诉求关注:人本教育理念的彰显与进路[J].中国成人教育,2013(15).

[25] 刘晓霞,周全.对农村留守儿童教育的再思考——对《国家中长期教育改革和发展规划纲要》的部分解读[J].教育探索,2011(12).

[26] 刘允明.关爱农村“留守儿童”[J].中国农业大学学报(社会科学版),2005(03).

[27] 占盛丽.从个人和学校视角看家庭社会经济地位对学生学业成绩的影响——国际学生评估项目(PISA)的启示[J].上海教育科研,2009(12).

[28] 魏亦军,高智军.农民工子女心理健康与家庭教育调查研究[J].中国教育学刊,2014(7).

[29] 卡伦·皮特曼,马塞罗·戴维西.21世纪青少年社会政策:框架问题[J].当代青年研究,2004(2):52—56.

[30] 黄丽,邱关军.从农村留守儿童存在现状看我国教育的公平问题[J].教育科学研究,2013(08).

[31] 卢锋.中国农民工工资走势:1979—2010[J].中国社会科学,2012(07).

[32] 叶敬忠,王伊欢,张克云,陆继霞.对留守儿童问题的研究综述[J].农业经济问题,2005(10).

[33] 叶敬忠,王伊欢,张克云,陆继霞.父母外出务工对留守儿童情感生活

的影响[J].农业经济问题,2006(04).

[34] 叶敬忠,王伊欢.留守儿童的监护现状与特点[J].人口学刊,2006(03).

[35] 吴鲁平,韩小雷,刘文斌.孤残儿童家庭寄养效果的实证研究——对北京大兴区礼贤镇的调查分析[J].青年研究,2005(06).

[36] 吴鲁平,韩小雷.孤残儿童家庭寄养政策研究[J].中国青年研究,2006(01).

[37] 吴霓.农村留守儿童问题调研报告[J].教育研究,2004(10).

[38] 周宗奎,孙晓军,刘亚,周东明.农村留守儿童心理发展与教育问题[J].北京师范大学学报(社会科学版),2005,1(187).

[39] 姚计海,王喜雪.近十年来我国教育研究方法的分析与反思[J].教育研究,2013(03).

[40] 孙文敏,吴庆兴.试论家庭因素对农村留守儿童心理健康的影响[J].才智,2012(30).

[41] 宋占美,阮婷.美国处境不利儿童补偿教育政策及其对我国的启示[J].学前教育研究,2012(04).

[42] 尚晓援,伍晓明,杨洋.南昌市儿童保护制度的演变[J].青年研究,2004(11).

[43] 尤琳.对中小学生“托管”问题的法律思考[J].教学与管理,2008(5).

[44] 黄爱玲.“留守孩”心理健康水平分析[J].中国心理卫生杂志,2004(05).

[45] 崔丽娟,吴明证.寄养家庭属性对寄养儿童生活满意度的影响研究[J].心理科学,2002(04).

[46] 崔丽娟,杨志勇.家庭寄养对孤儿社会成长作用的研究[J].心理科学,2002(01).

[47] 席居哲,桑标,邓赐平.儿童心理健康发展的家庭生态系统特点研究[J].心理科学,2004(01).

[48] 庞维国,徐晓波,林立甲,任友群.家庭社会经济地位与中学生学业成绩的关系研究[J].全球教育展望,2013(02).

[49] 张旺.城乡教育一体化:教育公平的时代诉求[J].教育研究,2012(08).

[50] 张士玉,郝旭光.抽样调查中对定性变量之间关联分析的方法选择[J].数理统计与管理,2014(06).

[51] 张晋昕,李河.回归分析中定性变量的赋值[J].循证医学,2005(03).

[52] 张丽锦,沈杰,李志强,盖笑松.寄宿制与非寄宿制学校初中生心理健

康状况比较[J]. 中国特殊教育,2009(05).

[53] 张露. 家庭寄养研究文献综述[J]. 法制与社会,2013(14).

[54] 张娟妮,李赐平. 教育社会学视角下城市小学"托管"问题的思考[J]. 教学与管理:小学版,2014(6).

[55] 张海清,袁丽丽. 留守儿童研究综述[J]. 社会心理科学,2014(06).

[56] 张德乾. 农村留守儿童交往问题的实证研究[J]. 安徽农业科学,2007(12).

[57] 张益萍,罗艳珠. 社会福利社会化政策的法律规制探讨[J]. 武汉大学学报(哲学社会科学版),2007(04).

[58] 张帆,刘琴,赵勇,孙敏红,王宏. 我国留守儿童心理健康问题研究的系统评价[J]. 中国循证医学杂志,2011,11(8).

[59] 张顺,王良锋,孙业桓,陈兴付,张秀军,高荣,邢秀雅. 小学"留守儿童"社交焦虑现状流行病学调查[J]. 现代预防医学,2007(03).

[60] 张虎,田茂峰. 信度分析在调查问卷设计中的应用[J]. 统计与决策,2007(21).

[61] 张娟妮,李赐平. 教育社会学视角下城市小学"托管"问题的思考[J]. 教学与管理,2014(17).

[62] 彭榕. 论教育公平视野下的留守儿童教育问题——以河南省淮阳县王店乡为例[J]. 周口师范学院学报,2008(06).

[63] 徐向阳. 卡方检验在学生成绩差异性分析中的应用[J]. 常州技术师范学院学报,2001(04).

[64] 昝飞,曾凡林. 孤残儿童的社会交往能力、心理行为问题与寄养[J]. 中国特殊教育,2001(02).

[65] 曹春华. 农村"留守子女"学习状况分析研究[J]. 当代教育论坛(校长教育研究),2007(05).

[66] 曾凡林. 孤残儿童情绪与行为问题及干预对策[J]. 社会福利,2009(10).

[67] 曾凡林,季玉华,鲁容芳. 寄养孤残儿童的特殊教育状况调查[J]. 中国特殊教育,2002(04).

[68] 曾凡林,昝飞. 家庭寄养和孤残儿童的社会适应能力发展[J]. 心理科学,2001(05).

[69] 朱孔芳. 孤残儿童家庭寄养问题与对策[J]. 社会福利,2009(09).

[70] 朱科蓉,李春景,周淑琴. 农村"留守子女"学习状况分析与建议[J]. 教育科学,2002(04).

[71] 朱熙勇. 如何讲出肖像背后的故事?——图片故事《寄养村的童年》

拍摄思考[J]. 中国记者,2013(10).

[72] 朱孔芳. 专业社会工作介入孤残儿童家庭寄养探析——以上海市儿童福利院为例[J]. 华东理工大学学报(社会科学版),2006(04).

[73] 李一花,卢梦琴. 城市寄养儿童寄养方式与心理状况调查研究[J]. 药物与人,2014(04).

[74] 李文道,邹泓,赵霞. 初中生的社会支持与学校适应的关系[J]. 心理发展与教育,2003(03).

[75] 李庆丰. 农村劳动力外出务工对"留守子女"发展的影响——来自湖南、河南、江西三地的调查报告[J]. 上海教育科研,2002(09):25—28.

[76] 李新,张静. 农村留守儿童安全问题刍议[J]. 人民论坛:中旬刊,2012(3).

[77] 李磊,徐杨. 农村留守儿童的"学校代行式"社会工作——基于对皖北M校"关爱留守儿童工作"的调研[J]. 宿州学院学报,2013,28(4).

[78] 李秀英. 农村"留守学生"调查与思考[J]. 中国妇运,2004(10).

[79] 李兵. 农村中心学校的设置和管理[J]. 教学与管理,2003(19).

[80] 李迎生. 全面建设小康社会与社会救助制度的全面转型[J]. 社会科学研究,2003(06).

[81] 李文华. 社会调查研究中样本的代表性问题探讨[J]. 统计与决策,2006(17).

[82] 李长瑾,黄玮静,林宣贤. 团体辅导对托养儿童社会交往的干预效果评价[J]. 中国学校卫生,2010(06).

[83] 李迎生. 一种有特色的社会救助模式——昆明"孤残儿童家庭寄养模式"评析[J]. 云南社会科学,2003(05).

[84] 李佳,冯丽婷. 影响农村留守儿童心理发展的环境因素[J]. 贵州师范大学学报(社会科学版),2008(05).

[85] 李骥志,张璇. 走访赫尔辛基青少年收养所[J]. 半月谈,2013(5).

[86] 李磊,徐杨. 农村留守儿童的"学校代行式"社会工作——基于对皖北M校"关爱留守儿童工作"的调研[J]. 宿州学院学报,2013(04).

[87] 杜本峰,石晓. 有序变量列联表的统计分析方法及其在人口学中的应用——基于教育与生育态度相关测度方法的比较分析[J]. 人口研究,2009(05).

[88] 杜勇,桑果果. 政府视野下孤残儿童家庭寄养模式研究——以宁夏为例[J]. 宁夏社会科学,2014(04).

[89] 杨志新,孙琼,李东,王进,何坤. 合肥农村小学留守儿童学业成绩和

心理感受分析[J].中国学校卫生,2010(09).

[90] 杨会芹,张波,郭雪萍,李瑗,石聪欣.农村留守儿童心理健康状况及其影响因素分析[J].石家庄学院学报,2009(06).

[91] 柳丝扬.寄养儿童现象的分析及其对策研究[J].教育导刊(下半月),2013(06).

[92] 段宝霞.农村留守儿童教育和管理探析[J].河南师范大学学报(哲学社会科学版),2006(03).

[93] 段成荣,周福林.我国留守儿童状况研究[J].人口研究,2005(01).

[94] 段成荣,吕利丹,郭静,王宗萍.我国农村留守儿童生存和发展基本状况——基于第六次人口普查数据的分析[J].人口学刊,2013(03).

[95] 段成荣,杨舸.我国农村留守儿童状况研究[J].人口研究,2008(03).

[96] 殷世东,朱明山.农村留守儿童教育社会支持体系的构建——基于皖北农村留守儿童教育问题的调查与思考[J].中国教育学刊,2006(02).

[97] 汪昌华.义务教育阶段学生学业成就与家庭背景的关系研究[J].现代中小学教育,2009(12).

[98] 黄应圣,刘桂平.农村"留守孩子"道德品质状况的调查与思考[J].教书育人,2004(22).

[99] 温忠麟,叶宝娟.测验信度估计:从 α 系数到内部一致性信度[J].心理学报,2011(07).

[100] 满小欧,李月娥.论美国儿童寄养体系中社工的角色与职能[J].中国青年政治学院学报,2012(01).

[101] 满小欧,李月娥.美国儿童家庭寄养体系及其启示[J].东北大学学报(社会科学版),2011(06).

[102] 潘璐,叶敬忠.农村留守儿童研究综述[J].中国农业大学学报(社会科学版),2009(02).

[103] 熊磊,石庆新.农村留守儿童的心理问题与教育对策[J].教育探索,2008(06).

[104] 熊猛,叶一舵.中国城市农民工子女心理健康研究述评[J].心理科学进展,2011,19(12).

[105] 王良锋,张顺,孙业桓,张秀军.安徽某农村地区小学生社交焦虑及其影响因素[J].中国学校卫生,2006(10).

[106] 王冰.城市寄养儿童家庭教育存在的问题与启示[J].湖州师范学院学报,2014(09).

[107] 王玉花.从心理弹性理论视角看留守儿童的社会支持网络[J].教育

学术月刊,2010(10).
[108] 王建基.孤残儿童抚养模式调查分析——以新疆乌鲁木齐市为例[J].兰州大学学报,2005(01).
[109] 王正惠.《规划纲要》视域下农村留守儿童教育关爱服务体系的构建[J].教育理论与实践:中小学教育教学版,2012,31(12).
[110] 王琳.家庭寄养模式与孤残儿童心理及人格健康关系研究综述[J].医学理论与实践,2014(08).
[111] 王国防.焦作地区农村留守儿童心理健康调查与分析[J].焦作师范高等专科学校学报,2010(02).
[112] 王玉琼,马新丽.留守儿童问题儿童?——农村留守儿童抽查[J].中国统计,2005(01).
[113] 王良锋,张顺,孙业桓,张秀军.农村留守儿童孤独感现况研究[J].中国行为医学科学,2006(07).
[114] 王子才,钱冬梅,唐彩虹,王嘉春,王季鸿.上海家庭寄养孤残儿的社会生活能力评估[J].实用儿科临床杂志,2001(06).
[115] 王子才,唐彩虹,钱冬梅,朱佳静,王季鸿.上海市内家庭寄养孤残儿童的智力现状评析[J].临床儿科杂志,2001(05).
[116] 王佑镁.数字时代都市侨乡留守儿童信息化教育:问题与对策[J].电化教育研究,2013(09).
[117] 王东宇.小学"留守孩"个性特征及教育对策初探[J].健康心理学杂志,2002(05).
[118] 王书亚,魏玫玫,孙萍,谭颖波.医学科研论文中列联表资料的统计方法及常见问题[J].中国肿瘤,2005(06).
[119] 王东宇,王丽芬.影响中学留守孩心理健康的家庭因素研究[J].心理科学,2005(02).
[120] 王冰.城市寄养儿童家庭教育存在的问题与启示[J].湖州师范学院学报,2014(09).
[121] 盛洁,胡建华.Excel 软件的统计功能在卡方检验中的应用[J].医学信息,2008(01).
[122] 秦琴.孤残儿童的家庭寄养模式研究——以广东省中山市为例[J].武汉理工大学学报(社会科学版),2012(06).
[123] 章辉美,陈强玲.农民工子女义务教育公平问题探析[J].学术,2006(06).
[124] 纪迎春.提升学校管理能力促进学校健康发展[J].国家教师科研专项基金科研成果(神州教育卷 4),2014(01).

[125] 罗国芬,邓喜芬.寄养:到底有什么影响——农村初中寄养子女群体社会化状况调查报告[J].青年探索,2002(06).
[126] 罗国芬,邓喜芬.寄养经历对亲子关系的影响:比较视角中的图像[J].青年探索,2003(01).
[127] 罗国芬,邓喜芬.农村初中寄养子女寄养情况调查报告[J].当代青年研究,2002(03).
[128] 罗静,王薇,高文斌.中国留守儿童研究述评[J].心理科学进展,2009(05).
[129] 罗国芬.走向"问题化"的儿童寄养[J].青年探索,2004(04).
[130] 肖水源.《社会支持评定量表》的理论基础与研究应用[J].临床精神医学杂志,1994(02).
[131] 胡枫,李善同.父母外出务工对农村留守儿童教育的影响——基于5城市农民工调查的实证分析[J].管理世界,2009(02).
[132] 范先佐.关于农村"留守儿童"教育公平问题的调查分析及政策建议[J].湖南师范大学教育科学学报,2008(06).
[133] 范兴华,方晓义,刘勤学,刘杨.流动儿童,留守儿童与一般儿童社会适应比较[J].北京师范大学学报:社会科学版,2009,5(215).
[134] 范兴华,方晓义,陈锋菊.留守儿童家庭处境不利的结构及影响:一项质性研究[J].湖南社会科学,2012(06).
[135] 范方,桑标.亲子教育缺失与"留守儿童"人格、学绩及行为问题[J].心理科学,2005(04).
[136] 范先佐,郭清扬,赵丹.义务教育均衡发展与农村教学点的建设[J].教育研究,2011(09).
[137] 范兴华,方晓义,刘勤学,刘杨.流动儿童、留守儿童与一般儿童社会适应比较[J].北京师范大学学报(社会科学版),2009(05).
[138] 蔡敏,杨玉华.城市"寄养儿童":精神上开始"留守"[J].教育导刊(幼儿教育),2009(11).
[139] 覃美艳.对加强文化市场管理的思考[J].广西社会科学,1995(05).
[140] 解韬.近年来我国教育公平研究综述[J].现代大学教育,2009(02).
[141] 龙安邦,范蔚.我国教育公平研究的现状及特点[J].现代教育管理,2013(01).
[142] 谌小猛,钱志亮.美国寄养儿童教育问题对我国的启示[J].中国特殊教育,2010(07).
[143] 谢西金,杜屏.家庭背景对初中生学习成绩影响的实证研究——以北京市11所中学调研为例[J].教育学术月刊,2009(01).

[144] 谭绍怀,王孝怀.挣了票子莫误孩子——外出务工农民家庭留守学生的调查与思考[J].湖北教育(政务宣传),2004(10).
[145] 谭深.中国农村留守儿童研究述评[J].中国社会科学,2011(01)
[146] 谷正花.南京市儿童福利院:创设寄养儿童家长学校[J].社会福利,2011(07).
[147] 谷正花.推行寄养适宜教育促进孤残儿童成长[J].社会福利,2013(11).
[148] 贺聪志,叶敬忠.农村留守老人研究综述[J].中国农业大学学报:社会科学版,2009(2).
[149] 赵建平,葛操.初中生社会支持与心理健康的相关研究[J].中国健康心理学杂志,2006(02).
[150] 赵景欣,张文新.农村留守儿童生活适应过程的质性研究[J].河南大学学报(社会科学版),2008(01).
[151] 邓自鑫,郭成,王金花.我国留守儿童焦虑与孤独感研究的回顾与展望[J].黑龙江教育学院学报,2008(09).
[152] 邬志辉,史宁中.农村学校布局调整的十年走势与政策议题[J].教育研究,2011(7).
[153] 郑兵云.非参数 x～2 检验的两个局限性问题[J].统计教育,2007(06).
[154] 郑信军,岑国桢.家庭处境不利儿童的社会性发展研究述评[J].心理科学,2006(03).
[155] 郑兵."经典诵读"促进"留守儿童"心理健康的实验研究——以贵阳市金阳新区第二实验学校为例[J].贵州师范学院学报,2011(01).
[156] 郑磊,卢珂.转学对学生成绩的影响:来自中国西部农村的证据[J].教育学报,2011(02).
[157] 郭晓霞.农村留守儿童家庭教育缺失的社会学思考[J].教育探索2012(2).
[158] 金英.超生寄养儿童人格特征研究[J].宿州学院学报,2010(12).
[159] 金英,谭顶良,余飞.超生寄养儿童心理健康水平调查[J].中国学校卫生,2010(6).
[160] 金英.农村超生寄养儿童研究综述[J].当代教育论坛,2012(03).
[161] 钟昭会,余文盛.农村留守儿童安全问题研究[J].继续教育研究,2008(4).
[162] 钱洁,齐学红.谁定义了留守儿童?——留守儿童与大众媒介的一次对话[J].上海教育科研,2011(02).

[163] 银平均.寄养儿童的生理心理变化及原因分析——云南安宁市草铺农村家庭寄养儿童调查报告[J].思想战线,2002(02).

[164] 陆士桢,王玥.从美国儿童家庭寄养简史看百年来儿童福利价值取向的演变[J].广东青年干部学院学报,2005(01).

[165] 陶隽,蒋技科,陈源茂,江秀娜.构建孤残儿童家庭寄养评估体系[J].社会福利,2009(11).

[166] 陶然,周敏慧.父母外出务工与农村留守儿童学习成绩——基于安徽、江西两省调查实证分析的新发现与政策含义[J].管理世界,2012(08).

[167] 随洁英.学习目标定向对留守儿童学习成绩影响的实验研究[J].河南职业技术师范学院学报(职业教育版),2007(05).

[168] 韩晶,韩芳.孤残儿童家庭寄养存在的问题与对策研究——以济南市儿童福利院为例[J].济南大学学报(社会科学版),2015(04).

[169] 马玉卓.农村家庭寄养模式中孤残儿童的社会适应行为效果探析——以济南市Z村家庭寄养基地为例[J].社会工作(下半月),2010(08).

[170] 马丽霞,赵冬梅,王广新,刘东平,钱建华,喻支霞.农村留守儿童的生活质量状况及其影响因素分析[J].中国儿童保健杂志,2008(05).

[171] 马雪琴.农村"留守儿童"学业不良的研究综述[J].河西学院学报,2009(03).

[172] 位秀平,吴瑞君.中国计划生育政策反思[J].哈尔滨工业大学学报(社会科学版),2013(06).

[173] 邬志辉,史宁中.农村学校布局调整的十年走势与政策议题[J].教育研究,2011(07).

三、博硕士论文类

[1] 曾晓娟.大学教师工作压力研究[D].大连理工大学,2010.

[2] 陈倩.留守儿童的社会工作介入调查与研究[D].内蒙古师范大学,2013.

[3] 董世华.我国农村寄宿制学校问题研究[D].华中师范大学,2012.

[4] 范方.留守儿童焦虑/抑郁情绪的心理社会因素及心理弹性发展方案初步研究[D].中南大学,2008.

[5] 冯大鸣.处境变迁与文化回应[D].华东师范大学,2008.

[6] 胡东芳.课程政策研究:对"课程共有"的理论探索[D].华东师范大

学，2001.
[7] 黄明．寄养儿童社会化问题研究[D]．东北财经大学，2012.
[8] 李宝敏．儿童网络素养研究[D]．华东师范大学，2012.
[9] 李萌．中国转型时期农民工就业歧视问题研究[D]．华中科技大学，2005.
[10] 李新．新世纪文学中的底层叙事[D]．东北师范大学，2009.
[11] 李志峰．家庭背景对学业成绩的影响研究[D]．山东师范大学，2013.
[12] 刘录民．我国食品安全监管体系研究[D]．西北农林科技大学，2009.
[13] 刘燕芳．提升寄养家长养育能力的社会工作服务研究[D]．华中科技大学，2012.
[14] 罗国芬．农村留守儿童问题的“问题化”机制研究[D]．华东师范大学，2014.
[15] 吕方方．寄养儿童家庭寄养经验研究[D]．华东理工大学，2015.
[16] 孙庭永．寄养儿童的游戏治疗与实践研究[D]．内蒙古师范大学，2013.
[17] 唐林翔．农村留守初中生同伴交往障碍及教育对策研究[D]．西南大学，2008.
[18] 王丽芬．福清市中学留守孩心理健康状况及教育对策[D]．福建师范大学，2002.
[19] 王谊．农村留守儿童教育研究[D]．西北农林科技大学，2011.
[20] 徐阳．农村留守儿童教育问题研究[D]．华东师范大学，2006.
[21] 姚永强．我国义务教育均衡发展方式转变研究[D]．华中师范大学，2014.
[22] 张雪艳．农村小规模学校发展政策研究[D]．华中师范大学，2012.
[23] 张周连．关于鄂西农村“留守学生”教育与管理的调查与思考[D]．华中师范大学，2006.
[24] 赵富才．农村留守儿童问题研究[D]．中国海洋大学，2009.
[25] 朱霞桃．农村寄宿制学校留守儿童情况的调查研究[D]．合肥工业大，2006.
[26] 杨刘敏．处境不利儿童人格与学习策略、学业成绩的相互关系[D]．陕西师范大学，2008.
[27] 席居哲．儿童心理健康发展的家庭生态系统研究[D]．华东师范大学，2003.
[28] 王雪．家庭寄养儿童学习兴趣的小组干预研究[D]．南京大学，2013.
[29] 李宇岚．农村留守儿童道德现状与对策研究[D]．安徽农业大

学,2013.

[30] 何彩平.寄养儿童幸福感及其影响因素研究[D].华东师范大学,2006.

[31] 程秀丹.城市留守儿童的教育诉求[D].东北师范大学,2012.

[32] 曾瑾.四川农村留守儿童心理健康现况及干预研究[D].四川大学 2007.

[33] 杜平超.泗县留守儿童成长状况调查报告[D].安徽大学,2014.

[34] 谭英.学生家庭背景与学业成绩相关性实证研究[D].湖南农业大学,2012.

[35] 杨晓华.留守儿童心理健康状况及相关因素研究[D].山东大学,2011.

[36] 赵润.社会工作介入下寄养儿童康复服务模式的探索[D].郑州大学,2012.

四、其他类

[1] 安徽省人民政府.安徽省人民政府关于进一步做好为农民工服务工作的实施意见. http://www.ahedu.gov.cn/163/view/15815. 2015-06-10.

[2] 蔡敏,杨玉华."寄养儿童"城市新群体[N].新华每日电讯,2009:008.

[3] 孤儿和弱势儿童. UNICEF. http://www.unicef.org/chinese/protection/index_orphans.html.

[4] 国务院研究室课题组:《中国农民工调研报告》.北京:中国言实出版社,2006:(01).

[5] 黄颖.频繁转学影响青少年成长[N].中国教育报,2013:003.

[6] 教育部.中国人民共和国义务教育法[EB/OL]. http://www.edu.cn/20060303/3176577.shtml. 2006-3-3.

[7] 中国新闻网.民政部:2014年办理离婚363.7万对,比上年增3.9%. http://www.chinanews.com/gn/2015/06-10/7335667.shtml. 2015-06-10.

[8] 中华人民共和国民政部.家庭寄养管理办法. 2014-09-14. http://www.mca.gov.cn/article/zwgk/fvfg/shflhshsw/201409/20140900706005.shtml.

[9] 中国儿童福利政策报告(2013)[R]. 2014. http://www.unicef.cn/cn/index.php? c=index&a=show&catid=59&id=1807.

[10] 洪天慧.在"中国农村留守儿童社会支援行动研讨会"上的总结讲话

[R]. 2008. http://www.nwccw.gov.cn/html/45/n-140645-2.html.

英文文献

一、著作类

[1] Baldwin G, James R. Access and Equity in Higher Education[G]//P. P. B. McGaw. International Encyclopedia of Education (Third Edition). Oxford: Elsevier, 2010:334-340.

[2] Bowlby J. Maternal Care and Mental Health[M]. Rowman & Littlefield Publishers, Incorporated, 1995.

[3] Choice P, Consortium B A S S, others. Education for foster children: Removing barriers to academic success[M]. Bay Area Social Services Consortium, Center for Social Services Research, School of Social Welfare, University of California, 2001.

二、期刊论文类

[1] Zetlin A, Weinberg L, Kimm C. Improving education outcomes for children in foster care: Intervention by an education liaison[J]. Journal of Education for Students placed at Risk, 2004,9(4):421-429.

[2] Wight R G, Botticello A L, Aneshensel C S. Socioeconomic context, social spport, and adolescent mental health: A multilevel investigation [J]. Journal of Youth and Adolescence, 2006,35(1):115-126.

[3] Vacca J S. Breaking the cycle of academic failure for foster children — What can the schools do to help? [J]. Children and Youth Services Review, 2008,30(9):1081-1087.

[4] Tideman E, Vinnerljung B, Hintze K, Isaksson A A. Improving foster children's school achievements: Promising results from a Swedish intensive study[J]. Adoption & Fostering, 2011,35(1):44-56.

[5] Sullivan M J, Jones L, Mathiesen S. School change, academic progress, and behavior problems in a sample of foster youth[J]. Children and Youth Services Review, 2010,32(2):164-170.

[6] Sawyer M G, Carbone J A, Searle A K, Robinson P. The mental health and wellbeing of children and adolescents in home-based foster care[J], The Medical Journal of Australia, 2007,86(4):181-184.

[7] Osborne C, Alfano J, Winn T. Paired reading as a literacy interven-

tion for foster children[J]. Adoption & Fostering, 2010, 34(4): 17-26.

[8] Najman J M, Aird R, Bor W, O'Callaghan M, Williams G M, Shuttlewood G J. The generational transmission of socioeconomic inequalities in child cognitive development and emotional health[J]. Social science & medicine, 2004, 58(6): 1147-1158.

[9] Maaskant A M, van Rooij F B, Hermanns J M A. Mental health and associated risk factors of Dutch school aged foster children placed in long-term foster care[J]. Children and Youth Services Review, 2014, 44: 207-216.

[10] Lee B, Barth R P. Residential education: An emerging resource for improving educational outcomes for youth in foster care? [J]. Children and Youth Services Review, 2009, 31(1): 155-160.

[11] Kim H K, Leve L Substance use and delinquency among middle school girls in foster care: a three-year follow-up of a randomized controlled trial [J]. Journal of Consulting and Clinical Psychology, 2011, 79(6): 740-750.

[12] Harper J, Schmidt F. Preliminary effects of a group-based tutoring program for children in long-term foster care[J]. Children and Youth Services Review, 2012, 34(6): 1176-1182.

[13] Griffiths R, omber C, ymoke S. he Letterbox Club 2007 to 2009: Final Evaluation Report[J]. University of Leicester. England, 2009.

[14] Demaray M K, Malecki C K. Critical levels of perceived social support associated with student adjustment[J]. School Psychology Quarterly, 2002, 17(3): 13.

[15] Chen E, Langer D A, Raphaelson Y E, Matthews K A. Socioeconomic status and health in adolescents: The role of stress interpretations[J]. Child Development, 2004, 75(4): 1039-1052.

[16] Burns B J, Philips S D, Wagner H R, Barth R P, Kolko D J, Campbell Y, Landverk J. Mental Health Need and Access to Mental Health Services by Youths Involved With Child Welfare: A National Survey[J]. Journal of the American Academy of Child & Adolescent Psychiatry, 2004, 43(8): 960-970.

[17] Barth R P. On their own: The experiences of youth after foster care [J]. 1990, 7(5): 419-440.

[18] Callaghan P, Morrissey J. Social support and health: a review[J]. Journal of advanced nursing, 1993,18(2):203 - 210.

[19] Courtney M E, Zinn A, Zielewski E H, Bess R J, Malm K E, Stagner M, Pergamit M. Evaluation of the Early Start to Emancipation Preparation Tutoring Program, Los Angeles County, California:Final Report. [J]. Administration for Children & Families, 2008.

[20] Forsman H, Vinnerljung B. Interventions aiming to improve school achievements of children in out-of-home care: A scoping review[J]. Children and Youth Services Review, 2012,34(6):1084 - 1091.

[21] Haight W, Black J, Sheridan K. A mental health intervention for rural, foster children from methamphetamine-involved families: Experimental assessment with qualitative elaboration[J]. Children and Youth Services Review, 2010,32(10):1446 - 1457.

[22] Helsen M, Vollebergh W, Meeus W. Social support from parents and friends and emotional problems in adolescence[J]. Journal of Youth and Adolescence, 2000, 29(3):319 - 335.

[23] Leathers S J, McMeel L S, Prabhughate A, Atkins M S. Trends in child welfare's focus on children's mental health and services from 1980 -2004[J]. Children and Youth Services Review, 2009,31(4): 445 - 450.

[24] Leve L D, Harold G T, Chamberlain P, Landsverk J A, Fisher P A, Vostanis P. Practitioner Review: Children in foster care-vulnerabilities and evidence-based interventions that promote resilience processes [J]. Journal of child psychology and psychiatry, and allied disciplines, 2012,53(12):1197 - 1211.

[25] Melby J N, Conger R D, Fang S-A, Wickrama K a. S, Conger K J. Adolescent Family Experiences and Educational Attainment During Early Adulthood[J]. Developmental Psychology, 2008,44(6):1519 - 1536.

[26] O'Brien M, Rutland J. Outcomes of a supplemental learning program for children in care at family and children's services of Renfrew County[J]. Oacas Journal, 2008,52(4):11 - 14.

[27] Parrish T, Dubois J, Delano C, Dixon D, Webster D, Berrick J, Bolus S. Education of foster group home children, whose responsibility is it[J]. Study of the educational placement of children residing in

group homes—Final report, 2001.

[28] Schwarz E D, Perry B . The post-traumatic response in children and adolescents [J]. The Psychiatric Clinics of North America, 1994,17(2):311 - 326.

[29] Thoits P A. Dimensions of life events that influence psychological distress:An evaluation and synthesis of the literature[J]. Psychosocial stress:Trends in theory and research, 1983,33:103.

[30] Trout A L, Hagaman J, Casey K, Reid R, Epstein M H. The academic status of children and youth in out-of-home care: A review of the literature[J]. Children and Youth Services Review, 2008,30(9): 979 -994.

[31] Weinberg L A, Oshiro M, Shea N. Education liaisons work to improve educational outcomes of foster youth: A mixed methods case study[J]. Children and Youth Services Review, 2014(41):45 - 52.

[32] Zelkowitz P. Social support and aggressive behavior in young children [J]. Family Relations, 1987,36(2):129 - 134.

[33] Eastman, J. R. 2009. IDRISI Taiga Guide to GIS and Image Processing Manual Version 16. 02) [Software], Clark Labs: Clark University, Massachusetts, USA.

[34] Anouk Goemans, Mitch van Geel, Paul Vedder. Over three decades of longitudinal research on the development of foster children: A meta-analysis, Child Abuse & Neglect, 2015,42:121 - 134.

[35] Manuela Garcia Quiroga, Catherine Hamilton-Giachritsis, "In the name of the children":Public policies for children in out-of-home care in Chile. Historical review, present situation and future challenges, Children and Youth Services Review, September 2014,44:422 - 430.

[36] Vacca, JS. Foster children need to learn how to read. Relational Child & Youth Care Practice, 2006,19:4.

[37] James S. Vacca, Louisa Kramer-Vida, Preventing the bullying of foster children in our schools, Children and Youth Services Review, September 2012,34(9):1805 - 1809.

[38] Allen B, Vacaa J S. Frequent moving has a negative affect on the school achievement of foster children makes the case for reform. Children and Youth Services Review. 2010,32:829 - 832.

[39] Karine Dubois-Comtois, Annie Bernier, George M. Tarabulsy,

Chantal Cyr, Diane St-Laurent, Anne-Sophie Lanctôt, Janie St-Onge, Ellen Moss, Marie-Julie Béliveau, Behavior problems of children in foster care: Associations with foster mothers' representations, commitment, and the quality of mother - child interaction, Child Abuse & Neglect, October 2015,48:119 - 130.

[40] Katrin Lang, na Bovenschen, Sandra Gabler, Janin Zimmermann, Katja Nowacki, Josephine Kliewer, Gottfried Spangler, Foster children's attachment security in the first year after placement:A longitudinal study of predictors, Early Childhood Research Quarterly, 3rd Quarter 2016,36:269 - 280.

[41] C. S. Widom, The Cycle of Violence[J]. Science. 1989, 244:160 - 66.

[42] Lee Ann Phillips, Laurie E. Powers, Sarah Geenen, Jessica Schmidt, Nichole Winges-Yanez, Isha Charlie McNeely, Lindsay Merritt, Candis Williamson, Shannon Turner, Harry Zweben, Celeste Bodner. Better Futures: A validated model for increasing post-secondary preparation and participation of youth in foster care with mental health challenges[J]. Children and Youth Services Review. 2015,57:50 - 59.

[43] Amy M. Salazar, Stephanie S. Roe, Jessica S. Ullrich, Kevin P. Haggerty. Professional and youth perspectives on higher education-focused interventions for youth transitioning from foster care[J]. Children and Youth Services Review. 2016,64:23 - 34.

[44] Matthew J. Lindquist and Torsten Santavirta. Does placing children in foster care increase their adult criminality? [J]. Labour Economics. 2014,31:72 - 83.

三、其他类

[1] Schubert R. Hard numbers may aid students in foster care[J]. Seattle Post-Intelligencer Reporter, 2001.

[2] Socioeconomic status[J]. Wikipedia, the free encyclopedia, 2015. https://en. wikipedia. org/w/index. php? title = Socioeconomic _ status&oldid=668595193.

[3] Child Welfare Information Gateway. Foster Care Statistics 2012[EB/OL]. (2013). https://www. childwelfare. gov/pubs/factsheets/foster. pdf.

[4] National Association of Public Child Welfare Administrators. Fostering Success in Education Act：a summary of S. 2801. http://www.napcwa.org/Home/docs/Fostering Success in Education Act Summary.pdf，2010－6－25.

[5] Pamela Choice，Amy D'Andrade，Kira Gunther，Debbie Downes，James Schaldach Csilla Csiszar，Michael J. Austin. Education for foster Children：Removing barriers to academic success. http://cssr.berkeley.edu/pdfs/brieffinal24.pdf.

后　记

光阴荏苒，仿佛一切都还在昨天，2012 年 7 月份，我以一名教育博士的身份再次踏入华东师范大学的校园，四年来，曾踌躇满志，曾迷惘彷徨，曾奋笔疾书，曾停滞不前，撰写至此，终于后记，心底唯有感谢。

我要感谢我的导师冯大鸣先生。入学伊始，您谆谆告诫，耳提面命，不断引导我选择感兴趣且有实际价值的研究方向，指导我构建研究设计与研究方案，把控修正论文纲要和内容，直至定稿，受益于您悉心的指点，论文才得以完成。经师易得，人师难求。您严谨的治学态度处处感染着我，督促我不停进步；您执着的求知精神时时感动着我，鼓励我继续追逐；您严以律己、宽以待人的处事方式深深影响着我，激励我不断超越自己。我在学生和教育工作者的角色之间不停的转换，学习任务重，工作事物繁忙，困惑时，您指点迷津；迷茫时，您拨云见日；无望时，您激励前行。只是我的愚钝、懒散、懈怠，与您的期待和要求还有很大的差距，唯有在今后的学习和生活中，努力进取，方不辜负您的帮助和教诲。

我要感谢我的硕士生导师胡东芳先生，您是我教育学入门导师，在华东师范大学的硕士研究生生涯中，您以细心、耐心、责任心引领我迈进教育理论研究的大门。多年来,您不仅教授我知识更传授做人的道理,创造条件给我提供发展的平台,正是您的悉心指点和不断督促才让我的求知道路愈行愈宽。

我要感谢教育科学学院的诸位老师,感谢温文尔雅的丁刚教授,入学伊始,您对我们提出的要求和期待促使我们不断更新办学理念、教育理念。感谢幽默风趣的吴刚教授,无论是理论型的讲座,还是案例型的讲座,您都站在教育学的前沿,引导我们仔细揣摩,回味无穷。感谢教育管理学院的诸位老师,感谢德高望重的陈玉琨教授,在您的教导下,感受您的大师风范,感知提升学校领导力和课程领导力的理论与实践。感谢循循善诱的郅庭瑾教授,您润物无声,教导有方,与您共度的时光,如沐春风,受益匪浅。感谢温和谦让的魏志春教授,您兢兢业业,学识渊博,授课分析总深入浅出,与我们互动热烈。

感谢魏志春、郅庭瑾、张万朋、刘竑波四位教授在论文开题、预答辩过程中给予我的宝贵建议和意见。感谢李霖老师、卢丽萍老师在四年学习和生活中给予的支持和帮助。

还要感谢为我们授课的崔允漷教授、徐斌艳教授、孔企平教授、杨小微教授、张际平教授、李政涛教授、王祖浩教授、赵中建教授、马庆发教授、闫光才教授、范国睿教授、吴志宏教授、石伟平教授、李晓文教授、黄健教授、王斌华教授、马和民教授、戚业国教授、陆有铨教授、胡惠闵教授,四年岁月里,有幸聆听诸位教授的学术报告,一生受益。

我要感谢我的同门师兄弟姐妹。王帅、刘胜男、陆旭东、冯剑峰。感谢你们身体力行的实践作风,感谢你们拒绝安逸、积极向上的谦虚谨慎,感谢你们的照顾、帮助和启发,一路走来,感激之情无以言表。

我要感谢我的同班同学，一起度过的时光里，创意连连，激发了彼此对学术的热爱和对工作生活的热情，我们相互扶持、相互鼓励，共同将许多美好的憧憬变成现实。可惜毕业以后，在各自的岗位上忙碌，聚少离多，想起你们不免伤感，我们的“读万卷书与行万里路可以很好结合”的愿望不知何时还能实现？

我要感谢我的领导和同事们。感谢涡阳县教育局党组书记、局长燕坤在我读书期间给予的大力支持，如果没有您的鼓励和支持，我不可能完成学业。感谢涡阳县教育局党组成员侯广维、陶坤、陶治洋以及魏凯主任、范海涛主任、李常贵股长、谭健康书记、徐继玺股长、张勇股长，涡阳县第一中学的赵坦校长、马玲副校长、袁驰主席、崔子平老师、尹雷老师、刘毅老师，涡阳县第三中学的周广健校长、宋莉副校长以及涡阳县义务教育阶段学校校长，感谢你们在调查问卷和访谈调查实施过程中的无私帮助，为我提供了第一手的材料和客观真实的数据。

我要感谢我的家人。正是你们一如既往的支持与鼓励，让我有了选择的权利，让我能做我喜欢的事情。四年来，家里的事务有你们分担，学习的快乐有你们分享，低落的日子有你们陪伴。感谢你们，让我有机会锻炼自我、提升自我、坚强前行；感谢你们，让我能够安心地在华师大求学；感谢你们，让我可以通过你们的爱看到整个世界！

感谢我的弟弟，三十几载，有你一路相伴，你16岁外出求学，28岁回国，其间为了不让家里人牵挂，从来报喜不报忧。你沉着、稳重、淡然的性格，让我觉得无论遇到什么事情，即使天塌下来，都有你与我同在同担。你支持我所有的决定，不问原因，只默默地尽你所能提供语言和行动上的支持，让我充满信心和勇气去面对未知的未来。未来，我要让自己更坚强，更努力，照顾好你,还有我们的家人。

谨以拙文,真心地感谢你们——我的老师,我的家人,我的同事、同学与朋友们,感恩于身边的人,感恩于我遇到的每一个有缘人。真心的祝福你们!

最后,我也要感谢自己。作为一名教育工作者,我深知"千仓万箱,非一耕所得;干天之木,非旬日所长",一时的激情容易,长久的坚持难得,尤其是工作与学习的兼顾、生活与追求的平衡,感谢自己多年来不忘初衷的赤子之心,我会一直努力在路上!

王森

2016年5月16日凌晨于安徽涡阳

图书在版编目(CIP)数据

寄养儿童成长处境研究/王森著.—上海:上海三联书店,2018.11

ISBN 978-7-5426-6480-8

Ⅰ.①寄… Ⅱ.①王… Ⅲ.①寄养儿研究—中国 Ⅳ.①D632.1

中国版本图书馆CIP数据核字(2018)第206512号

寄养儿童成长处境研究

著　　者/王　森

责任编辑/杜　鹃
特约编辑/周治华
装帧设计/一本好书
监　　制/姚　军
责任校对/张大伟

出版发行/上海三联书店
(200030)中国上海市漕溪北路331号A座6楼
邮购电话/021-22895540
印　　刷/上海惠敦科技印务有限公司

版　　次/2018年11月第1版
印　　次/2018年11月第1次印刷
开　　本/890×1240 1/32
字　　数/220千字
印　　张/9.25
书　　号/ISBN 978-7-5426-6480-8/D·400
定　　价/39.00元

敬启读者,如发现本书有印装质量问题,请与印刷厂联系 021-66510725